Louise J. Kaplan
Die zweite Geburt

SERIE PIPER
Band 324

Zu diesem Buch

Das bedeutsamste und folgenreichste Abenteuer des frühmenschlichen Lebens ist der Prozeß der »zweiten Geburt« des Kindes: die Loslösung von der Mutter und das allmähliche Entstehen einer eigenen Individualität. Diese Entwicklung vollzieht sich in den ersten drei Lebensjahren, an ihrem Ende steht die unverwechselbare Persönlichkeit des Kindes. Während dieser Zeit ereignen sich Dinge zwischen dem Kind und seiner Mutter, von denen wir bisher nur wenig wußten. In diesem Buch wird erstmals bis ins Detail das spannungsvolle Wechselspiel von Festhalten und Loslassen, von Anschmiegen und Fortstoßen, von Ansichbinden und Freigeben zwischen Mutter und Kind beschrieben – mit einer Einfühlungsgabe, ja auch mit einer poetischen Kraft, die in der psychologischen Literatur ohne Beispiel sind. Louise J. Kaplan führt den Leser in das Denken und Fühlen des Kleinkindes und seiner Mutter ein und macht verstehbar, was sich hinter dem äußerlich sichtbaren Verhalten ereignet: hinter dem Lächeln, den Wutausbrüchen, der Angst, der Freude, dem Nein-Sagen, dem Spielen... Nicht aus der distanzierten Warte der Forscherin, nicht vom belehrenden Standpunkt der Ratgeberin, sondern gleichsam »von innen heraus« wird das Abenteuer beschrieben, das einer »zweiten Geburt« des Menschen gleicht, der Geburt des Selbst.

Louise J. Kaplan gründet ihre Darstellung auf langjährige Forschungen, in denen sie – zusammen mit der berühmten amerikanischen Kinderpsychologin Margaret S. Mahler – besonders die aktiv gestaltende Rolle des Kindes in der Entwicklung seiner Persönlichkeit herausgearbeitet hat. Damit ist zugleich eine Wende in der modernen Kinderforschung markiert, aus der sich auch völlig neue Perspektiven für die Aufgaben der Kindererziehung ergeben.

Louise J. Kaplan, geboren in New York. Schülerin und langjährige wissenschaftliche Mitarbeiterin der Kinderpsychologin Margaret S. Mahler. Zahlreiche Publikationen über die Frühentwicklung der kindlichen Psyche, über die Prozesse der Loslösung und Individuation. Professor für Psychologie in New York. Direktorin der Abteilung für Klinische Psychologie des Kindes an der City University of New York.

Louise J. Kaplan

Die zweite Geburt

Die ersten Lebensjahre des Kindes

Mit einem Nachwort von
Margaret S. Mahler

Herausgegeben von
Reinhard Fatke

Aus dem Amerikanischen von
Hainer Kober

Piper
München Zürich

Die Originalausgabe erschien 1978 unter dem Titel »Oneness and Separateness.
From Infant to Individual« bei Simon & Schuster, New York.

Meinen Kindern Ann und David

ISBN 3-492-10324-3
Neuausgabe
September 1983
6. Auflage, 27.–33. Tausend Juli 1989
(5. Auflage, 21.–27. Tausend dieser Ausgabe)
© Dr. Louise J. Kaplan, 1978
Deutsche Ausgabe:
© R. Piper & Co. Verlag, München 1981
Umschlag: Federico Luci,
unter Verwendung eines Fotos von Marina Raith
Gesamtherstellung: Clausen & Bosse, Leck
Printed in Germany

Inhaltsverzeichnis

Mein Gott – doch ich kann nur sagen,
daß ich das Unbekannte berühre, fühle!
Ich bin der erste, der kommt!
Cortez, Pizarro, Columbus, Cabot
sind nichts, gar nichts!
Ich bin der erste, der kommt!
Ich bin der Eroberer!
Ich habe die andere Welt gefunden!

Das Unbekannte, das Unbekannte!
Ich werde an den Strand geworfen.
Ich bedecke mich mit Sand.
Ich fülle mir den Mund mit Erde.
Ich vergrabe den Körper im Boden.
Die unbekannte, die neue Welt!

»Neuer Himmel und neue Erde«
D.H. Lawrence

Bind die Stricke an mein Leben, Herr,
dann bin ich bereit zu gehen!
Nur ein Blick auf die Pferde –
rasch! Das genügt!

Setz mich auf die sichere Seite.
So fall ich nicht,
denn unser Ritt führt zum Gericht –
und da geht's streckenweise bergab.

Doch mir macht der steilste Abhang nichts,
und nichts das Meer.
Hielt aus in immerwährender Jagd,
weil ich es so wollte – und Du.

Ade, Leben, das ich einst lebte –
und du Welt, die ich einst kannte.
Und küß die Hügel für mich, nur ein einziges Mal.
Dann – bin ich bereit zu gehen.

Emily Dickinson

Konstanz: Innerer Zusammenhalt – Versöhnung von Einssein und Getrenntsein

Einst gab es eindeutig definierte, kulturell genormte Formen der Anpassung an die Ereignisse im Leben eines Menschen. Heute sehen wir uns für die wichtigen Ereignisse im Leben wie Ehe, Schwangerschaft, Geburt, Elternschaft, Alter und Tod zunehmend komplexer werdenden Anpassungsstilen gegenüber. Wir sind hilflos; uns fehlen glaubhafte gesellschaftliche Strukturen. Unsere eigene innere Autorität schwankt hin und her. Wir begegnen den wichtigen Ereignissen im Leben mit Zweifel und Verwirrung.

Als die emotionale Struktur der Familie mehr Sicherheit bot, akzeptierten Kinder die elterliche Autorität aus dem Gefühl der Verpflichtung und Ergebenheit. Von ihren Eltern übernahmen sie die gefestigten und rigiden Ideale, die ihnen später erlaubten, den eigenen Kindern gegenüber mit Selbstvertrauen und innerer Autorität – wenn auch ohne Flexibilität – aufzutreten.

Leider hat der Übergang von der autoritären zur individualistischen Familie, von dem man erwartete, er würde Flexibilität und Wahlfreiheit fördern, die Grundlage der Familienstruktur zu rasch und zu häufig verändert, als daß die positiven Werte des Individualismus dadurch hätten bestärkt werden können.

Der Autoritätsschwund hat nicht zu mehr Sensibilität geführt. Die Möglichkeiten zu persönlicher Entfaltung und Selbstverwirklichung sind spärlicher statt reichhaltiger geworden. Warum beherrschen die traurigen Klagen über Leere und Hoffnungslosigkeit das moderne Bewußtsein, wo doch jeder nach Selbsterfüllung und Identitätserweiterung verlangt? Warum hat uns unser Streben nach Individualität das Gefühl gegeben, nicht geliebt zu werden und nicht liebenswert zu sein?

Ohne Zweifel ließen sich aus der Untersuchung unserer gegenwärtigen Institutionen in Bildung, Politik, Wirtschaft und Religion Antworten gewinnen. Abgesehen davon, daß diese Institutionen an innerem Verfall zugrunde gehen, scheinen sie von einem wahnsinnigen Architekten konstruiert zu sein, der die erklärte Absicht gehabt hat, uns einander zu entfremden und uns aus dem Boden zu reißen, der Menschlichkeit und Selbsterfüllung nährt.

Eine Alternative ist die Beschäftigung mit den biologischen Ursprüngen unserer Sehnsucht nach menschlicher Bindung und Individualität, unseren Möglichkeiten zu Verzweiflung und Enttäuschung. In der heutigen Zeit, da es Mode geworden ist, gesellschaftliche Kräfte als Befreier des menschlichen Geistes zu feiern, haben wir uns angewöhnt, die Biologie als dessen Fessel zu verachten. Von Zeit zu Zeit müssen wir daran erinnert werden, daß ein gesunder Respekt für unsere biologischen Wurzeln den besten Schutz gegen das Vordringen und die Herrschaft antihumaner gesellschaftlicher Kräfte bedeutet.

Gewiß zeigt sich die Verachtung des Biologischen nirgends deutlicher als in unserem gegenwärtigen Mutterschaftsverständnis. Mutterschaft ist mit unserer nachindustriellen Mentalität in Konflikt geraten – einer Mentalität, die die wichtigsten Tätigkeiten aus der Familie nach draußen verlegt und damit die Möglichkeit der Selbstverwirklichung durch Mutterschaft in Frage stellt. Die selbstgenügsame Einsamkeit von Mutter und Säugling wird als bedauerliche Abkehr von Aktivitäten verstanden, die für sozial ergiebiger gehalten werden. Unzählige Frauen, die sich Kinder wünschen und sich gerne eine Zeitlang um ihre Kinder kümmern würden, werden dazu gebracht, sich solcher Wünsche zu schämen und zu meinen, sie bedeuteten eine Kapitulation gegenüber chauvinistischen und antiquierten sozialen Wertvorstellungen, durch die sie ins Puppenhaus verbannt werden sollen. In ihrem Drang, »zur Normalität zurückzukehren«, »im *wirklichen Leben* voranzukommen« und im Wettlauf um Karriere und soziales Fortkommen Schritt zu halten, büßt die moderne Mutter ihr Recht ein, Mutterschaft zu erleben.

Die Zuversicht und Freude, die es einer Mutter ermöglichen, mit Muße und einfühlsam auf die Bedürfnisse ihres Babys zu reagieren, sind aufs Spiel gesetzt worden. Es wäre nicht ohne Ironie, wenn die *Bindung* des Säuglings an die Mutter ausgerechnet zu einem Zeitpunkt, da die Klage über die *Bindungslosigkeit* des Menschen am lautesten ist, durch Scham und Ungeduld der Mutter gelockert würde. Die Kräfte der modernen Gesellschaft haben sich verschworen, die elementare Zwiesprache zwischen Mutter und Säugling zu unterbrechen – jene Zwiesprache, die uns unser Menschsein sichert.

Die utopischen Alpträume von menschlichen Robotern, Retortenbabys und mechanisierter Liebe haben sich nicht realisiert, lauern aber überall – in den Fernsehtrickfilmen für Kinder, in zeitgenössischer Literatur, im Kino, in der Genmanipulation, in der Architektur und in unseren privaten Alpträumen. Während wir achtlos in eben die Leere abgleiten, die wir fürchten, leistet etwas in uns hartnäckigen Widerstand, jener Teil, der das Wesen unseres eigentlichen Menschseins ausmacht und nach Aufmerksamkeit verlangt. Zumindest augenblicklich dauert die menschliche Zwiesprache noch an.

Wo beginnt der Dialog? In der ersten Partnerschaft außerhalb des Mutterleibs wird dem Säugling die Seligkeit bedingungsloser Liebe zuteil – die Seligkeit des Einsseins mit der Mutter. Dies ist der Dialog, der menschlicher Liebe zugrunde liegt. Die späteren Mutter-Kind-Dialoge betreffen die Art und Weise, wie das Kind sich aus dem Zustand des Einsseins mit der Mutter löst. Mit der Loslösung wird es lernen, welchen Bedingungen tatsächliche Liebe gehorcht, und ein Empfinden dafür bekommen, wer es selbst im Unterschied zu allen anderen ist. Alle spätere Liebe und Zwiesprache ist ein Bestreben des Menschen, seine Sehnsucht nach Wiederherstellung der verlorenen Glückseligkeit des Einsseins und sein ebenso intensives Bedürfnis nach Getrenntsein und eigenständiger Individualität in Einklang zu bringen. Diese Versöhnung wird *Konstanz* genannt.

Die Versöhnungsbestrebungen der Konstanz sind mannigfaltig. Wir verbringen den größten Teil unseres Erwachsenenlebens damit, die Dilemmata unserer zweiten Geburt wieder und wieder zu lösen. Da wir alle diese zweite, psychische Geburt in einem Zustand des Einsseins mit der Mutter begonnen und Individualität durch das allmähliche Erkennen unseres Getrenntseins von ihr erworben haben, sind diese Dilemmata das unvermeidliche Los jedes Menschen – jeder menschlichen Gesellschaft.

Während der Säugling aus dem Zwischenreich des Neugeborenendaseins in das Einssein mit der Mutter hinüberwechselt, verschmilzt sein Körper mit dem ihren. Aus seiner Sicht gibt es keine Grenzen zwischen ihm und der Mutter. Sie sind eins. So entdecken wir erstmals die Seligkeit der Vereinigung und inneren Harmonie. So beginnt unsere psychische Geburt. Im Einssein des Verschmelzens ging es uns wunderbar, und alles, was uns umgab, fügte sich in unser inneres Empfinden von Lust und Wohlgefühl. Dennoch waren diese ersten Monate nicht nur Harmonie. Lästige Spannungen, das Gefühl, das Gleichgewicht zu verlieren, extreme Hitze oder Kälte, Verdauungsstörungen veranlaßten uns, uns von der Mutter fortzuwenden – fort von der Seligkeit und dem körperverschmelzenden Einssein. Unsere Seele war bereits gezeichnet von den Gefahren des Getrenntseins. Getrenntsein wurde mit Schmerz gleichgesetzt. Warum haben wir dann das Einssein überhaupt verlassen und uns bemüht, ein eigenes, getrenntes Selbst zu werden? So stark wie die Sehnsucht nach dem Einssein war der Drang, fortzustreben, Distanz zu suchen, die Welt außerhalb der Mutter-Kind-Sphäre zu erforschen, ein Selbst zu sein.

Niemand mußte uns sagen, wann es Zeit war, das selige Reich, unserer Mutter Schoß zu verlassen. Den Drang, uns zu lösen, trugen wir in uns – in unserem Körpergeist, in der Lebenskraft unserer erstarkenden Muskeln, in unseren schauenden Augen, unseren hörenden Ohren, unseren ausgreifenden Händen.

Aus dem Dialog des Einsseins erfährt der Säugling allmählich von der Gegenwart der Mutter dort draußen, in der Welt. Wenn er fünf Monate ist, erleuchtet ihm ihre Gegenwart den Weg in die kleine vertraute Welt außerhalb der gemeinsamen Sphäre. Durch seine Vorsicht gegenüber Fremden und durch die Art und Weise, wie es sich durch einen Blick auf das Gesicht der Mutter vergewissert, verrät uns das acht Monate alte Kind, daß ihm das Getrenntsein immer noch nicht ganz geheuer ist. Mit zwölf Monaten strebt das Kind mutiger von der Mutter fort. Es steht auf und geht weg. Mit diesen Schritten, die ihn aus eigener Kraft forttragen, hat der Körpergeist des Kindes den Augenblick der Vollkommenheit erreicht. Die Welt gehört ihm – und er ist der mächtige Eroberer all dessen, was er erblickt. Seine Freude und Großartigkeit finden in der Ausgelassenheit seines Laufens, Springens und Kletterns, seines Schauens und Benennens ihren Ausdruck.

Und doch, selbst auf dem Höhepunkt dieser freudigen Phase seines Lebens ist der Säugling noch nicht in der Lage, zu begreifen, daß er und die Mutter getrennte Wesen sind. Seine Heiterkeit beruht zum Teil auf der Illusion, daß die Welt seine Mutter sei – daß ihre Gegenwart die Welt durchdringe. Erst mit etwa achtzehn Monaten, wenn sich zum Körpergeist ein unvollkommener denkender Geist gesellt hat, wird das Kind vollständige Klarheit darüber erlangen, daß die Mutter eine von seiner eigenen unabhängige Existenz führt. Damit sieht es sich der Krise seiner zweiten Geburt gegenüber. Aufruhr ergreift es. Die Hochstimmung der vorangegangenen Monate weicht Ernüchterung, Ärger und Traurigkeit. Das Kind würde gerne in die bedingungslose Seligkeit des Einsseins zurückkehren, kann aber das Gefühl des Getrenntseins, den überwältigenden Wunsch, seinen Körper und Geist für sich zu beanspruchen, nicht mehr preisgeben. Es beginnt, sich um das Verständnis der Bedingungen wirklicher Liebe zu bemühen. Im Laufe des nächsten oder der nächsten zwei Jahre wird es lernen, daß es möglich ist, ein eigenständiges Selbst zu sein, ohne das Gefühl von Wohlsein und Ganzheit zu verlieren, daß es die Liebe seiner Eltern und die Selbstliebe bewahren und doch einen eigenen Geist und einen eigenen Körper besitzen kann.

Mit drei Jahren wird das Kind ein erstes Gefühl für Getrenntsein und Identität erworben haben. Doch haben die Versöhnungsversuche zwischen Einssein und Getrenntsein erst angefangen. Der Dreijährige besitzt erst ein geringes Maß an Konstanz – gerade genug, um ihm das Gefühl der Sicherheit in der Welt zu geben, obwohl ihm jetzt klar ist, daß sein Selbst von dem seiner Mutter getrennt ist. Er kann das positive Bild seiner Mutter bewahren, auch wenn er im Kindergarten ist oder Freunde besucht. Gelegentlich wird ihn nach ihrer Gegenwart verlangen, er wird das Getrenntsein von der Mutter jedoch nicht in die Phantasievorstellung verwandeln, sie sei eine schlechte, frustrierende Mutter, die aufgehört habe, sich um ihn zu kümmern oder ihn zu lieben. Das Wohlgefühl des Kleinkindes erwächst daraus, daß es innerlich genügend Erfahrung von einer guten Mutter und einem guten Selbst aufgebaut hat, um als eigenständiges Selbst auch dann funktionieren zu können, wenn es möglicherweise wütende, haßerfüllte Gedanken sich selbst oder seinen Eltern gegenüber verspürt. Hat das Kind ein hinreichend positives Bild von sich und der Mutter, kann es von seinen »schlechten« Gefühlen nicht überwältigt werden. Es läuft nicht Gefahr, anzunehmen, es müsse ein in jeder Hinsicht vollkommenes Kind oder ein sich anklammerndes Nichts sein, um sich und seine Eltern vor seiner schrecklichen Schlechtigkeit zu schützen. Wenn solch ein Kind erwachsen wird, wird es den Menschen, den es liebt, nicht zurückweisen und gegen einen anderen austauschen in dem Augenblick, da er nicht mehr da ist, um ihm Befriedigung zu verschaffen. Es wird diesen Menschen auch dann noch schätzen, wenn er es enttäuscht oder im Stich läßt.

Grundsätzlich heißt Konstanz, daß wir gefühlsmäßig akzeptieren, weder Heilige noch Teufel zu sein, sondern ganze Menschen, die zu gewöhnlicher menschlicher Liebe *und* gewöhnlichem menschlichen Haß fähig sind. Wenn die Konstanz unsere Liebesgefühle mit unseren Gefühlen von Wut und Haß verbindet, stärkt sie unser Gefühl von der Ganzheit unserer Person. Wir alle suchen unser gutes Selbstbild zu schützen und zu bewahren. Wenn die Konstanz schwach ist, lassen sich die positiv bewerteten Teile des Selbst vor den unerwünschten oder schlechten Teilen nur dadurch schützen, daß diese abgespalten und abgewehrt werden. Ist das Schlechte vom Guten abgespalten, zerbricht die Ganzheit des Selbst und zerfällt. Damit wird es unmöglich, die Ganzheit anderer zu schätzen und zu achten.

Personale Ganzheit und Integrität erwachsen gleichermaßen aus beiden Aspekten unserer psychischen Geburt. Die erste oder Kernerfahrung von Ganzheit bietet der Dialog des Einsseins, der Dialog bedingungsloser Liebe, der überirdische Dialog von der vollkommenen, körperverschmelzenden Einheit, da das Selbst und der Andere noch nicht unterschieden sind. Die zweite Erfahrung der Ganzheit folgt auf die Loslösung, das Getrenntsein, die Herausbildung von Grenzen zwischen dem Selbst und dem anderen. Dieser zweite Ursprung personaler Ganzheit ist komplexer als der erste, da er all die vielfältigen Gefühle, Gedanken, Phantasien und Wertvorstellungen einschließt, die beteiligt sind, wenn wir es mit konkreten, wirklichen Menschen aus Fleisch und Blut zu tun haben. Im vollkommenen Zustand des Einsseins gibt es weder ein Selbst noch einen Anderen und deshalb auch keine wahre emotionale Beziehung. Eine Beziehung verlangt ein ganzes Selbst und einen ganzen Anderen. Doch selbst als eigenständige, ganze Personen vergessen wir nie das Schlüsselerlebnis des Einsseins. Immer, wenn die Anforderungen des Getrenntseins zu groß werden, sehnen wir uns alle nach der ursprünglichen Seligkeit des Einsseins zurück. Diese Sehnsucht nach dem Kern unserer Ganzheit ist das Wesen von Religion und Dichtung und das Wesen der Ekstasen vollkommener Liebe.

Konstanz ist also mehr als die Fähigkeit, Liebe und Aggression zu vereinigen, oder die Fähigkeit, die Ganzheit des Selbst und die Ganzheit des Anderen zu bewahren, oder die Fähigkeit, jemanden auch noch zu schätzen, wenn er uns keine Lust und Befriedigung mehr verschafft. Konstanz ist auch die Versöhnung unserer ewigen

Sehnsucht nach Vollkommenheit mit unserer konkreten Alltagsexistenz. Insofern vereinigt Konstanz die friedlichen Harmonien des Einsseins mit der Lebenskraft und den Rhythmen des Getrenntseins. Zwar ist Einssein das Wesen der Liebe, doch ihre Lebenskraft bezieht sie aus der Partnerschaft zweier ganzer Menschen aus Fleisch und Blut, die beide das Getrenntsein des anderen achten. Letztlich spiegelt sich jeder Aspekt menschlichen Daseins in den Versöhnungen zwischen Einssein und Getrenntsein.

Wenn wir ein Kind beobachten, wie es Kern und Grenzen seines Wesens entdeckt, erweitert sich unser Verständnis für den Sinn des Daseins. Diese spezielle Sicht der Kindheit hilft uns, mehr Klarheit über Richtung und Bewegung unseres Erwachsenenlebens zu gewinnen. Beobachtet man die Entwicklungsschritte, die aus einem rein physisch existierenden Neugeborenen ohne Beziehungen und Gedanken den Dreijährigen machen, der Ich-Bewußtsein besitzt, ein seelisch-geistiges Wesen ist und Empfindungen und Phantasien hat, die ihm seine besondere Identität verleihen, so begibt man sich auf eine Reise in das eigene Säuglingsalter und die eigene Kindheit zurück.

Für all die, die das Kind in sich noch erkennen können, ist das eine faszinierende Reise. Doch lernen viele Menschen im Prozeß des Erwachsenwerdens, daß sie sich von ihren kindlichen Aspekten zu trennen und die Torheiten und Unzuverlässigkeiten kindlicher Verhaltensweisen abzulegen haben. Die Vergangenheit ist vorbei und begraben. Sie haben keinen Wunsch, die Büchse der Pandora noch einmal zu öffnen. Sie schämen sich, zuzugeben, daß sie sich gelegentlich unsicher und hilflos fühlen, daß sie andere brauchen und abhängig sind, daß Enttäuschung und Demütigung sie immer noch verletzen. Nach ihrer Definition ist der selbständige, erfolgreiche Erwachsene jemand, der sich von kindlichen Leidenschaften und Ängsten befreit hat. Ist es möglich, daß sich ein Erwachsener ebenso an die Sicherheit von Heim und persönlichem Besitz klammert wie ein Kleinkind an seine Schmusedecke? Oder daß im Inneren eines Erwachsenen immer noch etwas vor Angst bebt, wenn er einem Fremden begegnet? Oder daß er mit dem Schicksal »Guckuck-da« spielt, wenn er beim Pferderennen setzt oder sich von Geistergeschichten und Melodramen gefangennehmen läßt? Oder daß sein Heldenmut im Schlafzimmer häufig als »Fang-mich«-Spiel endet, bei dem er verzweifelt vor irgendeinem schrecklichen Kinderfänger davonläuft?

Es gibt Gründe, solchen direkten Vergleich zwischen Kind und Erwachsenem abzulehnen. Zu Recht weist der Erwachsene die Unterstellung zurück, seine Handlungen seien bloße Neuauflagen seiner kindlichen Verhaltensweisen. Das komplexe Verhalten eines Erwachsenen läßt sich nie auf seine Kindheitsursprünge reduzieren. Ein Erwachsener wird nicht zum Glücksspieler, weil er als Kind »Guckuck-da« gespielt hat. Ein Mann läuft vor einer Frau nicht davon, weil er einst über die Trennung von seiner Mutter in Verzweiflung geraten ist. Bis wir erwachsen geworden sind, haben sich die schlichten Leidenschaften der Kindheit wiederholt bereichert und verwandelt. Die Handlungen unseres Erwachsenendaseins sind nur noch entfernte Echos, verzerrte Brechungen, metaphorische Umschreibungen der Ereignisse unserer zweiten Geburt. Dennoch ist das Erwachsenendasein nicht das Ende der Kindheit oder der Abschluß einer Reise, die nur nach vorn geht. Ständig durchlebt und revidiert der reifende Erwachsene seine Kindheitserinnerungen, ständig entdeckt er seine Identität neu, formt er seine Individualität um, stößt er auf neue Seiten seines Wesens.

Wörter wie *Identität, Selbst, Wesen* beschwören ein Geheimnis, wirken abstrakt und unbegreiflich. Doch die Entwicklungsschritte, die zum psychischen Selbst führen, lassen sich in den ganz alltäglichen Handlungen des Säuglings und Kleinkinds erkennen. Eltern haben diese Verhaltensweisen seit je bemerkt und sogar an ihnen teilgenommen. Schwer faßbar und unbekannt ist ihre ungewöhnliche und außerordentliche Bedeutung gewesen. Wir haben nicht gewußt, daß diese alltäglichen Verhaltensweisen Ausdruck des kindlichen Strebens nach Individualität und Konstanz waren, daß jeder durch die kleinen Wunder des alltäglichen Lebens in ein vollständiges menschliches Wesen verwandelt wird, daß wir uns auch weiterhin entwickeln und wandeln, wenn wir offen bleiben für die Wunder, die den Umkreis unseres gewöhnlichen Erwachsenendaseins bilden.

Wenn solche vertrauten Kindheitsaspekte wie Schmusedecke, »Guckuck-da«- und »Fang-mich«-Spielen, das erste Lächeln, Laufenlernen, Schweigen und Wutanfälle unter der Perspektive unserer zweiten Geburt gesehen werden, begreifen wir das Kind in unserem erwachsenen Selbst. Wir verstehen, warum Kinder uns Hoffnung schenken, und auch, warum sie uns manchmal erschrecken und verwirren.

Von Zuversicht lebt die Beziehung zwischen Eltern und Kind. Jedesmal, wenn ein Kind die nächste Herausforderung seines Lebens bewältigt, bringt sein Triumph die Entwicklung seiner Eltern voran. Insofern ist das Kind Elternteil für Mutter und Vater. Wenn die Mutter ihrer eigenen Kindlichkeit nicht mit Scham oder Angst begegnet, wird sie in den Kämpfen ihres Kindes um eine eigenständige Individualität ihre eigenen, sich immer noch fortentwickelnden Versöhnungsbestrebungen erkennen, ihre eigene Sehnsucht nach Einssein und ihre eigene fortdauernde Suche nach Individualität. Zuversicht fällt der Mutter leicht, wenn das Kind »Ja« sagt zu ihrem Stillen, ihren Umarmungen, ihrem Trost, ihren Erziehungsratschlägen, ihren Verboten und Werten. Dagegen fällt es schwer, das Nein-Sagen eines Kindes mit Zuversicht aufzunehmen. Nur ein Phantasiekind fügt sich in alle Wünsche und Erwartungen seiner Eltern. Ein wirkliches Kind reagiert nicht immer mit Zustimmung. Nicht immer befriedigt es die Hoffnungen und Phantasien seiner Eltern. Ein wirkliches Kind erinnert seine Mutter daran, daß sie selbst einmal ein wirkliches Kind gewesen ist, das gegen seine Eltern gekämpft und seinen eigenen Kopf gehabt hat. Wenn eine Mutter die Bedeutung solcher Herausforderungen zu schätzen weiß, wird sie in der Auflehnung ihres Kindes nicht all das erblicken, was sie am eigenen Selbst zu verachten gelernt hat. Sie wird nicht in Hoffnungslosigkeit oder Verzweiflung verfallen, wenn ihr Kind ihren Rat nicht annimmt oder ihren Erwartungen nicht genügt, wenn es sich ihren liebevollen Gesten entzieht und eigene Wege geht.

Häufig verstehen Eltern die Schritte, die ein Kind unternimmt, um eine eigenständige Person zu werden, als Zeichen der Ablehnung und als Hinweise auf ihre Unzulänglichkeit und ihr Versagen. Ein großer Teil kindlichen Verhaltens, das elterliche Selbstvorwürfe hervorruft, bedeutet nicht wirkliches Versagen der Eltern, sondern das Bedürfnis des Kindes, sich ein eigenes Identitätsgefühl zu schaffen.

Einer der verwirrendsten Abschnitte auf dem Weg des Kindes zum Getrenntsein beginnt etwa Mitte des zweiten Lebensjahres, wenn sein Trotz, seine Traurigkeit, sein Eigenwille und seine enttäuschte Wut einen dunklen Schatten auf seine Beziehung zur Mutter werfen. Diese unangenehmen und erschreckenden Geschehnisse zeigen, daß sich das Kind nun endlich den entscheidenden Augenblicken seiner zweiten Geburt von Angesicht zu Angesicht gegenübersieht, daß ihm wahrhaft klar wird, ein eigenständiges Wesen zu sein.

In dieser schwierigen Zeit nimmt der unreife Geist des Kindes seine Erfahrungen als absolute wahr. Er neigt dazu, seinen natürlichen Trotz und Zorn mit der Vorstellung zu verbinden, es sei ein grundschlechtes Scheusal, ein Kind, das keine Liebe verdiene. In ähnlicher Weise scheinen die normalen Frustrationen und Einschränkungen, die die Mutter auferlegt, diese in ein grundschlechtes Ungeheuer von Mutter zu verwandeln, die nie wieder fähig sein wird, zu geben und zu lieben. Das Kind vergißt, daß es je liebenswert war oder geliebt wurde und daß von seiner Mutter je Güte oder Befriedigung kam. Es sehnt sich nach der magischen Zeit zurück, da es ein engelsgleiches Kind war und über die Mutter nach Belieben verfügte.

Wenn sich das Kind dem dritten Lebensjahr nähert, ist es allmählich in der Lage, sich vorzustellen, daß die Mutter, die es gelegentlich frustriert, dieselbe Mutter ist, die es liebt und sich um es kümmert. Es beginnt auch zu realisieren, daß es sich nicht, wenn immer es wütende, haßerfüllte Gedanken und Gefühle hegt, in ein nichtswürdiges, grundschlechtes Kind verwandelt. Es muß nicht vollkommen sein, um das Gefühl haben zu können, liebenswert zu sein. Solche Erkenntnisse sind erste Anzeichen dafür, daß das Kind Konstanz angesichts der unvermeidlichen Enttäuschungen und Frustrationen entwickelt.

Konstanz ist die überdauernde innere Überzeugung, man selbst zu sein und niemand anders. Wenn die Konstanz die Oberhand gewinnt, sind wir in der Lage, das Getrenntsein anderer zu achten und zu schätzen. Wir lieben sie auch dann noch, wenn sie uns keine vollkommene Harmonie und bedingungslose Liebe zu geben vermögen. Durch Konstanz verbindet sich das Vollkommene mit dem Wirklichen. Jeder Schritt in Richtung eigenständiger Individualität in der Zeit von der Geburt bis zu drei Jahren ist ein besonderer Beitrag zur Konstanz und schafft neue Möglichkeiten für Liebe und Haß, Bewältigung und Furcht, Vertrauen und Argwohn, Hochstimmung und Enttäuschung.

Das spätere Leben ist eine Folge erneuter Gelegenheiten, das ursprüngliche, aus den Strebungen der zweiten Geburt erwachsene Konstanzpotential auszubauen. Vorausgesetzt, daß der Anfang in den richtigen Bahnen verlaufen ist und daß die Bewährungsproben im späteren Leben nicht übermäßig streng und grausam sind, werden die Konstanz des Selbst und die Konstanz anderer gegenüber durch die üblichen Wechselfälle menschlichen Daseins ausgebaut werden.

Diese frühesten Anfänge unseres Lebens werden nie genauso wiedererlebt, wie sie waren. Sie werden nämlich durch jeden späteren Anlaß unserer Lebensgeschichte unmerklich verwandelt. Die Rivalitäten und Ängste des ödipalen Dreiecks Mutter-Vater-Kind, der Zeitraum, in dem das Kind lernt, an der sozialen Welt außerhalb der Familie teilzunehmen, die erweiterte Perspektive, unter der der Jugendliche die Familienbindungen seiner Kindheit sieht, Verliebtheit und Liebesenttäuschung, die Entscheidung für eine Lebensaufgabe, vielleicht auch die Entscheidung für Schwangerschaft und Elternschaft, schließlich die Anfechtungen der mittleren Lebenszeit und des Alters – all diese Erfahrungen werden unsere Erinnerung an die ersten Dialoge von Einssein und Getrenntsein in besonderer Weise modifizieren, und jede Modifikation wird die Dauerhaftigkeit unserer Konstanz auf die Probe stellen.

Doch die unablässigen Veränderungen, die die Themen der zweiten Geburt überlagern, bringen sie nicht völlig in Vergessenheit. Die Echos der frühesten Dialoge bleiben in unserer Zwiesprache mit der Welt tonangebend – nicht in irgendeiner abstrakten Weise, sondern im vertrauten und alltäglichen Bereich und in den Illusionen, die uns Halt geben, wenn wir uns den Herausforderungen des täglichen Lebens stellen.

Unser Weg durch dieses Leben wird von den logischen Handlungen und nüchternen Gedanken bestimmt, die im Laufe der Zeit zu unserem persönlichen Stil des Handelns in der Welt geworden sind. Doch dauernd macht sich der nicht-logische Körpergeist, mit dem unser seelisch-geistiges Leben begann, in der Choreographie unserer Liebesgesten, unserer Hinwendung zur Welt, unserer Abkehr und Rückkehr, unserem Grüßen und Lächeln, unseren Blickbegegnungen bemerkbar. Und wenn wir uns auch daran gewöhnt haben, in Übereinstimmung mit den normalen Tages- und Nachtzyklen zu wachen und zu schlafen, werden die Augenblicke unseres Wachens in Wahrheit von Zuständen unterbrochen, in denen wir halb munter sind und halb schlafen. Wir haben einen abwesenden, nach innen gewandten Blick und sind häufig in jenes gedankenverlorene Sinnen, jene Tagträume und stillen Phantasien versunken, die so häufig den Streß des wachen Lebens lindern. Unser Schlaf, in dem wir uns abermals träumend vom Druck des Tages befreien, ist durchsetzt von

Phasen halbwacher Aufmerksamkeit. Und ebenso häufig, kurz vor dem Aufwachen, kurz vor dem Einschlafen, in Augenblicken der Zusammengehörigkeit, der Zwiesprache unserer Blicke, sinkt unser Körper entspannt in jenes Dämmerlicht körperverschmelzenden Einsseins zurück, in dem unsere Existenz begann und das schon so bald von der Vitalität unserer ungeduldig sich anspannenden Muskeln unterbrochen wurde, als es uns forttrieb in die äußere Welt und in jenen Zustand regen Bewußtseins, den wir später mit dem Namen »Wachsein« zu belegen lernten.

In ähnlicher Weise wird unser bewußtes Bemühen, die Welt anhand jener ausgefeilten Rede- und Denkweisen zu erklären, deren Erwerb uns zwanzig Jahre Entwicklung kostete, allzu leicht hintertrieben von jener widerspruchsvollen, zweijährigen, noch-nicht-logischen, Symbole schaffenden Psyche, die nur absolut Gutes und absolut Schlechtes kennt. Wir tragen unsere zweijährige Psyche immer noch mit uns herum. Und sie setzt sich immer dann durch, wenn das empfindliche Gleichgewicht der Konstanz gestört ist. Dann erscheinen uns unsere normalen Unzulänglichkeiten als absolute Schlechtigkeit. Unser Selbstbewußtsein ist erschüttert; unsere stockende Rede zeigt, daß wir uns nackt und allen Blicken ausgeliefert glauben. Enttäuschung über einen geliebten Menschen wird zu jenem den Magen umdrehenden Gefühl, verlassen zu sein und in einen bodenlosen Abgrund zu fallen. Trennungen von der Familie, von geliebten Menschen, von geschätzten Besitztümern geben uns das Gefühl, hilflos zu sein, allein in der Welt zu stehen. Und diese zweijährige Psyche folgt uns in die Träume unseres Schlafs, wo Engel und Ungeheuer das Geschehen bestimmen, wo aus der Logik der Sprache die Logik von Vorstellungsbildern wird, wo Vorstellungsbilder Übersetzungen von Magenverstimmungen sind, von Adrenalinausschüttungen, von Herzflattern, von genitaler Erregung. Beim Aufwachen erkennen wir, wofür die Bilder stehen: Wir sind nackt, das Dach stürzt ein, in Verlassenheit gehen wir zugrunde, vergehen in seliger Umarmung, steigen und fallen.

Die Stühle, Tische, Bücher, Pflanzen, Kleider, Haarbürsten, Parfüms, Töpfe, Schüsseln und Bilder, mit denen wir die als Zuhause bezeichnete Nische in der Welt dekorieren, sind Umschreibungen der Zwiesprache von Einssein und Getrenntsein. So tief ist dieser Archetypus von Zuhause in uns eingebettet, daß wir uns ebenso wenig nach seiner Entstehung fragen wie nach den Grenzzeichen zwischen Wachen und Schlafen. Und doch ist die Erde bedeckt mit den abgesteckten Umkreisen menschlichen Zuhauses. Selbst Nomaden, die von Standort zu Standort ziehen, oder die verbliebenen Stämme von Ureinwohnern, die nur ein Amulett, ein Kleidungsstück und die Matte, auf der sie schlafen, ihr eigen nennen mögen, fristen ihr Dasein innerhalb der geometrischen Abmessungen, die durch die Entfernung von und die Rückkehr zu jenen »Zuhause« geheißenen Zentren bezeichnet werden.

Die innere Bindung an diesen festen Punkt, von dem aus unser Leben ausstrahlt, ist allen Angehörigen des Menschengeschlechts ebenso gemeinsam wie träumen und wachen, Gesten der Liebe zeigen, grüßen, drohen und ein Ich-Bewußtsein entwickeln. Wie streng oder wie durchlässig die Grenzen sind, die unser Zuhause abgrenzen, wie wir fortdrängen oder fortstürzen, die Welt außerhalb dieser Grenzen zu erforschen, wen wir durch die Grenzen lassen und wen wir ausschließen, ob wir uns an unseren Standort klammern oder ob es uns forttreibt zu den fernsten Gebieten der Welt, als wollten wir der Enge unseres Zuhauses entkommen – all dies werden zentrale Aspekte unserer besonderen Persönlichkeit, die uns von den übrigen Angehörigen unserer Art abheben. Die kühnsten Eroberer des Mount Everest oder der Tiefen des Schwarzen Meeres tragen in ihrer Vorstellung eine Nachbildung ihres Zuhauses mit sich herum. Der häuslichste Stubenhocker ist sich der Möglichkeiten bewußt, die ihn jenseits der Haustür erwarten.

Die Ursprünge unserer Bindung an das Zuhause lassen sich in den frühesten Bindungen des Säuglings an seine Mutter finden. Die Mutter beginnt er als Heimatstützpunkt für die Erforschung der Welt zu benutzen, sobald ihn die lebendige Kraft seiner Muskeln veranlaßt, aus der Sicherheit des Schoßes fortzukrabbeln in die immer größer werdenden Bereiche des Unbekannten hinaus. Von nun an findet sein Körpergeist, auch wenn er nur wenige Meter umherstreifen oder sich über Türschwellen in neue Zimmer wagen mag, Sicherheit in der Vorstellung vom Heimatstützpunkt.

In den Besitztümern, die unseren Heimatstützpunkt schmücken, schwingen die Dialoge von Einssein und Getrenntsein nach. Bindungen an Besitztümer drücken sich aus in den ersten Annahmen des Säuglings über Mein und Dein, Haben und Nichthaben, Geben und Nehmen, Sammeln und Wegwerfen, Leere und Erfüllung, sowie in der Verwandlung dieser Annahmen in die kulturell vorgegebenen

Motive von Neid und Macht, Großzügigkeit und Loyalität.

Selbst nachdem wir Erwachsene geworden sind, lebt der Dialog in manchen Besitztümern stärker fort als in anderen. Diese zählen wir zu unseren persönlichen Schätzen. Wir teilen sie nicht, und wenn wir sie verlieren, sind wir untröstlich. Sie sind Beleg für die Sicherheit des Zuhauses. Ihr bloßer Besitz gibt uns den Mut zum Umherstreifen. Mit der Gewißheit, daß sie sicher in Regalen und Schränken untergebracht sind, tragen wir das Bild von ihnen mit uns herum. Bei anderen Schätzen vergewissern wir uns, daß wir sie wirklich bei uns haben, wenn wir unser Zuhause verlassen – das Korallenamulett, den stahlblauen Federhalter, die glänzende Brieftasche, den seegrünen Pullover. Ebenso wie diese speziellen persönlichen Besitztümer die Sicherheit des Zuhauses bezeichnen, sind sie zugleich ein höchst privater Aspekt unseres Wesens. Obgleich sie unbelebt sind, identifizieren wir uns mit ihnen, als wären sie lebendig. Der Gedanke, daß sie allein auf irgendeinem Regal liegen, läßt ein plötzliches Gefühl von Verlassenheit aufkommen. Sobald wir ein Besitztum mit der Illusion ausgestattet haben, es sei zugleich Ich- und Nicht-Ich-Ding, sei zugleich belebt und unbelebt, lädt es sich metaphorisch auf und kann für eine Vielzahl persönlicher Eigenschaften stehen: Sicherheit, Mut, Risikobereitschaft, Glück, Erfolg, Klugheit, Großzügigkeit oder Tugend. Und wenn auch die meisten von uns nie dichterische oder musikalische Metaphern hervorbringen, haben wir uns doch in diesen Schätzen unseres Besitzes eine Illusion geschaffen. Wie alle Illusionen helfen sie uns, den Druck zu lindern, unter dem wir stehen, wenn wir versuchen, die wunschbestimmten Sehnsüchte unseres Innenlebens mit der Alltagswirklichkeit in Einklang zu bringen. Wie die Schmusedecke oder das Summen, welches sich der Säugling selbst erschafft, wenn sich die Empfindungen des Getrenntseins ankündigen, werden unsere Besitzschätze zur vollkommenen Mutter des Einsseins, die uns nie enttäuscht. Diese Besitztümer sind auch wie die erste Mutter der Loslösung – die Mutter als Heimatstützpunkt, der festliegt und Dauer besitzt, gleichgültig, wie weit wir wandern.

Erwachsenes Streben nach Einheit und Ganzheit findet auch weiterhin seinen Ausdruck in Illusionen: Illusionen helfen uns, jene empfindliche Balance zwischen Sehnsucht und Wirklichkeit zu bewahren, jenes Sicherheit verleihende Gleichgewicht, das unser aller Zentrum bildet und das wir Konstanz nennen. Obwohl die Konstanz des Erwachsenen viel komplexer als die des Dreijährigen ist, sind unsere erwachsenen Spielarten von Konstanz ein Echo der Reise, die wir einst zurückgelegt haben – jener Reise vom Körpergeist des Säuglings zum Getrenntsein des Individuums, welches erkennt, daß seine Mutter und die Welt außerhalb der Grenzen seines Selbst liegen.

Wie sich der Körpergeist des Säuglings seine Schmusedecke erschuf, als ihm die Widersprüche zwischen Einssein und Getrenntsein erstmals zu schaffen machten, so erzeugt sich der Erwachsene die Illusionen, die seine innere Sehnsucht mit den Anforderungen des äußeren Lebens in Einklang bringen. Indem wir den Mount Everest erklimmen, Farben und Linien auf einer Leinwand anordnen, rohe Beeren und Fleisch zu einer Mahlzeit anrichten, eine Symphonie komponieren, aus einem Besitztum einen geliebten Schatz machen, die Madonna anbeten, unsere Wach- und Schlafzustände benennen, schaffen wir die Illusion, daß, was entzweigerissen wurde, wieder vereinigt und ganz ist.

Das menschliche Leben beginnt als Illusion. Es beginnt mit der Illusion, die von der Hingabe einer alltäglichen Mutter an ihr ganz gewöhnliches Baby geschaffen wird. So wie die Mutter ihr Baby ganz normal hält, gibt sie ihm das Gefühl, die Welt halte es und liefere den formlosen Erregungen und Begierden, die in ihm wüten, ein sinnvolles Ziel. Das Baby hat also die Illusion, seine Begierden seien mit der neuen, eben erst betretenen Welt in Einklang. Wenn wir erwachsen sind, wird das Gefühl des Gehaltenwerdens schon in uns wachgerufen, wenn die Welt unseren Wünschen nur halbwegs genügt. Und bei solchen Gelegenheiten, wenn die Welt uns besonders gut hält, werden wir vielleicht sogar von den ekstatischen Harmonien des Einsseins überwältigt. Möglicherweise fühlen wir uns sogar gehalten, wenn wir allein und von denen getrennt sind, die wir lieben. Alleinsein wird bedrohlich, sofern es sich mit Verlassenheit und jenem bedrängenden Gefühl des Versinkens verbindet, das sich einstellt, wenn wir nicht wissen, wohin mit unseren Wünschen. Dann fühlen wir uns im Stich gelassen.

Obgleich wir gelegentlich anderes vermuten, ist die Erde keine vollkommene Mutter des Einsseins, auf deren einfühlsame Bereitschaft, unseren Erregungen und Begierden ein sinnvolles Ziel zu liefern, man zählen könnte. Unvermeidlich sind die Augenblicke unserer Ernüchterung. Häufig gehen solcher Ernüchterung unsere höchsten Erwartungen und Bestätigungen voraus: der Premierenbeifall, die atemlos erwartete Geburt des Kindes, die Seligkeit erotischer Hingabe, die sehnsüchtig erwartete Versöhnung mit einem verlorenen Geliebten, die Niederschrift der letzten Gedichtzeile. Wie oft werden wir von unseren triumphierenden Erfolgsphantasien auf den Gipfel höchster Vorfreude gehoben, um dann doch nur zu erfahren, wer wir wirklich sind. Wenn wir uns unserer Hoffnungsfreudigkeit und hochgeschraubten Erwartung überlassen, laufen wir Gefahr, daß uns das Wachs unserer Schwingen schmilzt, wie stets, wenn wir aus den Grenzen unseres gewöhnlichen Selbst auszubrechen suchen. Vor die Wahl gestellt, entscheiden wir uns nicht für die langweiligen Ebenen. Wir nehmen die Gefahr von Enttäuschung auf uns, wie wir uns den Armen anderer anvertrauen. Immer wieder hoffen und vertrauen wir, obgleich unsere Höhenflüge von kurzer Dauer sind und wir feststellen müssen, daß die Menschen, auf die wir am meisten zählen, uns ganz gewiß am tiefsten enttäuschen.

Und es gelingt uns, eine Ganzheit zu bleiben, wenn die Welt uns enttäuscht. Obgleich wir uns manchmal verlassen und schutzlos vorkommen, behält die Konstanz die Oberhand. Das Gefühl für den eigenen Wert und den Wert anderer bleibt stark genug, um Ernüchterung und Enttäuschung schließlich als Herausforderung auffassen zu können. Die Konstanz ermöglicht es uns, den wechselnden Winden nachzugeben und trotzdem der Erde verwurzelt zu bleiben, die uns nährt. Manchmal halten wir plötzlichen Änderungen der Windrichtung nicht stand und lassen uns forttreiben – fort vom Zauber der Vergangenheit und der Sicherheit des Heimatstützpunktes. Auch wenn wir zeitweise hilflos umhergeworfen werden, hält uns die Beständigkeit und Konstanz unseres Identitätsgefühls und weist uns den Weg. Dann fügen sich die Herausforderungen des Unbekannten und Unvertrauten zur breiteren Perspektive dessen, was wir sind und was wir werden könnten.

Gelegentlich werden wir in die weißen Himmel der Ekstase emporgeschleudert oder in die schwarzen Abgründe der Verzweiflung hinabgestoßen. Die Stimmungen von Ekstase und Verzweiflung sind die Extreme, die uns die Welt als vollkommene Erfüllung oder als vollkommene Enttäuschung erscheinen lassen. Sie machen uns blind für die Farbschattierungen des gewöhnlichen Lebens. Doch zumeist bleiben wir der gelborangenen, blaugrünen, graublauen, rotbraunen Oberfläche der Erde verwurzelt. Die Stimmungen der Konstanz sind ebenso gestuft und vielfältig wie die gebrochenen Farben der

Erde. In solchen Stimmungen erscheint uns die Erde als hinreichender, zuverlässiger Ort, und wir begreifen ihre begrenzten Möglichkeiten, uns Nahrung zu geben und sie uns vorzuenthalten. Und mit den Gefühlen der Konstanz, wie Liebe, Überraschung, Zorn, Angst, Freude, Kummer und Reue, bleiben wir der Erde treu.

Manche Menschen bleiben auch weiterhin unter der Herrschaft der Schwarz-Weiß-Stimmung, der Alles-oder-Nichts-Gefühle und der einfältigen Logik des Zweijährigen. Aus den unterbrochenen Dialogen und halbbefriedigten Begierden ihrer zweiten Geburt entstand ein Selbst, das nicht überdauern und sich nicht durchsetzen konnte. Die ersten Abgrenzungen eigenständiger Identität bleiben schattenhaft, sind zu verwischt und ungewiß, um die anschließenden Umgestaltungen zu ermöglichen, welche Konstanz und Individualität so umformen, daß sie ihren vollständigen Einfluß entfalten können. So wird im späteren Leben jede Herausforderung abgewehrt, als sei sie ein gewaltsamer Eingriff.

Das Fragment einer noch ungeformten Konstanz, das solche Menschen ihrer zweiten Geburt entwinden, wird von Enttäuschung leicht zerstört. Für sie wird, was als leichtes Tief der Enttäuschung beginnt, zum Abgrund, in den alles stürzt und in dem es in Stücke zerfällt. Die Welt, die sie zeitweilig im Stich läßt, wird als ewig lieblose, ewig frustrierende Welt wahrgenommen. In den Monaten, die der Enttäuschung folgen, vergehen sie vor Sehnsucht nach den kristallreinen Harmonien des Einsseins, oder sie versinken in Verzweiflung. Manche werden fortgerissen von einem unbändigen Aufruhr der Wut, der nie zur Ruhe von Zorn oder Kummer findet.

Da es ihnen an der Konstanz fehlt, mit deren Hilfe sie die Widersprüche von Einssein und Getrenntsein versöhnen könnten, bewältigen diese Menschen ihr Leben, indem sie ihre Erfahrung in den unversöhnlichen Zwiespalt von grundgut und grundschlecht aufteilen. Sie sind in Hochstimmung, wenn sie meinen, vollkommen erfüllt und gehalten zu sein oder das Kommen und Gehen anderer allmächtig zu kontrollieren, und fühlen sich erniedrigt und wertlos, wenn sie in Ungnade fallen. Sie idealisieren den Menschen, den sie dazu zwingen können, den alles gebenden, vollkommen haltenden Partner abzugeben, der die Vorstellung ihrer eigenen Vollkommenheit nährt. Obgleich sie ihre Partner idealisieren, nutzen sie sie unbarmherzig aus, als wären sie bloße Erweiterungen ihres Selbst. Sie benutzen sie, um mögliche Feinde zu manipulieren und zu zerstören; sie benutzen sie, um den Stolz zu erleben, der aus dem Besitz eines vollkommenen Partners erwächst.

Solche Gier anderen gegenüber erzeugt die ständige Leere, welche die stille Angst von Menschen ohne Konstanz ist. Unvermeidlich verschleißen sie den absolut vollkommenen Partner, der schließlich doch nur ein gewöhnlicher Mensch ist, gelegentlich frustriert, keine magischen Wünsche erfüllen kann und dessen Kommen und Gehen sich nicht allmächtig kontrollieren läßt. Doch wenn die Wut zum Ausdruck käme, könnte der Partner sich in einen mächtigen Feind, ein rächendes Ungeheuer verwandeln. Der sicherere Weg ist, dafür zu sorgen, daß das frustrierende Wesen aller Macht beraubt wird. Dann läßt es sich leichter verunglimpfen, leichter als nichtswürdig ansehen, als ein Niemand ohne Wert. In dem Maße, in dem der Partner einst überbewertet wurde, wird er jetzt abgewertet. Nun, da der absolut vollkommene Partner ausgepreßt und fortgeworfen worden ist, wird die Welt zum Ödland – bis der nächste absolut vollkommene Partner des Weges kommt.

Die endlose Suche nach einem vollkommenen Partner, dessen Kommen und Gehen sich magisch erzwingen läßt, ist eine Möglichkeit, innere Leere und Verletzlichkeit zu verbergen. Eine andere Möglichkeit, Verletzlichkeit zu maskieren, ist, sich nicht darum zu kümmern, ob jemand kommt oder geht. Ein Beispiel für diese Alternative ist die hochmütige Zurückhaltung des Narzißten; er liebt nur den Abglanz der großartigen Person, für die er sich hält, der grandiosen Person, die er einst war, oder der mächtigen Person, die er gern wäre. Für die Liebe sucht er sich sein Spiegelbild: ein angebetetes Gesicht, auf dem sich spiegelt, was er gern wäre oder noch zu werden wünscht, oder einfach ein anbetendes Gesicht, auf dem sich seine augenblickliche Großartigkeit spiegelt. Wenn der Spiegelpartner keinen Halt mehr gewährt, verschwindet er im Nichts. Doch sein Verschwinden zählt nicht. Der Narzißt wird sich dem nächsten anbetenden/angebeteten Gesicht zuwenden. Doch selbst der erfolgreichste dieser hochmütigen, lieblosen Liebhaber sieht sich eines Tages der Leere gegenüber. Was er am meisten gefürchtet hat – das schreckliche Alleinsein in der Welt –, wird Wirklichkeit.

Ausschließlich sich anklammernde oder ausschließlich sich selbst bespiegelnde Liebe spaltet die Gegenseitigkeit konstanter Partnerschaft ab – Hingabe, Treue und Bewunderung. Konstante Liebe ist die Harmonie zwischen Selbstliebe und Liebe zu anderen. Wer sich

28

genug, aber nicht zu sehr liebt, wird sich den Armen anderer anvertrauen – ohne sich verzweifelt an sie anzuklammern.

Während Abspaltung die Verbindungen zerstört, die die Ganzheit des Lebens garantieren, ist Konstanz der Magnet, der unsere Gefühlswelt zusammenhält. Sie verwurzelt uns fest in der Sphäre unserer eigenständigen Individualität. Von dort aus können wir die Unabhängigkeit anderer solcher Sphären schätzen und achten.

Von der Seligkeit der Liebe geblendet, meinen wir, unser Sein verschmelze mit dem Sein dessen, den wir lieben. Oder von schrecklicher Enttäuschung überwältigt, sehnen wir uns danach, auf ewig in der Umarmung eines mächtigen Beschützers geborgen zu sein. Und wenn der Ruhm nachläßt, suchen wir uns jemanden, in dessen Augen unsere Berühmtheit fortlebt. Doch jene selig liebenden und vollkommenen Schutz gewährenden Arme, jene uns spiegelnden Augen hören nicht plötzlich auf zu existieren, zu zählen, wenn Seligkeit zu gewöhnlicher Hingabe wird oder wenn wir wieder fest auf eigenen Füßen stehen.

Gefühlskonstanz entspricht der Art und Weise, wie wir unsere persönlichen Perspektiven mit den Regeln in Einklang bringen, die die Welt von Zeit und Raum beherrschen. Während der stolze Ozeanriese den Fluß hinuntergleitet, wird sein Bild kleiner und kleiner. Deshalb glauben wir aber nicht, daß er zum Spielzeug in einer Badewanne würde. Und obgleich es manchmal den Anschein haben mag, als ob der Mond nur für uns schiene, wenn er hinter den Wolken wieder auftaucht und getreulich unseren verschlungenen Wegen folgt, gerät das Wissen, daß er fest in der eigenen Umlaufbahn bleibt, nie ganz in Vergessenheit.

Konstanz hilft uns, dem Auf und Ab von Glück und Unglück standzuhalten. Doch manchmal springt das Schicksal selbst mit dem mutigsten und in sich gefestigsten Menschen zu hart um. Es gibt Enttäuschungen, die sich nicht ertragen lassen: ein Haus, das von Feuer oder Sturm vernichtet wird, die erzwungene Pensionierung von einem Beruf, den man ein Leben lang ausgeübt hat, der Weggang eines Menschen, den man liebt, das totgeborene Baby, der Tod eines Kindes oder Elternteils. Wenn uns das Unglück trifft, macht uns die Abwesenheit von Gemeinschaft, die für unsere entfremdenden gegenwärtigen Gesellschaften so typisch ist, völlig schutzlos und unvorbereitet.

Unsere nüchterne Einstellung zu Begräbnissen und Friedhofsfeierlichkeiten, unsere Unfähigkeit, Trauer zu teilen, unsere Scham, vorübergehende Hilf- und Hoffnungslosigkeit zuzugeben, unser Zynismus gegenüber jeder öffentlichen Zurschaustellung von Sorge und Interesse, unser hektisches, überfülltes Leben, in dem es weder Zeit noch Raum für jene unerwünschten Ängste und Enttäuschungen gibt, die wesentliche Aspekte unseres Menschseins sind – all das zwingt uns, Kummer in uns zu verschließen, unseren privaten Krisen so zu begegnen, als wären wir allein auf der Welt, als hätten wir niemanden, an den wir uns wenden könnten. Gefühlskonstanz überlebt nur im Zusammenhang von Partnerschaft und Gemeinschaft. Werden wir bei der Trauer um den Verlust alleingelassen, wird Spaltung die Folge sein.

Selbst zu normaler Trauer gehört ein gewisses Maß an Spaltung. Jemand, den wir innig geliebt haben, ist auch das Ziel unserer intensivsten Gedanken und Phantasien gewesen. Mit der Konstanz akzeptieren wir die Vorstellung, daß kein Mensch absolut gut oder vollkommen böse ist. Wir akzeptieren die Unzulänglichkeiten der Menschen, die wir lieben, und bewahren ein Empfinden für ihre Vorzüge auch dann noch, wenn uns ihre persönlichen Teufel am schlimmsten quälen. Wir tolerieren unsere Ambivalenz ihnen gegenüber und sehen sie als ganze menschliche Wesen mit Schwächen und Tugenden. Wir schließen nicht jenen Teil von uns aus, der manchmal Böses von denen denkt, die wir lieben. Wir bewahren unsere Ganzheit und die Ganzheit des geliebten und manchmal auch gehaßten Anderen. Aber wenn ein geliebter Mensch stirbt, können wir den Gedanken, ihn machmal gehaßt und ihn manchmal mit wenig Anteilnahme und Fürsorge behandelt zu haben, nicht mehr ertragen. Ebensowenig können wir irgendeine Vorstellung von ihm akzeptieren, die nicht vollkommen wäre. Wer wird aber zum Ziel unseres Hasses, wenn die Toten idealisiert werden müssen? Wir trauern, indem wir das Lob der Toten singen und uns selbst ein bißchen hassen. Je nach Tradition zerraufen wir uns das Haar, zerfetzen unsere Kleider, verzichten auf Vergnügungen, ziehen dunkle Kleider an, weinen in Verzweiflung. Und selbst wenn wir uns um die Tradition nicht scheren, nehmen wir häufig unbewußt das Gehabe und die Schwächen der Toten an – gewöhnlich eben jene Züge, die uns zu ihren Lebzeiten am heftigsten geplagt haben. Indem wir uns mit den Toten identifizieren, halten wir sie in uns lebendig. Wir wehren uns gegen die Endgültigkeit des Todes.

Die Schuldgefühle und Selbstvorwürfe in der Trauer sind schwer zu ertragen, wenn wir das Gefühl haben, allein in der Welt zu stehen. Deshalb lehrt uns die Tradition, unseren Kummer nicht in uns zu verschließen, nicht schweigend zu trauern. Wir teilen unsere tiefe Traurigkeit anderen mit, zeigen unsere Tränen, ohne uns zu schämen, wir zeigen den Verlust, den wir empfinden, unsere Gewissensbisse darüber, uns dem geliebten Menschen gegenüber nicht besser verhalten zu haben, als er noch lebte, zeigen unseren kindlichen Wunsch, er möge zurückkehren, damit wir jetzt alles wieder gutmachen können, was wir zu seinen Lebzeiten versäumt haben. Indem wir diese Gedanken und Gefühle mitteilen, klingt unsere normale Trauer ab. Allmählich hören wir auf, uns selbst zu bestrafen. Wir beginnen, uns an die Toten so zu erinnern, wie sie wirklich waren. Bald darauf können wir sogar die Vorstellung ertragen, daß sie manchmal uns und wir manchmal sie gehaßt haben. Die Ganzheit des anderen und die Ganzheit des Selbst sind wiederhergestellt.

Unser normaler Hang, die Toten zu idealisieren und für unseren Zorn ein anderes Ziel zu finden, verstärkt sich, wenn wir zu schwach sind, um Schuld oder tiefen Kummer zu ertragen. Dann gewinnt Spaltung absoluten Vorrang. Wenn ein Elternteil stirbt, ist das Konstanzgefühl des Kleinkindes noch nicht ausgeprägt genug, um die Qual von Schuldgefühlen auszuhalten. So wird es mit seiner Traurigkeit und Wut fertig, indem es all seine Haßgefühle auf den überlebenden Elternteil richtet und sich nur an die Vollkommenheit des verstorbenen Elternteils erinnert.

Ein Erwachsener mit schwächer Konstanz, ein Erwachsener, der keine Reue oder Schuld aushalten kann, wird unter Umständen den Tod seiner Mutter ganz ähnlich betrauern wie ein Kind. Doch kann die Spaltung beim trauernden Erwachsenen manchmal extreme Formen annehmen. Sie kann den der Schuld entspringenden Selbsthaß in eine heftige, ohnmächtige Wut verwandeln, die ihr Ziel außerhalb des Selbst sucht. Der Mann, der die mit der Trauer verbundenen Schuldgefühle nicht verkraften kann, wird seine Wut gegen seine Frau richten, wird sie herabsetzen und verunglimpfen, als verkörperte sie all die tyrannischen Wesenszüge, die er einst von der Mutter kannte. Wenn seine Mutter ihn tyrannisiert hat, als seien sein Körper und sein Geist ihr Besitz und bloße Erweiterungen ihres Selbst gewesen, wird er seiner Frau vorwerfen, sie habe seinen Geist und Körper in Besitz genommen und ihn seines Selbstseins beraubt. Doch mit der ohnmächtigen Wut gegen seine Frau ist es nur halb getan. Er muß auch einen Ort finden, wo er die Heiligkeit seiner Mutter unterbringen kann – ihre stattlichen Brüste, ihren prächtigen Schoß, ihre tröstenden Arme, ihre Anbetung für seinen Geist und Körper. Diesen Ort findet er in einer anderen Frau, in einer Frau, die bereit ist, das Gefäß für die Tugenden seiner Mutter abzugeben, einer Frau, die er mit einer Leidenschaft idealisieren kann, welcher nur noch der wilde Haß auf die eigene Frau gleichkommt. Nun kann die Schmähung seiner Frau in aller Sicherheit vonstatten gehen. Er hat seine Mutter am Leben erhalten, ihre Schlechtigkeit an dem einen Ort, ihre Vollkommenheit an einem anderen. Schließlich gelingt es ihm, seine Frau in jene monströse Mutter zu verwandeln, die er einst gefürchtet hat. Und die Anbetend-Angebetete überlebt das Gewicht seiner Vollkommenheitserwartungen nicht. Ihr idealisiertes Bild zerfällt in Nichts, sobald er anfängt, sie als den alltäglichen Menschen zu sehen, der sie tatsächlich ist. Am Ende ist jedes Stückchen Güte und Tugend aus der Welt geschwunden. Zuletzt ist er ganz allein und hat die Teufel seiner Kindheit in sich verschlossen – denn so drückt sich Selbsthaß aus, wenn Aufspaltung die Funktion der Trauer um die Toten übernimmt.

Konstanz ist die Kraft, die die grundverschiedenen und häufig widersprüchlichen Bilder vom Selbst und vom anderen zur Einheit fügt. Der Teil des Selbst, den es nach verschmelzendem Einssein verlangt, bleibt mit jenem anderen Teil des Selbst verbunden, der allein steht und auf das Recht pocht, einen eigenen Geist und Körper, eigene Gedanken, besondere Schätze, Phantasien und Illusionen zu besitzen. Bei Spaltung gibt es weder die Ekstase des Einsseins noch die ausgelassene Lebensfreude des Getrenntseins, die zwei ganz normale Menschen in Hingabe, Treue, Verspieltheit, Kameradschaft, zorniger Enttäuschung und Kummer zu Partnern macht. Aufspaltung nimmt uns die Möglichkeiten, die sich ganzen menschlichen Wesen bieten.

Jene Menschen, deren innere Welt in grundgut und grundschlecht gespalten ist, können sich nicht frei zwischen Einssein und Getrenntsein hin und her bewegen. Sie kehren normaler Partnerschaft den Rücken. Wütend lehnen sie alle Menschen ab, die handeln, als hätten sie ein Recht auf eine eigene Existenz. Jemand, dessen größte Angst ist, ein anderer könnte das verletzliche Kind hinter der prächtigen Fassade der Großartigkeit entdecken, kann bei den Anbetend –

Angebeteten keine Verletzlichkeit und Unzulänglichkeit ertragen. Ständig muß er sein schrumpfendes Bild wieder aufblasen, indem er sich an der Macht von irgend jemandem beteiligt. Er muß im Glanz des vollkommenen Partners erstrahlen. Verblaßt das Bild seines Partners und kommt ein Mensch aus Fleisch und Blut zum Vorschein, wird er ihn abwerten und fortwerfen. Früher oder später wird ihm die Welt die kalte Schulter zeigen – wegen seiner Oberflächlichkeit, seines Mangels an Einfühlsamkeit und wirklichem Interesse für andere, wegen seiner gewissenlosen Manipulationen und seiner maßlosen Anbetung. Er wird seine Hilflosigkeit und Verletzlichkeit so erfolgreich verbergen, daß niemand bemerken wird, wieviel Mitleid und Fürsorge er eigentlich braucht. Schließlich wird ihm das Schicksal genau die Karten geben, die er angstbebend vorausgesehen hatte. Nie findet er Erfüllung oder Halt. In der Tat wird er weder geliebt, noch ist er liebenswert. Vor allem aber geht die unaussprechliche Angst, machtlos und verletzlich zu sein, in Erfüllung. Er ist nicht allmächtig; er kann nicht magisch über das Kommen und Gehen anderer verfügen, an die er sich mit so verzweifelter Bedürftigkeit klammert.

Auf dem Gipfel des omnipotenten, verschmelzenden Einsseins der ersten Monate wird dem Säugling bereits allmählich bewußt, daß das Kommen und Gehen seiner Mutter nicht vollständig von seinen Begierden und Erregungen diktiert wird. Von nun an betreibt er ein Glücksspiel mit den Unvermeidbarkeiten des Getrenntseins. Sein vier Monate alter Geist – auch wenn er noch immer nur ein Körpergeist ist aus saugendem Mund, schauenden Augen, hörenden Ohren, sich wendendem Kopf, ausgreifenden Händen, sich anspannenden Muskeln und den inneren Rhythmen von Spannung und Entspannung – beginnt, mit dem Schicksal zu rechnen. So machtlos das Baby auch in Wirklichkeit ist, es besitzt das Vertrauen in das Einssein und die mutige Vitalität wacher Augen und ausgreifender Hände. So findet es eine Möglichkeit, sein Schicksal in die Hand zu nehmen.

Ohne daß der Säugling es weiß, rührt sein Mut von den Veränderungen her, die seine Zwiesprache mit der Mutter allmählich erfährt. Zum seligen Dialog verschmelzenden Einsseins gesellt sich der Dialog, der Getrenntsein zu schätzen weiß. Doch die Illusion des Einsseins bleibt noch erhalten. Die Liebe des Einsseins ist die passive Liebe verschmelzender Körper, die Mischung der Spannungen und Entspannungen zweier Körper, die zu einem werden. Es gibt kein Bedürfnis nach Worten oder Unterhaltung. Das ist genau die richtige Dialogform für das Einssein von Mutter und Säugling und für die Anfänge einer jeden Liebesbeziehung. Wenn die Liebenden es jedoch damit genug sein lassen und nicht zur gegenseitigen Anerkennung ihres Getrenntseins fortschreiten, wird die Liebe stagnieren. Wenn sich die Grenzen zwischen dem Selbst und dem anderen allmählich aufbauen, beginnen die Liebenden Zwiegespräche mit Augen und Fingerspitzen, in denen es heißt: »Du kannst fortgehen, doch ich werde stets hier sein, wenn du zurückkehrst.« »Ich weiß, ich kann fortgehen, du wirst noch hier sein, wenn ich zurückkomme.«

Mit vier Monaten wird der passive Dialog verschmelzender Körper durch die aktiven Rhythmen des Mutter-Säugling-Gesprächs ergänzt. Die Mutter hat begriffen, daß ihr Baby es erregend findet, die Gespräche selbst anfangen und beenden zu können. Während es voller Vorfreude mit den Armen rudert und mit den Beinen strampelt, wendet es sein Gesicht dem der Mutter zu. Es gluckst und gurrt. Die Mutter antwortet ihm, indem sie intuitiv Tonhöhe und Klangfarbe seiner Laute nachahmt. Allmählich wächst ihre gegenseitige Erregung. Bald »sprechen« die beiden gleichzeitig. Wenn das Baby genug Erregung gehabt hat, wendet es seinen Blick für ein oder zwei Momente vom Gesicht der Mutter ab. Dann wendet es sich ihr wieder zu, wobei es ganz sicher ist, die Mutter geduldig wartend und bereit zu einer Fortsetzung der Unterhaltung wiederzufinden. Das Baby entwickelt die mutige Vorstellung, daß es sich – ohne das gemeinsame Gespräch zu unterbrechen – fort- und zurückwenden kann, wann immer es will.

Die Struktur des Simultangesprächs ähnelt der der berühmten Mutter-Kind-Spiele »Guckuck-da« und »Fang-mich«. Dort spielt das Baby mit Getrenntsein, ohne sich von Verlassenheit gefährdet zu fühlen. Dazu ist es erst in der Lage, wenn es eine Bindung zu einer Mutter hergestellt hat, auf die es zählen kann. Es kann sich darauf verlassen, daß ihr Gesicht wieder auftaucht, und es kann darauf rechnen, daß Freude in ihrem Blick zu lesen ist, wenn das eigene Gesicht wieder auftaucht. Es kann sich darauf verlassen, daß sie ihm folgt, wenn es sie zum Fang-mich-Spiel auffordert. Es wirft sein Spielzeug fort in der Gewißheit, daß es ihm von einer Partnerin zurückgebracht wird, deren Fortgehen und Zurückkommen ein Dreh- und Angelpunkt der eigenen Existenz darstellt. Auch ist es kein zufälliges Zusammentreffen, daß viele Babys ihre ersten Besitztümer etwa zu dem Zeitpunkt schätzen lernen, da sie den Abenteuern von »Guckuck-da«, »Fang-mich« und Wegwerfen die Stirn bieten.

Die Konstanz des Erwachsenen beginnt mit den Versuchen eines relativ hilflosen Säuglings, die Geheimnisse und Vieldeutigkeit eines verschwommen erfaßten Schicksals für sich zu verpflichten. Das Baby stellt sich diesen Geheimnissen im Kontext einer Partnerschaft, zu der die Einfühlung, Hingabe, Treue und Kameradschaft seiner Eltern sowie deren Toleranz für Enttäuschung und Kummer gehören. Das Baby bringt in die Partnerschaft weder Einfühlungsvermögen noch Hingabe ein, sondern nur einen Körpergeist, der erfüllt ist von hochgradiger Sympathie, Illusion, Verspieltheit, dem Drang nach Bewältigung und Erkundung, Wut, Fröhlichkeit, Reizbarkeit, Sättigung, ängstlicher Besorgnis und dem heftigen Verlangen, Erfüllung und Halt zu finden. Die definitive Ernüchterung, aus der seine menschlichen Gefühle, Stimmungen und Werte entstehen werden, steht noch aus.

Der Mensch, dessen Dasein durch Spaltung ärmer geworden ist, wird auch weiterhin sein Schicksal in eben der Weise auf die Probe stellen, wie der Säugling seinen menschlichen Partner auf die Probe stellt. Doch anders als der Elternteil, bei dem der Säugling gewiß sein kann, daß er ihm im Simultangespräch und Fang-mich-Spiel folgen wird – das anbetende Gesicht von Vater und Mutter wird auftauchen, wenn das Baby mit der Erregung des »Guckuck-da«-Spiels kokettiert –, kennt das Schicksal keine Treue. Der Erwachsene, der sich den Armen eines gewöhnlichen menschlichen Partners nicht anzuvertrauen wagt, ist wie das enttäuschte Kind, dessen Mutter das Gesicht stets abwendet, wie das gedemütigte Kind, das beim Aufschauen auf Ablehnung stößt statt auf die Bewunderung, in der es sich spiegeln kann. Der erwachsene Spieler zieht das Risiko eines unpersönlichen, magischen Partners, der ihm seine verlorene Allmacht zurückgeben könnte, einem menschlichen Partner vor, der ihn enttäuschen könnte. Das Schicksal versucht ihn mit seinen großartigen Versprechungen. Es lockt ihn an und zeigt ihm dann die kalte Schulter. Ob solch ein Mensch nun das Würfelspiel wählt, die Heroinekstase, den Alkoholtraum oder die ewige Suche nach dem vollkommenen Liebhaber, früher oder später werden sich seine schlimmsten

Befürchtungen bewahrheiten. Jedesmal wenn das Blatt sich wendet, erwartet er, daß die Glücksgöttin ihm zulächelt. Doch steht zu erwarten, daß ihr Gesicht abgewandt bleibt. Statt seine verlorene Allmacht wiederzuerlangen, findet er nur immer wieder Verletzlichkeit und Demütigung.

Zwischen dem Kokettieren mit der Loslösung und der endgültigen Ernüchterung gibt es im Verlaufe der zweiten Geburt einen kurzen Zeitraum, in dem der Säugling den vollkommenen Partner für eine vollkommene Liebesaffäre findet. Bei dem neuen Partner wird das Kleinkind eine Zeitlang die Rätsel des Getrenntseins und die manchmal enttäuschenden Züge seiner weltgebundenen Mutter vergessen. Und wie die Mutter des Einsseins und seine Schmusedecke wird der neue Partner die Illusion seiner Vollkommenheit aufrechterhalten. Dies ist der einzige Zeitpunkt, da das Kind einen Zustand wahrer Selbstvollkommenheit erreicht. Etwa zu Anfang des zweiten Lebensjahres wird das Kind die ersten Schritte tun, die es aufrechten Ganges fortführen. Dieses folgenschwere Ereignis findet gewöhnlich statt, sobald der Körpergeist des Kindes fähig ist, die Geheimnisse der sinnlich wahrgenommenen Welt von Zeit und Raum im wesentlichen zu erobern – weshalb es auch den neuen Partner so faszinierend findet. Das Kleinkind hat eine Liebesaffäre mit der Welt. Auf die gleiche Weise wie das Gesicht der Mutter, wenn es zum gleichzeitigen »Gespräch« oder zum »Guckuck-da«-Spiel wieder auftauchte, spiegelt die sinnliche Welt all die großartigen Dinge, für die sich das Kind hält.

In seiner Liebesaffäre mit der Welt ist das Kind ein Künstler. Wie dieser erhebt es sich über die alltägliche Welt. Aber wie in der Kunst drücken sich auch seine großartigen Taten in den Tönen, Farben, Formen und Bewegungen der Erde aus. In seinem heiteren Wahn meint das Kind, sich eine Welt geschaffen zu haben, die es hält. Und jeden Tag bestätigt die Welt seine Schöpfungsakte.

Für das normale Kind ist das ein kurzer Augenblick des Wahns und der Freude. Für den Künstler ist es eine Lebensweise. Man meint, Künstler würden mit der Fähigkeit geboren, sich auf die sinnlich wahrgenommene Welt einzustimmen, sie würden diese besondere Begabung ihr ganzes Leben lang beibehalten. Die besondere Vision des Künstlers offenbart die Strukturbeziehungen der äußeren Formen der Welt. Wo drei Farbflecken sind, reagiert er auf die Rhythmen und die Anordnung eines Dreiecks. Die Gestimmtheit des Künstlers löst die Grenzen zwischen Belebtem und Unbelebtem, zwischen Ich-Welt und Nicht-Ich-Welt auf. Die nichtmenschliche Welt wird mit menschlicher Intention belebt. Die Intentionen menschlicher Charaktere offenbaren sich in dem, was sie sehen, hören, fühlen und sich vorstellen. Wie die Liebe zur Welt dem Kind zeitweilig gestattet, seine tatsächliche Mutter zu vergessen, so ist der Schöpfungsakt des Künstlers eine Liebesgabe, die sich über die Welt ausbreitet und zeitweilig den Platz gewöhnlicher menschlicher Liebe einnimmt. Und vielleicht trifft es auch zu, daß Künstler in ihren schöpferischen Höhenflügen vergessen machen können, daß der Mensch verletzlich und allein in der Welt ist. Wir meinen häufig, Künstler hätten Einbußen an Privatleben, sie stünden den irdischen Gefühlen für Familie und Freunde zu fern. Doch wir wissen auch, daß sie in ihren hochfliegenden Schöpfungsakten das Alltägliche in all seiner unversöhnlichen Zwiespältigkeit einschließen. Künstler halten unseren gewöhnlichen Leidenschaften einen besonderen Spiegel vor, auf dem sich die diesen Leidenschaften zugrunde liegenden Geheimnisse und Rätsel zeigen.

Die himmelblau beblätterten, orangefarben geblümten, mit Dreiecken versehenen Vorhänge fließen auf die wirren Falten des weißen Tischtuchs herab und vermischen sich mit dem Bronzerot der Äpfel und dem Weiß des Tischtuchs. Ein Pokal, eine Schale und ein Krug bilden einen aufrechten, dreigliedrigen Mittelpunkt inmitten der bronzeroten, absoluten Rundheit der Äpfel. Die unerwartete Gegenwart eines einzigen tropfenförmigen, weinroten Apfels verwandelt das blauweiße Dreieck von Pokal, Schale und Krug in ein vollkommenes Rechteck. Die fließenden Linien und einander überlagernden Formen der Nature Morte sind beseelt, sinnlich faßbarer als irgendein wirklicher Apfel oder wirklicher Pokal. Und so werden die Linien zum Apfel, den wir heute morgen gegessen haben, zum Tisch, der uns einst vorschwebte und der uns dann bis zu diesem Augenblick in Vergessenheit geriet.

Gabriel und seine Frau Gretta mit ihren bronzefarbenen Haaren verlassen die festliche Tanzveranstaltung, welche jährlich von seinen Tanten gegeben wird. Sie kehren in ihre Unterkunft zurück, Gabriel erfüllt von der Sehnsucht nach der fernen Musik ihrer vergangenen Ekstasen, Gretta versunken in ihre Erinnerungen an eine frühere Liebe – Erinnerungen, welche durch das letzte Lied des Festes wach-

gerufen worden sind. Sie erzählt Gabriel von dem Geliebten, der aus Liebe zu ihr gestorben ist, dreht ihm den Rücken zu und fällt in Schlaf. Gabriel ist allein. Er denkt an die verlorene Liebe seiner Frau, und seine Augen füllen sich mit Tränen. Er betrachtet den silbernen Schnee vor den Fenstern und stellt sich vor, wie er auf Hügel, Meer, Friedhof, Grabsteine, Universum, Lebende und Tote fällt. Und wir weinen um Gabriel, ohne eigentlich zu wissen, warum. Wieder und wieder hören wir die Rhythmen der Walzer und Quadrillen, die Läufe des Akademiestücks, Gabriels Rede nach Tisch, das Trinklied von den »jolly gay fellows«, das abschließende Lied vom kalten Regen und vom toten Kind. Und wieder sehen wir vor uns die Farben und Formen: die Gans, die roten und gelben Gelees, die Smyrnafeigen, die purpurnen Weintrauben, den roten Wein, den Pudding auf der gelben Schale, das Blau und den Bronzeton von Gabriels ferner Musik, den silbernen Schnee. Und jedesmal verstehen wir ein wenig besser, warum wir für die Lebenden weinen – und für die Toten.

Wir feiern Künstler und verehren sie. Wir beneiden sie auch um ihren Mut. Und wenn der Dichter allzu erhaben oder allzu diesseitig ist, sind wir rasch bereit, ihm Verehrungswürdigkeit abzusprechen. Was wir in der Kunst preisen, ist die Versöhnung; die Versöhnung vollkommener Harmonien mit den Rhythmen und Formen alltäglichen Daseins.

Deshalb preisen wir auch die Liebesaffäre des Kindes als wahren Schöpfungsakt. Obwohl es über allem dahinschwebt, spiegelt es für uns das vollkommene Eingestimmtsein in die sinnlich wahrgenommene Welt – jenes Eingestimmtsein, das wir einst besaßen und dann für immer verloren. Wir sind bezaubert, wenn das Kind all die Laute, Farben, Formen und Beschaffenheiten entdeckt, die wir seit langem schon in den Bereich des Gewöhnlichen und Unbemerkten verbannt haben. Wir beneiden das Kind um seine Vollkommenheit. Wir wünschen, wir hätten noch seine absolute Sicherheit, seine Fähigkeit, die Welt zu umarmen. Doch wir zittern um es, wie wir um den Akrobaten zittern, um den Bezwinger des Mount Everest, um den Tänzer bei seinen Sprüngen, um den Jongleur, den Narren, um die Schauspielerin bei ihren Offenbarungen, um die letzte Zeile des Dichters, den hochfliegenden Ikarus. Und so gewiß, wie sich das Kind jetzt erhebt, wird es auch fallen.

Dies ist der Anfang eines Kreislaufs von Hochstimmung und Ernüchterung, des Drangs, über die Welt dahinzufliegen, und des plötzlichen Bedürfnisses, geborgen und erdgebunden zu sein. Dies ist das Kernstück des Lebens und der geistigen Widersprüche des Erwachsenen. So zittern wir um das Kind, weil wir wissen, wie selten die Momente ungetrübter Hochstimmung sind, weil wir die Ernüchterungen voraussehen, die das Leben bereithält.

Obgleich wir wünschen, die Zeit anhalten und das Kind seine Liebesaffäre auf immer fortsetzen lassen zu können, läßt der Geist des Kindes einen solchen Aufschub nicht zu. In wenigen Monaten wird sich zu seinem fast vervollkommneten Körpergeist ein unvollkommener, denkender, Symbole schaffender Geist hinzugesellen, der es aus dem sinnlichen Paradies der frühen Kindheit reißen wird. Es wird aus der hochgestimmten Fast-Ekstase seiner Liebesaffäre in die blaugraue Fast-Verzweiflung seiner neuen Anfänge herabsinken.

Bei der Verbindung seines sinnlichen Geistes mit den Vorstellungen, Ideen, Wörtern und Phantasien seines denkenden Geistes wird das Kind lernen, daß seine Beziehungen zu anderen Menschen wesentlich mit dem Auf und Ab seiner Begierden, Erregungen und Körperempfindungen zu tun haben. Auf diese Weise wird das Kind die ersten Gefühle für menschliche Partnerschaft entwickeln. Unter Anleitung dieser einfachen Gefühle wird sich das Kind den ersten Raum auf Erden schaffen, der ihm ganz allein gehört. Während es sich in diesen Raum hineinbewegt, wird es die Erde anhand des breiten Spektrums von Abstufungen zwischen Ekstase und Verzweiflung verstehen lernen.

Spätere Ereignisse im Leben mögen wieder zu einer zeitweiligen Trennung von Empfinden und Denken führen. Die Verbindungen zwischen Körper und Geist werden jedoch nie völlig durchtrennt. Zwar entfremdet uns die hektische Aktivität unseres zivilisierten Geistes allzuhäufig dem Körper, doch unterliegen unsere Gedanken und Schöpfungsakte dem andauernden und unmerklichen Einfluß von Hormonausschüttungen, Herzfrequenzen, Nervenzucken, Erweiterung und Verengung von Blutgefäßen, Kontraktionen und Expansionen von Muskeln, sinnlichen Reizungen von Haut, Mund und Genitalien. Und wenn die zivilisatorischen Kräfte uns unseren biologischen Ursprüngen entfremden, pocht der Körper auf sein Recht und macht sich bemerkbar mit Migräne, Ohrensausen, Rückenschmerzen, Darmgeschwüren, steifem Hals, Angina pectoris, steifen Gelenken, Viruserkrankungen, Ekzemen, Warzen, Tics, Wutanfällen, Reizbarkeit, Impotenz, Anspannung, Panik und ängstlicher Besorgnis.

Der Körper wird seine Autorität auch durchsetzen, indem er auf höherer Ebene Verbindungen zwischen Empfinden und Denken stiftet. Der menschliche Geist befindet sich bei den Wandlungen seiner Erfahrungsweise ständig in Übereinstimmung mit den Veränderungen, die die Organisation des Körpers erfährt.

Der denkende, Symbole schaffende Geist des sechzehn Monate alten Kindes entsteht in Verbindung mit einer revolutionären Prioritätsverschiebung der Körperempfindungen. Harndrang sowie rektale und genitale Bedürfnisse werden als verschieden von anderen inneren Körperempfindungen wahrgenommen. Wenn diese Bedürfnisse mit der Beherrschung des aufrechten Bewegungsapparates koordiniert werden, schärft sich das Bewußtsein des Kindes für sein Körper-Selbst. So werden also die Körpergrenzen des Selbst schärfer gezogen, während gleichzeitig die Fähigkeit des Kindes wächst, sich den Unterschied zwischen sich und anderen symbolisch vorzustellen. Sinnlichkeit verwandelt sich in Erotik, sobald diese neuen Körperempfindungen in eine Gefühlsbeziehung zu einer Nicht-Ich-Person eingebunden werden, die entweder angebetet oder gehaßt werden kann.

Die Veränderungen des Hormonsystems und des Körperbaus, die in der Adoleszenz erfolgen, sind begleitet von einem Wandel im Verständnis der Welt von Zeit und Raum und von einer Neuordnung früherer Versöhnungen des Gefühlslebens. Ursprünglich sind die körperlichen und geistigen Wandlungen trennend. Vergangenheit, Gegenwart und Zukunft stehen bei der Vorbereitung eines Neuanfangs unverbunden nebeneinander. Der Jugendliche trauert um die verlorenen Gefühlsbindungen seiner Kindheit. Er beschwert sich über die enttäuschende Leere der Gegenwart und sehnt sich nach den in jeder Hinsicht vollkommenen Utopien der Zukunft.

Die heftigen Muskelspannungen des körperlichen Wachstums, das ständig wechselnde Erscheinungsbild seines Körpers und die plötzlichen Anfälle intensiver genitaler Erregung durchtrennen zeitweilig die Verbindung zwischen Körperempfinden und emotionaler/ intellektueller Beziehung zur Welt jenseits der Haut. Der Jugendliche hat den erschreckenden Eindruck, daß seine Körpergrenzen sich auflösen. Weder in seinem Körper noch in der Welt praktisch nüchterner Wirklichkeit zu Hause, treibt der Jugendliche ohne Anker, verliert er die Orientierung. Grundlos schwanken seine Stimmungen zwischen Ekstase und Hochstimmung auf der einen Seite und Verzweiflung und Hoffnungslosigkeit auf der anderen. Wenn diese Körperveränderungen und die sie begleitenden Stimmungsschwankungen auch erschreckend und verwirrend sind, so helfen sie dem Jugendlichen doch, auf neue Weise über die Welt nachzudenken und Lebenserfahrung zu verarbeiten.

Beim Übergang von der Kindheit zum Erwachsenendasein erlebt der menschliche Geist eine weitere Revolution. Kindliches Denken ist praktisch und konkret. Adoleszentes Denken ist formal und abstrakt. Mit der Reinheit formaler Logik will sich der Jugendliche selbst wiederfinden und sich eine breitere Perspektive dessen zurechtzimmern, was er werden könnte. Eine Zeitlang ist er fähig, ausschließlich im Geiste eine neue Welt zu erbauen, ohne seine Ideen oder Hypothesen je auf konkrete Wirklichkeit zu beziehen. Da die Wirklichkeit von der Möglichkeit mit Beschlag belegt wird, entwirft der Jugendliche mögliche Welten und Möglichkeiten seiner selbst, die zuvor außer Reichweite seines Geistes lagen. Im Gegensatz zum unverbundenen Chaos seiner Körperempfindungen und den Wirrungen seiner zwischenmenschlichen Beziehungen wird die Innenwelt, die der Jugendliche konstruiert, zusammengehalten durch ideale Proportionen, vollkommene Argumente, unwiderlegliche Gründe – die unbefleckte Reinheit von Wenn-Dies/Dann-Das-Behauptungen. Abgeschnitten von den fleischlichen Erregungen des Körpers, verwandelt der jugendliche Geist Lust in Askese, ungestilltes Körperverlangen in religiöse Ekstasen und in Poesie der Seele. In seiner Abneigung gegen Realpolitik errichtet der Geist der reinen Logik makellose politische Systeme.

Auf sich allein gestellt, ohne Einbeziehung des praktischen Sinns, des Empfindens oder des Gefühls, wird der logische Geist, so großartig er auch werden mag, weder die Verderbtheit aus der Welt schaffen noch die Sehnsucht nach Einssein mit den Strebungen nach Getrenntsein in Einklang bringen noch auch den Ursprung von Ekel, Sehnsucht und Verlangen verstehen. Wir müssen davon ausgehen, daß der adoleszente Geist sich zeitweilig wieder mit dem Körper verbindet. Denn in ihren Auflehnungen und Ekstasen bringen Jugendliche deutlich genug zum Ausdruck, daß sie sich mit dem Zustand der Erwachsenenwelt nicht abfinden können, daß sie ihre Grenzen selbst entdecken wollen, daß sie Aufregung und Gefahr suchen, um ein Abbild ihrer verlorenen Allmacht wiederzufinden. Womit nicht gesagt sein soll, daß das alles bloß persönlich wäre: Die Veränderung persönlicher Grenzen und persönlicher Risikobereitschaft geben der Welt eine neue Form.

Wenn der Jugendliche sich den Brüchen und Verschiebungen einer Neuordnung seiner Persönlichkeit aussetzt, betritt er die Erwachsenenwelt mit der Bereitschaft, die Grenzen des Wirklichen auszuweiten. Jugendlichen wird häufig der Vorwurf gemacht, ihre politischen Auffassungen seien fanatisch und utopisch. Doch wenn der Jugendliche zeitweilig die Reinheit seiner visionären Weltverbesserungspläne den enttäuschenden Widersprüchen der realen Welt vorzieht, dann schützt er sich dadurch vor Wahnsinn und Zynismus. Aus seinen Visionen werden neue Anfänge entstehen, sobald sich die mögliche Vollkommenheit wieder mit dem Wirklichen verbindet.

Wir werden durch die Einheit von Geist und Körper zusammengehalten. Wenn unser Geist in Einklang mit unserem Körper arbeitet, fühlen wir uns ganz und heiter. Bei der Geburt wurden wir der physischen Einheit des Mutterschoßes entrissen und in das Zwischenreich geworfen. Bald darauf fing unsere psychische Geburt an. Wir begannen diese zweite Geburt im Zustand der Einheit – im Zustand eines mit unserem Körpergeist verschmelzenden Einsseins. Doch der andere Aspekt des Körpergeistes unseres Säuglingsalters war das Abwenden im Zuge der Entwicklung, der Drang, die Welt jenseits der Mutter-Kind-Sphäre zu erforschen. Anfänglich zögerten wir, wagten uns fort und kehrten zum Heimatstützpunkt zurück. Mit unserem unvollkommenen Körpergeist versuchten wir, das Kommen und Gehen der Mutter unseres Heimatstützpunktes zu verstehen. Schließlich war unser Körpergeist vollkommen eingestellt auf die sinnliche Welt von Zeit und Raum. Wir vergaßen den Heimatstützpunkt und schwebten über die diesseitige Erde. Als sich unserem Körpergeist der neue Geist des Denkens, der Worte und der Symbole hinzugesellte, büßten wir diese vollkommene Gestimmtheit ein. Abermals waren wir im Zwischenreich, abermals galt es, einen Anfang zu machen. Wir gerieten in eine Krise, mußten unser Getrenntsein von der Mutter erkennen, und durch diese Krise erlangten wir schließlich ein erstes Gefühl für unsere eigenständige Individualität.

Künftig empfanden wir jedes Mal, wenn wir die Grenzen unseres

Selbst ausweiteten, wieder vorübergehend die Ungewißheit darüber, wer wir waren oder wer wir werden würden. Noch als Erwachsene schieben wir weiterhin die uns beengenden Grenzen hinaus. Wir reißen uns los. Wir sagen uns los von der Sicherheit des Heimatstützpunktes und kehren doch unvermeidlich zurück. Dem Kreislauf von Losreißen und Rückkehr zum Stützpunkt folgen wir, solange wir wirklich leben. Was nur wenige von uns verstanden haben: Die Choreographie und die Rhythmen unseres persönlichen Kreislaufs von Losreißen und Rückkehr sind durch die Ereignisse unserer zweiten Geburt in Bewegung gesetzt worden.

Der Säugling beginnt sein Leben in der neuen Welt, indem er in eine Partnerschaft mit einer Mutter tritt, deren geistiges Leben durch die körperlichen Veränderungen der Schwangerschaft eine andere Einstimmung erfahren hat. Diese dramatischen Wandlungen des Körpererlebens sind für eine Frau gelegentlich beunruhigend, geben ihr aber Kraft und reißen sie aus den gewöhnlichen Bahnen ihres Handelns in der Welt. Die Schwangerschaftshormone rufen die Erinnerungen der Frau an ihre eigene Säuglingszeit und Kindheit wach und intensivieren sie. Obgleich diese Erinnerung zumeist in unbewußt bleibenden Phantasien enthalten sind, machen sie sich in einer erhöhten gefühlsmäßigen Bereitschaft bemerkbar, das zu pflegen und zu schützen, was ihr am Herzen liegt. So wird sie darauf vorbereitet, ein schutzloses Neugeborenes zu bemuttern, dessen Verlangen nach Befriedigung und Geborgenheit grenzenlos ist. Und obgleich sie eine gewöhnliche Mutter mit einem gewöhnlichen Baby sein wird, wird sie ihr Baby doch so gut halten, daß sie ihm die Illusion gibt, es habe sich selbst einen Himmel erschaffen.

Die Anfänge: Im Zwischenreich
(Die ersten sechs Wochen)

Die erste Partnerschaft. Geburt ist das Auseinanderreißen des biologischen Einsseins von Mutter und Fötus. Das Kitten dieses Risses ist die Hauptaufgabe des Paares, das Mutter und Neugeborenes bilden. Während der ersten Monate menschlichen Lebens müssen Mutter und Neugeborenes sich in einer Weise kennenlernen, welche das physische Einssein im Mutterleib durch psychisches Einssein ersetzt, ein Einssein, das für das Leben außerhalb des Mutterleibs so wesentlich ist wie das biologische Einssein für das Leben darin.

Vom Augenblick der Geburt bis einige Wochen danach sind das Neugeborene und die Mutter einander weder in biologischem noch in psychischem Einssein verbunden. Der Säugling ist im Zwischenreich – zwischen zwei Welten, zwischen zwei grundsätzlich verschiedenen Umwelten. Seine Geburt hat den Aufenthalt in der physischen Umwelt des Mutterleibs beendet, doch hält er sich erst an der Grenze seiner neuen Umwelt auf – der psychischen Umwelt, die sein angeborenes Menschsein zum Vorschein bringen wird. Damit ein Neugeborenes seine ersten Schritte zu diesem Menschsein tun kann, muß der Graben zwischen den beiden Umwelten von den Beteiligten der Mutter-Neugeborenen-Partnerschaft überbrückt werden. Doch die Rolle, die von jedem übernommen wird, und die Voraussetzungen, die jeder für die komplexe Aufgabe mitbringt, sind grundverschieden. Das Neugeborene bringt nur ein körperliches Selbst ein, die Mutter ein seelisches Selbst. Es ist nicht ohne Bedeutung, daß der Säugling in die neue Welt, d.h. in die Arme einer Mutter gelangt, die eine psychische Vergangenheit hat aus Phantasien, Erinnerungen, der Fähigkeit, Liebe und Haß zu ertragen, dem Verständnis für die Dimensionen von Zeit und Raum sowie einem Identitätsgefühl, durch das sie sich als eigenständigen und besonderen Menschen begreift. Von den ersten Augenblicken im Leben des Neugeborenen an wird die psychische Vergangenheit der Mutter den langsam sich herausbildenden Sinn des Säuglings für seine seelisch-geistige Individualität fördern.

Die Rolle der Mutter. Nachdem die Mutter sich vergewissert hat, daß ihr Baby normal gewachsen ist, überläßt sie sich entspannt dem ersten Zusammensein. In diesem ersten Zusammensein von Mutter und Neugeborenem kristallisiert sich im Geist der Mutter vorübergehend ein Kaleidoskop von Ängsten, Hoffnungen, Erinnerungen und Illusionen. Während die Mutter den Gesichtsausdruck und die ersten Körperbewegungen des Neugeborenen eingehend registriert, wird in ihr ein Eindruck von seiner künftigen Bestimmung ausgelöst.

Dieser erste Eindruck trifft die Mutter so unerwartet, als käme er von außen, und gewöhnlich ist sie davon überzeugt, daß irgendein reales Merkmal ihres Babys dafür verantwortlich ist. In der Tat bringt das Baby etwas mit: die besonderen Tendenzen seiner Erbanlage und die Erfahrungen im Mutterleib, die es mit niemandem teilt. Die Art und Weise, wie es sich seinem ersten menschlichen Partner präsentiert, ist ihm allein eigen. Wieviel vom ersten Eindruck jedoch auf das Neugeborene und wieviel auf die Mutter zurückgeht, läßt sich nicht entscheiden. Der Eindruck der Mutter wird teilweise von ihren eigenen bewußten und unbewußten Phantasien geformt und teilweise von den realen Merkmalen ihres Babys.

Die Phantasien, die dem ersten Eindruck der Mutter zugrunde liegen, werden mit jeder Phase während der Selbstentdeckung des Säuglings weitergesponnen. Sie sind eine Seite der Mutter-Kind-Beziehung, die im ganzen Verlauf der psychischen Geburt bedeutsam bleibt und ihre Ergebnisse und Lösungen erheblich beeinflussen wird. Dies wird durch spätere Anforderungen und Krisen des Lebens bereichert werden.

Üblicherweise gilt die Phantasie als große Täuschung, als Rattenfängerin, die uns den Anforderungen der Realität entfremdet. Unser erwachendes Leben scheint vom Ausblicken und Ausgreifen auf eine wirkliche Welt beherrscht zu sein. Doch gibt es kaum einen Augenblick, da die Phantasie unsere Wirklichkeitsauffassung nicht beeinflußt. Weit entfernt davon, ein Symptom menschlicher Schwäche zu sein, verleiht die Phantasie der Welt erst das ganze Spektrum menschlicher Lebenskraft.

Die Phantasien der Mutter über ihr Kind werden ihre Funktionen als Mutter immer beeinflussen und bereichern, so wie sie durch die Schwangerschaftsphantasien auf die Mutterschaft vorbereitet wird.

Die werdende Mutter. Der Eindruck, der in der Mutter durch das erste Zusammensein mit dem Neugeborenen ausgelöst wird, ist nur die sichtbare Spitze eines gewaltigen Eisberges. Unter der Oberfläche befinden sich die zahllosen unbewußten Phantasien, die durch die schwangerschaftsbedingten Veränderungen des Hormonsystems und des Stoffwechsels geweckt worden sind.

Die fremdartigen und etwas bizarren Schwangerschaftsphantasien sind so stumm, daß die Frau sich ihrer meist nur verschwommen bewußt ist. Gelegentlich zeigen sie sich in ihren Träumen oder sinnenden Tagträumen. Diese Phantasien und die Angst, die sie häufig auslösen, sind keine Vorzeichen von Gefahr, sondern normaler Bestandteil einer normalen Schwangerschaft. Sie helfen der Mutter, sich von ihren konventionelleren Denk- und Gefühlsweisen zu befreien. Sie ermutigen sie, sich jener Persönlichkeits-Neuordnung zu unterziehen, die sie auf die Bemutterung eines Neugeborenen vorbereiten wird. Der innere Aufruhr ist zeitweilig beunruhigend, doch zerschlägt er die Starrheit alter Verhaltensmuster, so daß die Frau ihrem Baby mit mehr Flexibilität begegnen kann.

Viele Menschen glauben, die Schwangerschaft sei ein Zustand, der eine Frau auslauge, um die Bedürfnisse des in ihr wachsenden Fötus zu befriedigen. Das stimmt überhaupt nicht. Die Stoffwechsel- und Hormonprozesse, die den Fötus am Leben erhalten, steigern auch die Energie der werdenden Mutter. Ferner setzen sie die Kindheitserinnerungen und Einstellungen frei, die der Frau den seelischen Schritt in die Mutterschaft erleichtern werden.

Die hormonalen Veränderungen in der Schwangerschaft sind das körperliche Bindeglied zwischen den frühkindlichen Einstellungen der Mutter und der psychischen Erfahrung der Schwangerschaft. Obgleich jedes Schwangerschaftsdrittel in besonderer Weise zur Persönlichkeits-Neuordnung beiträgt, bedeutet die Schwangerschaft generell eine Verlängerung der Progesteronphase des Menstruationszyklus. Progesteron bereitet die Gebärmutter für den Fötus vor und sorgt für die Fortdauer der Schwangerschaft. Progesteron überwiegt im ersten und zweiten Drittel der Schwangerschaft. Kurz vor der Geburt steigt jedoch die Östrogenausschüttung, durch die die Gebärmutterkontraktionen des Geburtsvorgangs aktiviert werden und die Mutter auf die Entbindung vorbereitet wird, mit der sie das Kind in die Welt außerhalb ihres Körpers entläßt. Im Gegensatz zum Östrogen, dem Hormon, das die nach außen gerichteten Einstellungen zu Koitus und Entbindung fördert, weckt Progesteron die Bereitschaft zur Empfängnis, nach innen gekehrte Gefühle und jene empfängliche und bewahrende Haltung, welche eine Erinnerung an die frühkindliche Erfahrung der Mutter von Empfangen und Festhalten ist.

Empfänglichkeit ist die Offenheit und Verfügbarkeit eines Menschen, seine Bereitschaft aufzunehmen, was die Welt ihm zu bieten hat. Jede Frau hat in ihren ersten Lebensmonaten, als sie von der eigenen Mutter gepflegt und gehalten wurde, das Gefühl innerer Vollkommenheit und Ganzheit erlebt. Damals wurde innere Vollkommenheit mit psychischem Einssein gleichgesetzt – der Einheit des Selbst, die daraus erwächst, daß man angemessen gepflegt und geschützt wird. Wenn der Säugling geboren ist, wird er vertrauensvoll die Arme öffnen, um nach der Welt auszugreifen. Wenn eine Frau diese frühe Einstellung erneut durchlebt, wird sie ihre Arme öffnen, um das Baby in der neuen Welt zu empfangen – so wie sie sich geöffnet hat, um es in ihrem Schoß zu empfangen.

Die festhaltende oder bewahrende Haltung gehört in erster Linie zu einer späteren Phase in der Kindheit der Frau. Sie gehört in die Zeit, da sie sich ihres Getrenntseins von der Mutter bewußt wurde. Damals hatte der Konflikt zwischen dem Wunsch, an der Mutter festzuhalten, und dem Verlangen, an dem festzuhalten, was zum Selbst gehörte, seinen Höhepunkt erreicht. Dieser Konflikt bedeutet die entscheidende Krise bei der Entstehung des eigenständigen Selbst. Vollkommenheit wird mit dem Besitz dessen gleichgesetzt, was zum Selbst gehört – einschließlich des Besitzrechtes am eigenen Körper. Jetzt birgt die Frau das Baby in ihrem Leib. Nach der Geburt wird sie eine Gegenwart sein, die ihr Baby gut genug hält, um ihm zu überlassen, was ihm rechtmäßig zusteht. Die haltende Umwelt, die sie schaffen wird, wird dem Baby so viel Sicherheit und Freiheit geben, daß es die neue Welt aus eigener Kraft erforschen wird, ohne das Gefühl zu haben, es werde vernachlässigt oder im Stich gelassen.

Die Einstellung von Empfänglichkeit und Festhalten verleiht der Schwangeren die Fähigkeit, das Gefühl des Einsseins zwischen sich und dem Neugeborenen wiederherzustellen, sobald dieses das physische Einssein des Mutterleibs hinter sich gelassen hat. Die progesterongeprägten Schwangerschaftsphasen sind außerdem von einem introvertierten Gefühlszustand begleitet, welcher häufig als vegetativ bezeichnet wird und in dem die werdende Mutter ihre Energie auf ihren Körper und den darin wachsenden Fötus richtet. Dieser vegetative Zustand kann als das angenehme Empfinden erlebt werden, einen Fötus zu empfangen, festzuhalten und zu nähren, aber auch als die erschreckende Erfahrung von Verfall und Auflösung. Eine Frau, deren Identitätsgefühl ausschließlich an kulturelle und intellektuelle Leistungen »höheren Niveaus« gebunden ist, wird durch die Begleiterscheinungen des vegetativen Zustands häufig erschreckt. Sie gibt sich besonders straff und selbständig und wehrt sich hartnäckig dagegen, jenen Einstellungen nachzugeben, die ihre Persönlichkeit reorganisieren könnten. Sie wird möglicherweise eine straff organisierte, tüchtige und fähige Mutter sein, wird aber eine Gelegenheit verpaßt haben, ihr Leben zu bereichern. Wenn eine Frau sich ganz den Vorzügen dieser für die Schwangerschaft normalen, vegetativen Insichgekehrtheit überlassen kann, wird sie auch entdecken, daß ihre Ich-Bezogenheit zu hoffnungsfreudigen Phantasien über ihr künftiges Kind anregt. Viele Frauen arbeiten aber bis zum Tag der Geburt und trinken noch während der introvertierten, phantasievollen Erfahrungen der Schwangerschaft Alkohol.

Die anfängliche Ermüdung und andere beschwerliche Reaktionen auf die Hormonveränderungen der Schwangerschaft lassen vom dritten Monat an nach. Allmählich wird die normale Insichgekehrtheit durch eine weite Öffnung für die Welt ergänzt. Die Ausweitung der Schwangeren umfaßt weit mehr als nur die augenscheinliche Ausdehnung ihres physischen Körpers. Eine psychische Ausweitung bringt ihre wachsende Hoffnungsfreudigkeit zum Ausdruck. Mutterschaft bietet eine Möglichkeit zur Erholung, sie ist eine Art Versprechen. Ein neues Kind ist eine Gelegenheit für einen Wandel zum Besseren. Die hormonalen und stoffwechselbedingten Begleiterscheinungen der Schwangerschaft verstärken dieses Gefühl von Hoffnungsfreudigkeit und Energieausweitung.

Die durch die Schwangerschaft geförderte Persönlichkeits-Neuordnung bringt oft unvorhergesehene, in der Frau schlummernde Aspekte des Selbst zum Vorschein. Gelegentlich kann der innere Drang nach Persönlichkeits-Neuordnung erschreckend sein. Veränderung bedeutet Risiko. Sie schafft immer die Möglichkeit von innerem Konflikt. Wir erwarten also von der Schwangerschaft nicht, daß sie völlig idyllisch, vegetativ und friedlich sein wird. Manchmal herrscht der hoffnungsfreudige, Ich-bezogene Zustand der Hochstimmung vor, manchmal gewinnen Unsicherheit, Depression und ängstliche Regungen die Oberhand.

Die werdende Mutter unserer Zeit ist gefährdet. Sie ist häufig zu selbständig, zu sehr in sich verschlossen durch ihre strenge Selbstgenügsamkeit. Oft hat sie sich die für ihr Wohlergehen so wichtige Zuneigung und Fürsorge von Mann, Kindern und Freunden versagt. Realer Entzug – an Liebe, finanzieller Sicherheit, Freundschaft oder geeigneter Ernährung – beeinträchtigt das Wohlergehen der Schwangeren. Und mit solchem Entzug nimmt auch die Hoffnung ab. Die Angst und gelegentliche Depression, die mit den schwangerschaftsbedingten Veränderungen normalerweise einhergehen, werden gesteigert und dauern länger. Das Gefühl von Enttäuschung und Unmut stellt sich ein. Je mehr eine Frau unter solchem Entzug leidet, desto unfähiger wird sie sich fühlen, ihr künftiges Baby zufriedenzustellen. Das letzte Glied in dieser Kette von Entzug, Hoffnungslosigkeit und Unbehagen gegenüber der eigenen Fähigkeit, der Mutterrolle zu genügen, ist offene Feindseligkeit gegen das Selbst und den Fötus, welcher ein Teil des Selbst ist.

Solcher Selbsthaß verwandelt die Phantasieinhalte der Schwangeren. Aus Hoffnungsfreudigkeit wird die Vorstellung, sie beherberge ein Ungeheuer, ein wildes Tier, das dem Ich systematisch und heimtückisch die Energie und das Lebensblut abzapfe. Zweifellos macht jede Schwangere Augenblicke der Panik durch, wenn solche feindseligen Vorstellungen ihre Hoffnungsfreudigkeit überschatten. In Wirklichkeit sind solche Phantasien à la »Rosemary's Baby« zum einen oder anderen Zeitpunkt während der Schwangerschaft ganz alltäglich.

Entzug und Unmut stoßen unvermeidlich die Tür für die gewöhnlich gut verschlossenen Ungeheuer und verabscheuten Aspekte des Selbst auf. Da der Fötus so eng zum mütterlichen Körper gehört, kann er leicht für verschiedene Aspekte des mütterlichen Selbstbildes stehen – für besondere Aspekte, die sie gewöhnlich in abgeschiedeneren Schlupfwinkeln ihrer Psyche verborgen hält. Der Fötus kann das unerwünschte wie das hochgeschätzte Selbst repräsentieren.

Frauen sprechen nicht gerne über Schwangerschaftsphantasien, und Phantasien, in denen der Fötus zum schrecklichen Ungeheuer wird, werden so rasch wie möglich aus dem Bewußtsein gedrängt. So wird jede Spur, die davon im Geist zurückbleibt, als plötzliche Unlustregung empfunden. Auf solches Erwachen des ungeliebten Selbst folgen gewöhnlich Angst, Depression, Hoffnungslosigkeit und Panik.

Mehr Aussichten, im Bewußtsein der Frau zu bleiben, haben Gedanken, die die Ähnlichkeit des Fötus mit den erfreulicheren Aspekten des Selbst und den geschätzten Aspekten des künftigen Vaters betreffen. Die Mutter stellt sich mögliche Beziehungen zwischen dem Kind und ihr bzw. ihrem Mann vor. So ist das Baby schon vor der Geburt Engel und Ungeheuer. Probeweise bekommt es auch schon seine Rolle im Dreieck Mutter-Vater-Kind zugewiesen.

Der künftige Vater. Manchmal beteiligen sich Ehemänner an den hoffnungsfreudigen Gedanken über das künftige Kind und seine mögliche Rolle in der Familienkonstellation. Wenn ein Mann sich solchen Phantasien über sein ungeborenes Kind überläßt, beweist er damit seine Liebe für das Baby und für seine Frau. Mann und Frau vertiefen ihre Zusammengehörigkeit, wenn sie sich ihre Hoffnungen mitteilen. Wenn die Frau während der Schwangerschaft deprimiert und ängstlich war, steht der Mann negativ zu dieser Zeit, was nicht weiter überrascht. Solche Gefühle seitens der Frau werden von ihm als Beleidigung seiner Männlichkeit empfunden. Sie verringern die Macht, die er erlebt, wenn er sich in die Rolle des Beschützers und Ernährers projiziert. Paradoxerweise kann die Angst einer Schwangeren gelegentlich jene Liebesbindung durchtrennen oder schwächen, die den Mann gewöhnlich zu dem Wunsch veranlaßt, seine Frau zu unterstützen. In diesen Zeiten eines gestörten seelischen Gleichgewichtes der Schwangeren kann sich der Mann ihr entfremden – »gerade wenn sie ihn am meisten braucht«. Es kann auch passieren, daß er seinem ungeborenen Kind grollt.

Die Zeit, in der der künftige Vater die Erfahrung der Schwangerschaft teilt, ist nicht leicht für ihn. Er bleibt von den Gefühlen und Phantasien ausgeschlossen, die so sehr zum Schwangerschaftserlebnis der Frau gehören. Die Gründe für diesen Ausschluß sind teilweise biologischer, weitgehend jedoch kultureller und gesellschaftlicher Natur.

Auf der biologischen Seite erfährt der künftige Vater nicht die

Veränderungen im Hormonsystem und Stoffwechsel, die die Verbindung des Einsseins zwischen Mutter und Fötus herstellen. Künftige Väter werden weder durch Hormon- und Stoffwechselveränderungen zur Neuordnung des Ichs gedrängt, noch sind sie den direkten Körper- und Gefühlsveränderungen ausgesetzt, die den natürlichen Verlauf der Schwangerschaft bestimmen. Auf konkrete, biologische Weise sind sie nicht mit dem Fötus verbunden. Dem künftigen Vater ist nur *eine* Verbindung mit dem Fötus möglich – und zwar der gefühlsmäßige Zugang, der sich ihm durch seine Zukunftsträume eröffnet, und sein gefühlsmäßiges Wissen um das, was es heißt, ein Baby oder eine Mutter zu sein.

Je schärfer eine Kultur zwischen männlichen und weiblichen Rollen unterscheidet, desto mehr wird der künftige Vater seinen zärtlichen, fürsorglichen Impulsen entfremdet werden. So wird er sich als unfähig erweisen, während der Schwangerschaft seiner Frau gegenüber Verständnis für ihre Gefühle aufzubringen. Ferner wird dem Mann das Recht auf seine kindlichen Strebungen abgesprochen, wenn Männlichkeit rigide als totale Unabhängigkeit und Selbständigkeit definiert wird. Folglich wird er es schwer haben, seinen Kindern nahe zu kommen.

Die Vaterrolle des Mannes wird ebenso durch die Anerkennung seiner weiblichen und kindlichen Strebungen bereichert wie durch die Erinnerungen an zärtliche Nähe zum eigenen Vater. Ein Mann, der Zärtlichkeit von seinem Vater akzeptieren konnte, wird später in der Lage sein, seinen eigenen Kindern gegenüber Zärtlichkeit zu zeigen. Wenn ein Mann Vater wird, ist es besonders wichtig für ihn, emotionalen Kontakt zu seiner eigenen Geschichte wiederzugewinnen – zu jener Geschichte, die ihn selbst als Kind und Sohn eines Vaters und einer Mutter zeigt.

Die ersten Erlebnisse des Mannes, da er von einer Mutter in einer fürsorglichen Umwelt empfangen und gehalten wurde, können sich nur dann in der Art und Weise widerspiegeln, wie er zur Pflege anderer steht, wenn er es zuläßt, daß solche frühen Pflegeerfahrungen wieder aufleben, und er sich von Zeit zu Zeit Abhängigsein gestattet. Viele Männer, die in früher Kindheit viel Fürsorge erfahren haben, können die mit positiver »Bemutterung« assoziierten Erinnerungen und Gefühle nicht wiederbeleben, weil die in unserer Kultur mit Männlichkeit verknüpften Werte von Jungen verlangen, die Bindungen an die Mutter aufzugeben und Abhängigkeit und Bedürftigkeit abzulehnen. Zwar ist richtig, daß Männer (und Frauen), die absolut abhängig bleiben, nicht genügend Reife erlangen, um für ein Baby sorgen zu können, doch auch die absolute Absage an Abhängigkeit und Bedürftigkeit machen fürsorgliches Verhalten unmöglich. Viele Väter haben so wenig Berührung mit ihren Erinnerungen an Bedürftigkeit, daß sie kein Verständnis für die Bedürftigkeit anderer aufzubringen vermögen. Sie haben etwas dagegen, daß man sie braucht, und sie haben etwas gegen die, von denen sie gebraucht werden. Unabhängigkeit und Selbständigkeit machen aus einem Mann einen guten Ernährer für die Familie. Doch wenn sie dazu führen, daß ihm die gelegentliche Abhängigkeit seiner schwangeren Frau lästig wird, wird er möglicherweise auch kein Verständnis für die Abhängigkeit seines neugeborenen Kindes aufbringen.

Die absolute Abhängigkeit des Fötus und die Insichgekehrtheit seiner schwangeren Frau können im Mann durchaus heftige Konkurrenzgefühle wecken. Er fühlt sich der Fürsorge seiner Frau beraubt und empfindet den Fötus als aufdringlichen Besitzergreifer. Mit solchen Gedanken wächst der Unmut gegen die Schwangerschaft und entsprechend die Vorstellung vom Fötus als Ungeheuer.

Trotzdem bietet sich dem Mann, der sich dem Strom von Erinnerungen und Phantasien aus der eigenen Kindheit anvertrauen kann, eine Gelegenheit, das Gleichgewicht zwischen Abhängigkeit und Unabhängigkeit, persönlicher Bedürftigkeit und der Fähigkeit, für andere zu sorgen, neu zu verteilen. Auch seine Fähigkeit, Verständnis für seine Frau und das Neugeborene aufzubringen, wird erweitert.

Nach der Geburt des Babys fehlen Männern häufig jene intensiven Gefühlserlebnisse, die für ihre Bindung an das Neugeborene sorgen könnten. Nicht selten fühlen sich Väter mehrere Monate – manchmal jahrelang – Mutter und Kind entfremdet. Wenn ein Vater das Glück hat, bei der Geburt seines Kindes dabeizusein oder es auch nur unmittelbar nach der Geburt im Arm zu halten, werden seine hoffnungsfreudigen Phantasien ohne irgendwelche Schwierigkeiten an die Oberfläche treten können. Von Anfang an wird er Teil des Lebens seines Kindes.

Die Rolle des Neugeborenen. Das Neugeborene hat keine Vergangenheit und deshalb auch keine psychische Struktur. Es kennt keine Phantasien, kein gutes Selbst und kein schlechtes Selbst, keine Engel und keine Ungeheuer in seinem Inneren, keine Liebe und keinen Haß – nur Augenblicke, da es sich verletzlich und enttäuscht fühlt, und Augenblicke, da es das Empfinden körperlicher Ganzheit und Geborgenheit hat.

»Das Baby ist zum ersten Mal ein Baby.« Dennoch besitzt es eine biologische Bereitschaft, die ihm gestattet, das Beste aus dem zu machen, was die Welt ihm darbietet.

Die biologische Bereitschaft des Neugeborenen speist sich aus zwei Quellen. Zum einen aus seinen ererbten Möglichkeiten, aus dem, was es von allen anderen Menschen auf der Erde unterscheidet: Haarfarbe, Blutgruppe, Temperament, Umfang und Art seiner Intelligenz, das Alter, in dem die Pubertät beginnen wird, ob es kahlköpfig werden wird oder nicht, die allgemeine Körpergestalt mit ihren besonderen Vorzügen und Schwächen.

Zum anderen speist sie sich aus der Evolutionsgeschichte des Menschen. Dies sind Dinge, die das Neugeborene mit allen anderen Menschen gemeinsam hat: Weinen, Saugen, Lächeln, daß es mit etwa acht Monaten Angst vor Fremden hat, daß es krabbelt, bevor es läuft, daß es im zweiten Lebensjahr einen denkenden Geist erwirbt und den unwiderstehlichen Drang, die Welt zu erforschen, daß es in der Lage ist, sich einer wechselnden Umwelt anzupassen, und daß es ein heftiges Bedürfnis nach menschlicher Bindung und menschlicher Zwiesprache verspürt.

Von seinen Eltern hat das Neugeborene die besonderen und die allgemeinen Merkmale geerbt. Sie alle werden anschließend von der Umwelt, in die es hineingeboren wird, modifiziert und erweitert. Insoweit seine Umwelt menschlich ist, wird das Neugeborene menschliche Züge annehmen. Insoweit diese Umwelt seine Besonderheit fördert, wird es seine besonderen Möglichkeiten realisieren.

Verschiedene Umwelten fördern besondere Formen der Intelligenz, begünstigen gewisse Temperamente und Körpertypen, wirken sich auf das Pubertätsalter aus, nähren Phantasien über die Bedeutung von Weiblichkeit und Männlichkeit, bestimmen das Gleichgewicht zwischen Vorsicht und dem Bedürfnis nach Erforschung des Unbekannten, reagieren unterschiedlich auf Weinen, Saugen, Fortkrabbeln, auf Denken mit einem denkenden Geist.

Es gibt keine menschliche Umwelt, die einem Neugeborenen gestatten wird, das ganze Spektrum seiner einzigartigen Möglichkeiten zu verwirklichen. Einige Aspekte seiner Einzigartigkeit werden unausgedrückt und verborgen bleiben. Umwelten, die eine Persönlichkeits-Neuordnung im Verlaufe von Lebenskrisen fördern, werden eine größere Zahl dieser schlummernden Aspekte persönlicher Einzigartigkeit aktivieren. Aber die meisten menschlichen Umwelten begünstigen die Ausprägung jener Merkmale, die das Neugeborene mit der übrigen Menschheit teilt. In dieser Hinsicht werden alle Neugeborenen in etwa ähnliche Erfahrungen in der neuen Welt machen. Wichtig ist die Erkenntnis, daß das Selbst, das »Ich und niemand sonst« ist, ebensoviel mit Merkmalen zu tun hat, die allen Menschen gemeinsam sind, wie mit Merkmalen, die einzigartig und persönlicher Art sind.

Der stammesgeschichtliche Erbteil des Neugeborenen. Ein Kind wird mit zahlreichen Merkmalen geboren, deren natürlicher Zweck ist, das Überleben während der ersten Wochen und Monate zu sichern. Die Merkmale und Verhaltensmuster, die zum stammesgeschichtlichen Erbteil gehören, treten gewöhnlich an entscheidenden Wendepunkten des Lebenszyklus besonders deutlich hervor. Einige dieser Verhaltensmuster haben keine Bedeutung mehr für individuelles Überleben, können aber noch außerordentlich wichtig für das Überleben der Art sein. Die Psyche des Säuglings zehrt wesentlich von diesem stammesgeschichtlichen Erbteil.

Drei der angeborenen Ergebnisse menschlicher Stammesgeschichte sind besonders entscheidend für das emotionale Überleben des Säuglings. Dies sind die Reizbarriere seines ansonsten unausgereiften Nervensystems, das konkrete körperliche Erscheinungsbild des Neugeborenen und das Lächeln.

Die Reizbarriere. Die Umwelt, in die das Neugeborene aus dem Mutterleib kommt, ist ein Bereich unvorhersagbarer und unvertrauter Bilder, Töne, Gerüche, Temperaturen und Bewegungen. Nur ein paar Reize, wie die wiegende Bewegung des Mutterleibs und der mütterliche Herzschlag, sind vage vertraut. Im allgemeinen besteht die Umgebung des Neugeborenen aus ungeordneten (weil es noch nicht gelernt hat zu ordnen) und fragmentarischen Reizen. Wäre das Nervensystem des Säuglings nicht geschützt, würde es die ersten Wochen in seiner neuen Umwelt als Ansturm unerträglich heftiger Reizung erleben. Glücklicherweise macht die Erbausstattung des Neugeborenen sein Nervensystem relativ undurchlässig für von außen kommende Reize. Diese relative Undurchlässigkeit heißt *Reizbarriere*.

In den ersten Lebenswochen ist der Säugling in der Lage, störende Bilder und Laute auszuschließen. Fast sofort nach der Geburt ist das Neugeborene zur Selektion der Reize fähig, die seine Aufmerksamkeit verdienen. Die anderen werden ausgeschlossen. An dieses abgesenkte Reizniveau scheint es sich gewöhnen und es ertragen zu können. Heftige Stimulation vermeidet es jetzt noch. Viele der Reflexe nämlich, die es bald ablegen wird, sollen ihm helfen, allzu störende Bilder und Laute auszuschließen. Im Idealfall dringt von der Außenwelt zu dem Neugeborenen nicht mehr hindurch, als es verkraften kann. Die Barriere des Nervensystems funktioniert also wie eine halbdurchlässige Membrane. Bei manchen Säuglingen wirkt die Barriere intensiver als bei anderen. Bei manchen kann sie zu durchlässig, bei anderen zu undurchlässig sein. Aber den meisten Neugeborenen gibt sie genau das richtige Maß an Durchlässigkeit.

Im Laufe der nächsten Wochen verliert die Anpassung des Säuglings an seine neue Welt etwas von ihrer Vollkommenheit. Die Barriere wird wesentlich durchlässiger. Das über die Sinnesorgane vermittelte Bewußtsein von der Welt nimmt in raschem Tempo zu. Aber dem Säugling fehlt die Fähigkeit, diese Empfindungen zu organisieren und durch Muskelaktivität zu verarbeiten. Da das motorische Vermögen des vier Wochen alten Kindes weniger entwickelt ist als seine Sinnesausstattung, ist es nur begrenzt fähig, all die plötzlich auf ihn einstürmenden, neuen Eindrücke zu bewältigen. Darüber hinaus verlieren auch die wenigen Entladungsbewegungen an Wirksamkeit, mittels derer das Neugeborene sich bislang von unangenehmen und störenden inneren Spannungen befreit hat – Schreckbewegungen, Grimassen, Zuckungen und abschüttelndes Lächeln. Innere Spannungen nehmen zu, wenn die Fähigkeit des Säuglings, die Außenwelt zur Kenntnis zu nehmen, seine Fähigkeit übertrifft, die Bilder, Laute, Gerüche und Bewegungen zu verarbeiten, durch die seine Sinne erregt werden. Die meisten Säuglinge werden zwischen der vierten und zwölften Lebenswoche reizbar und nervös. Einige sind ständig nervös, andere in Intervallen. Selbst das ruhige, friedliche Baby wird während dieser Phase etwas fahrig. Einige Säuglinge bekommen etwa zu dieser Zeit die bekannte Drei-Monats-Kolik – ein Anzeichen für die Spannung, unter der sie stehen.

Bis jetzt hatte die Reizbarriere das Leben in der Spannung zwischen körperlichem und seelisch-geistigem Einssein erträglich gemacht. Von nun an wird das geistig-seelische Einssein von Mutter und Säugling eine psychische Barriere bilden, die der physischen Reizbarriere gewissermaßen analog ist. Von vier Wochen bis zum Zeitpunkt, da der Säugling besser in der Lage ist, seine Reizaufnahme selbst zu steuern, muß die Mutter es für ihn tun. Ihre Gegenwart und ihr Einfühlungsvermögen ersetzen die Barriere des Nervensystems. Je besser die Mutter ihr Baby in den ersten vier Wochen seines Lebens kennengelernt hat, desto leichter wird es für sie sein, ihm nach dem Fortfall der physischen Barriere das Gefühl der Sicherheit zu geben.

Der Appell der Hilflosigkeit. Daß der Säugling die Mutter braucht, liegt auf der Hand. Zu den Anfängen gehört aber auch das Bedürfnis der Mutter, für ein Baby zu sorgen.

Die Geschichte der Mutter und ihre gegenwärtige Bereitschaft zur »Bemutterung« bieten hinreichende Gewähr dafür, daß sie ihr Baby pflegen und schützen wird. Zum Zeitpunkt der Niederkunft ist ihr psychisches Bedürfnis nach dem Baby bereits ebenso heftig wie das physische Bedürfnis des Babys nach ihr. Trotzdem besitzt der neugeborene Mensch einige angeborene Merkmale, die in der Mutter den Wunsch wecken, ihn zu bemuttern, für ihn zu sorgen und in spezifisch menschlicher Weise mit ihm verbunden zu sein. Diese Merkmale fördern und prägen die empfängliche, bewahrende Haltung, die die Mutter während der Schwangerschaft entwickelt hat. Im wesentlichen lassen sich diese Merkmale am besten als der angeborene Appell beschreiben, der vom hilflosen körperlichen Erscheinungsbild und den unreifen Körperbewegungen des Säuglings ausgeht.

Das beste Heilmittel für die normale Enttäuschung und physische Erschöpfung einer frischgebackenen Mutter ist der Anreiz, der von der Bemutterung eines hilflos aussehenden Säuglings ausgeht. Natürlich hängt die Wirksamkeit dieses Heilmittels davon ab, wieviel emotionale und physische Unterstützung die Mutter in ihrer Umwelt findet. Wenn die Mutter emotional oder physisch zu kurz kommt, wird sie nicht genügend Kraft haben, um ein bedürftiges Neugeborenes zu nähren und zu pflegen. Man weiß, daß eine unterernährte Schwangere aus einem der Ghettos unserer modernen Welt mit einiger Wahrscheinlichkeit ein Kind zur Welt bringt, das jene den Pflegetrieb fördernden Appelle nicht auszusenden vermag. Die Mutter verliert ihre Bindungsfähigkeit, und das Neugeborene gedeiht nicht. Unterernährt kann keiner der beiden Partner den anderen erziehen.

Gewöhnlich hingegen ist ein Neugeborenes durchaus in der Lage, seine Mutter zu erziehen. Die gefleckte Haut, der unbehaarte Körper, die Augen, die nichts richtig erfassen, die unkoordinierten Körperbewegungen – all diese Merkmale verleihen dem Neugeborenen ein hilfloses und verletzliches Aussehen.

Das verletzliche Erscheinungsbild erweckt in der Mutter den Wunsch, es zu halten und zu pflegen. Viele Gesichtsausdrücke und Körperbewegungen des Neugeborenen führen zu körperlichen Anpassungen seitens der Mutter. Sie fördern Zärtlichkeit und Körperkontakt zwischen ihr und dem Säugling. Ihre Körper stimmen sich aufeinander ein. Wenn der Vater nicht bald nach der Geburt häufig Gelegenheit hat, sein Baby im Arm zu halten, wird er den runzligen, schlaffen, strampelnden Säugling wenig anziehend und eher komisch finden. Ihm wird die Bereitschaft seiner Frau, auf den »süßen Appell« des Säuglings zu reagieren, übertrieben vorkommen.

Ein anderer wichtiger Aspekt für den Appell des Säuglings sind die Fettpolster an der Innenseite des Mundes. Sie steigern seine Saugfähigkeit. Zusätzlich gehören sie zur angeborenen Anziehungskraft von Neugeborenen. Sie sind für das »herzige«, pausbäckige Aussehen verantwortlich, das wir im allgemeinen mit Unreife und Babyhaftigkeit assoziieren. Comiczeichner und Künstler bedienen sich dieser Assoziation, indem sie die Pausbäckigkeit überzeichnen, wenn sie den Eindruck von Unschuld, Verletzlichkeit und Unreife hervorrufen wollen.

Bei vielen Tierarten wird der Muttertrieb auch durch Geruch, Laute, Hautfarbe und Berührungsreize gefördert. Vor allem bei den Säugern steht das unreife, hilflose Aussehen der Jungen in unmittelbarem Zusammenhang mit der tatsächlichen Hilflosigkeit und Abhängigkeit des Jungtiers. Beispielsweise entspricht bei gewissen Affenarten der Übergang von der unreifen Fellfarbe des Jungtiers zum Aussehen des ausgewachsenen Exemplars direkt der Fähigkeit des Tieres zu koordinierter und unabhängiger Fortbewegung. Bei Menschen ist der allmähliche Verlust der anziehenden Pausbäckigkeit ein Anzeichen für das Ende des Säuglingsalters und den Erwerb von Unabhängigkeit und Beherrschung der physischen Welt. Die Beherrschung der aufrechten Fortbewegung gibt dem Kind ein unabhängiges *Aussehen*. Doch im Gegensatz zum neugeborenen Affen muß der menschliche Säugling noch einen weiteren Schritt tun, bevor er zur Unabhängigkeit wirklich fähig ist. Er muß noch die psychische Unabhängigkeit von der Mutter erreichen. Solange wird er sein pausbäckiges Aussehen bis zu einem gewissen Grade behalten.

Das Lächeln des Säuglings. Von allen Appellen, die auf die Mutter zielen, bereitet ihr das Lächeln des Säuglings wahrscheinlich am meisten Vergnügen. Es bestätigt sie in ihrer Mutterrolle und verschafft ihr das Gefühl, in spezieller Weise gebraucht zu werden.

Das Lächeln ist eine universelle menschliche Geste. Es kennt viele Spielarten: das scheue Lächeln, das liebevolle Lächeln, das erfreute Lächeln, das gemeine Lächeln, das überraschte Lächeln, das breite Lächeln, das falsche Lächeln.

In allen Gesellschaften ist das Lächeln ein Anzeichen für die Bindung zwischen zwei Menschen. Meist ist es eine Bestätigung menschlicher Bindung: ein Gruß, ein Willkommen, ein Ausdruck für Zusammengehörigkeit. Es kann aber auch das Ende vorhandener Beziehungen und Bindungen bezeichnen: das Lächeln, bevor man stirbt oder einen Feind abschlachtet.

Die Naturgeschichte des Lächelns während der ersten Wochen und Monate menschlichen Lebens ermöglicht uns, die ersten Schritte des Säuglings aus einem ausschließlich physischen Seinszustand hin zu einem psychischen nachzuzeichnen. Die frühe Entwicklung des Lächelns zeigt uns, wie universelle Ausdrucksbewegungen psychische Bedeutung anzunehmen beginnen.

Zu Anfang lächelt das Baby nicht, weil es die Mutter in irgendeiner besonderen Weise wiedererkennt. Aber es erweckt den Anschein, weil Stimme und Berührung der Mutter die wirksamsten Reize sind, um sein Lächeln hervorzurufen. Die im Laufe der ersten Wochen zunehmende Fähigkeit des Babys, auf Reize mit einem Lächeln zu reagieren, ist für die Vertiefung der Bindung zwischen Mutter und Kind von großer Bedeutung. Selbst das blinde Kind lächelt, obgleich es nie ein Lächeln gesehen hat. Blinde Säuglinge scheinen beim Lächeln mit ihren Augen die Augen der Mutter zu suchen, obgleich sie deren Augen nie gesehen haben. Augenkontakt und Lächeln sind angeborene Reaktionen, die die Bereitschaft des Menschen bezeugen, eine Bindung zu anderen Menschen herzustellen.

Das Lächeln der ersten Wochen ist ohne psychische Bedeutung. Es ist einfach Abfuhr physischer Spannung. Wie alle anderen Entladungsbewegungen – Zuckungen, Grimassen, Wimmern, Streckungen und Luftholen – ist das Lächeln des Babys eine Reaktion auf physische Bedingungen im Körperinneren. Ferner läßt sich ein einwöchiger Säugling durch keinerlei äußere Reize zum Lächeln bewegen. Gewöhnlich lächelt er unmittelbar, bevor er die Augen schließt, döst oder in einen leichten Schlummer fällt. Nie lächelt er in seinen kurzen Zuständen von Fast-Wachheit. Die Aufmerksamkeit des einwöchigen Kindes richtet sich nach innen. Die Außenwelt berührt es kaum. Wenn es lächelt, befreit es sich lediglich von innerer Spannung, und sein Lächeln ist eine kurze Grimasse.

Bereits in der zweiten Lebenswoche löst eine hohe menschliche Stimme das Lächeln des Säuglings zuverlässig aus. Auch leichtes, rhythmisches Wiegen genügt manchmal. Die Außenwelt kommt in Reichweite des Säuglings. Das Lächeln im Alter von zwei Wochen ist nicht mehr bloß Grimasse. Es unterscheidet sich vom einfachen Entladungslächeln. Die Augen ziehen sich zusammen, der Mund öffnet sich weiter. Das zweiwöchige Kind hat die Augen offen, wenn es in Reaktion auf einen externen Reiz lächelt. Doch bleiben seine Augen glasig, matt und unbestimmt, wodurch sein Gesicht einen trunkenen, fast leblosen Ausdruck annimmt. Menschen, die das Baby bereits lieben, finden sein trunkenes Lächeln anziehend und erheiternd.

Obwohl die Außenwelt den Säugling erreicht, wird er in erster Linie immer noch von seinem Innenleben in Anspruch genommen. Das Entladungslächeln fällt mehr auf als dieses gelegentliche blicklose, wache Lächeln. Die Stimulation im Körper des Neugeborenen ist eine ständige, nach Abfuhr verlangende Reizquelle.

In der dritten Woche zeigt sich das erste wirklich bewußte Lächeln mit geöffneten Augen. Wach, helläugig und die Dinge ins Auge fassend, lächelt der Säugling jetzt häufiger, besonders beim Klang einer menschlichen Stimme. Die Kombination von Kopfnicken und menschlicher Stimme ruft Lächeln wirksamer hervor als einer der beiden Reize allein. Zwar nehmen innere Empfindungen die Aufmerksamkeit des Säuglings noch überwiegend in Anspruch, doch beweist er eine deutlich gestiegene Fähigkeit, sich der externen Umwelt mit wacher Aufmerksamkeit zuzuwenden. Die allmähliche Entwicklung von innerer Inanspruchnahme zu einem Bewußtsein von der Außenwelt setzt sich stetig fort. Etwa mit vier bis sechs Wochen beginnen sich zahlreiche Zeichen für ein gestiegenes Interesse an der Außenwelt bemerkbar zu machen. Das Lächeln wird jetzt von anderen Reaktionen begleitet, die es als spezifisch menschlich ausweisen. Zum einen läßt uns das Lächeln des vier Wochen alten Säuglings wissen, daß von Zeit zu Zeit Geschehnisse in der Außenwelt die Oberhand über Ereignisse im Körperinneren gewinnen können. Das Baby unterbricht das Trinken und Saugen, wenn es eine menschliche Stimme, vor allem die Stimme der Mutter hört. Es scheint, als könnte sich das vier Wochen alte Baby das Lächeln nicht verbeißen, wenn es eine menschliche Stimme hört. So zwingend scheint diese Wirkung der menschlichen Stimme zu sein, daß der Säugling darüber sein Verlangen nach Nahrung vorübergehend vergißt. Manchmal wird er auch sein Schreien oder einen Anfall von nervöser Aktivität unterbrechen, wenn er die Stimme der Mutter hört.

Etwa zu diesem Zeitpunkt beginnt der Säugling auf eine menschliche Stimme mit der eigenen menschlichen Stimme zu reagieren. Bislang waren die Laute, die das Baby hören ließ, zumeist Schreien, Wimmern, Seufzen, Gähnen, Grunzen, Stöhnen und Knurren. Nun glucks und gurrt es in Antwort auf die menschliche Stimme. Und es lächelt. Das Glucksen und Gurren gilt als Beginn der sprachlichen Kommunikation des Menschen.

Eine weitere neue Form des Lächelns ist das Überraschungslächeln. Durch Starren kann sich der fünfwöchige Säugling selbst in hypnotische Trance oder einen Zustand der Faszination versetzen. Wenn sich jemand, während das Kind in diesem Zustand ist, plötzlich vor seinen Augen bewegt, erschrickt es einen Augenblick lang. Dann lächelt es überrascht, als befreie es sich selbst von der Spannung dieses unerwarteten Ereignisses. Insofern ist das Überraschungslächeln mit dem Entladungslächeln verwandt. Doch da es auch eine Reaktion auf ein Ereignis in der Außenwelt ist, gehört es zur externen Reaktionsbereitschaft.

Noch mit fünf Wochen herrscht das Lächeln zur Abfuhr innerer Spannung vor, besonders wenn der Säugling schläfrig und im Begriff ist, in einen leichten Schlaf zu fallen – das heißt, wenn er *fast* schläft. Das Überraschungslächeln beginnt sich zu zeigen, wenn der Säugling *fast* wach ist. Sowohl hypnotische Faszination wie auch Schläfrigkeit sind Bewußtseinszustände im Grenzbereich zwischen Schlafen und Wachen. Im Zustand von Faszination sind wir nicht völlig wach und können leicht überrascht werden.

Das Überraschungslächeln des Säuglings, das in erster Linie ein Entladungslächeln ist, ist der früheste Vorläufer des späteren Überraschungslächelns, das ein psychisches Lächeln ist. Daß Menschen häufig lächeln, wenn sie erschreckt oder überrascht werden, erinnert ein weiteres Mal daran, daß frühe physische Ausdrucksbewegungen überleben und komplexe psychische Bedeutungen annehmen. Es erinnert uns auch daran, daß Angst und Lust manchmal in enger Beziehung zueinander stehen.

Erschrecken muß nicht immer unerfreulich sein. Die Faszinationskraft von Geistergeschichten und Abenteuererzählungen lebt von dieser reizvollen Mischung aus Angst und Lust. Auch die Spiele des Säuglingsalters, wie »Fang-mich« und »Guckuck-da«, die sich etwa mit acht Monaten entwickeln, weisen diese Mischung von Angst und Lust auf. Wir können vor einer Sache, die uns überrascht, entweder davonlaufen oder uns ihr nähern. Wenn wir nicht zu erschreckt sind, entscheiden wir uns so recht weder für das eine noch für das andere. Das Überraschungslächeln des fünfwöchigen Säuglings liegt irgendwo zwischen Annäherung und Abstandhalten – ein Kompromiß, der die durch Ungewißheit geschaffene Spannung lindert.

Gegen Ende des zweiten Lebensmonats beginnt die Mutter festzustellen, daß sich das Verhalten ihres Säuglings ihr gegenüber bedeutsam verändert. Während er zuvor durch sie hindurchsah, sieht er sie jetzt an, als erkenne er tatsächlich ihr Gesicht. Sie entdeckt, daß sie miteinander spielen können und daß er ihr antwortet, wenn sie mit ihm »spricht«.

Etwa zur Zeit dieser Beobachtung folgt ein weiterer Meilenstein in der Geschichte des Säuglingslächelns. Das Lächeln gilt nicht mehr mechanisch allem, was menschenähnlich ist. Das Baby scheint nach etwas zu suchen – und wird nicht lächeln, bevor es dies findet. Wichtigster Aspekt dieses Lächelns ist, daß es vom Säugling freiwillig und aktiv hervorgebracht wird. Von Anfang an werden nämlich Aufmerksamkeit und Lächeln des Säuglings meist durch spezifisch Menschliches geweckt. Häufig wird seine Aufmerksamkeit durch Konturen und Ränder erregt und gefesselt. Aber nichts läßt ein Baby so bereitwillig lächeln, glucksen und gurren wie etwas Menschliches. Nichts kann seine wachäugige Aufmerksamkeit so lange fesseln. Jetzt sucht der Säugling, bevor er lächelt, sorgfältig das Gesicht – zuerst die Kontur der Haarlinie, dann den Mund und schließlich die Augen. In dem Augenblick, da die Augen des Babys denen der Mutter begegnen, lächelt es. Es lächelt erst nach Herstellung des Augenkontakts. Es wirkt, als habe das Baby nach etwas gesucht, von dem es wußte, daß es da sein würde. Es scheint zu lächeln, weil es wiedererkennt. Dieses Wiedererkennungslächeln bei Augenkontakt erfolgt regelmäßig und verläßlich erst am Ende des dritten Lebensmonats. Seine ersten Ansätze zeigen sich jedoch genau zu dem Zeitpunkt, da die Mutter das Gefühl gewinnt, daß sie mit ihrem Säugling in einem wechselseitigen Dialog wirklicher Kommunikation steht.

Augenkontakt ist ein wichtiges Element menschlicher Kommunikation. Was wir mit unseren Augen tun, wird zum Maß dafür, wie freundschaftlich wir zu einem anderen Menschen stehen, wie nahe wir ihm sind – ob wir die Augen abwenden, den Blick vermeiden, dem anderen offen in die Augen sehen oder sie mit ihm gemeinsam schließen, um einen Zustand enger Zusammengehörigkeit zu bewahren. Wenn ein Lächeln von Augenkontakt begleitet ist, sind wir uns einer freundlichen Absicht sicherer – es sei denn, das Lächeln käme von einem völlig Fremden; dann würde uns die aufdringliche Vertraulichkeit des Augenkontaktes befremden. Ein Lächeln, bei dem der Blick abgewendet wird, kann anziehend sein. Es signalisiert, daß der andere freundliche Absichten hegt, aber zögert, sich zu nähern.

Augenkontakt wird bald zur Vorbedingung des Säuglingslächelns. Daß der Säugling den Augenkontakt sucht, ist ein weiteres Anzeichen für sein Verlangen nach menschlicher Kommunikation.

Variationsbreite und Einzigartigkeit. Viele Züge des stammesgeschichtlichen Erbteils des Neugeborenen sind Ausdruck für sein Verlangen nach wechselseitigem Dialog mit dem Menschen, der es bemuttert. Der Dialog dient ebenso dazu, das Überleben des Neugeborenen zu sichern, wie es dem Überleben der Art dient. Im ersten Dialog von Mutter und Säugling sind alle Möglichkeiten des späteren erotischen, sprachlichen und kulturellen Dialogs zwischen Erwachsenen enthalten. Doch verläuft dieser erste Dialog nicht immer reibungslos. In Gesellschaften, in denen Neugeborene einander ähneln, ist die Wahrscheinlichkeit größer, daß sich auch die ersten Dialoge der Mutter-Säuglings-Paare ähneln.

In manchen Teilen der Welt ähneln sich Neugeborene mehr als in anderen Teilen. In jeder Gesellschaft hängt die Variationsbreite der Neugeborenen weitgehend davon ab, inwieweit sich die Erwachsenen dieser Gesellschaft mit »Außenseitern« vermischen konnten. Da traditionelle Gesellschaften wenig Gelegenheit zu Heirat und Vermischung mit Außenseitern bieten, ist in ihnen die Gleichförmigkeit der Erbausstattung die Regel. Ferner unterstützen die kulturellen Maßstäbe solcher Gesellschaften im allgemeinen die körperlichen und charakterlichen Eigenschaften, mit denen ihre Mitglieder geboren werden. Da sich die Mütter ähnlich ernähren und von ähnlichem Temperament sind, werden sich wahrscheinlich auch die vorgeburtlichen Erfahrungen ihrer Säuglinge gleichen – ein Faktor, der für zusätzliche Ähnlichkeit bei der Geburt sorgt.

Beim Stamm der Zinacanteco im Hochland von Chiapas in Mexiko unterscheiden sich die Neugeborenen beispielsweise nur geringfügig. Von Geburt an zeigen fast alle Babys gleichmäßige und ruhige Körperbewegungen, die praktisch frei von den bei weißen Säuglingen regelmäßig beobachteten schreckhaften Bewegungen und Zukkungen sind. Die Neugeborenen sind ruhig, aber außerordentlich aufgeschlossen für die Bilder und Laute ihrer neuen Welt. Schon sehr bald nach der Geburt wird der Zinacanteco-Säugling fest eingewikkelt und auf den Leib der Mutter gebunden, wobei sein Gesicht fast vollständig bedeckt wird. Fast fünf Monate lang wird er von seiner Mutter täglich in ihrem Umhang getragen. Nachts schläft er an ihrer Seite. Beim geringsten Anzeichen von Hunger wird er gestillt – kaum jemals braucht er zu schreien. Die Handlungen der Zinacanteco-Mutter scheinen die ausdrückliche Absicht zu haben, das Baby ruhigzuhalten. Erregung und wachsame Aufmerksamkeit für die Außenwelt werden nicht gefördert.

Zinacanteco-Kinder weisen in der Regel große Ähnlichkeit mit ihren Eltern auf wie auch mit anderen Erwachsenen und Kindern, denen sie im Laufe ihres Lebens begegnen. Wenn sie älter werden, wird sich eines dadurch auszeichnen, daß es anmutig ist, ein anderes dadurch, daß es die Wanderung der Zugvögel sehr rasch begreift, und wieder ein anderes dadurch, daß es intelligent ist. Doch gemessen an der ganzen Variationsbreite menschlicher Möglichkeiten, sind die Unterschiede zwischen den Zinacantecos vergleichsweise klein. Selbst von einer Generation zur anderen gibt es wenig Veränderung. Die Regeln für den Umgang der Generationen miteinander – von Mutter und Kind, Vater und Kind, Kind und Großeltern –

sind sich seit Anbeginn der Geschichte dieses Volkes gleichgeblieben.

Traditionelle Gesellschaften sind von den unseren immens verschieden. In unseren modernen Gesellschaften verändern sich Traditionen manchmal so rasch, daß sie kaum die Bezeichnung »Tradition« verdienen. Da die Geschichte nichttraditioneller Gesellschaften außerdem ein hohes Maß an Fremdheiraten aufweist, besitzen Neugeborene eine beträchtliche Variationsbreite. Kulturelle und biologische Kräfte verbinden sich, um die Gemeinsamkeit der Lebenserfahrung in Vergessenheit zu bringen. Zugleich legen moderne Gesellschaften großen Wert auf Einzigartigkeit und persönliches Streben. Unterschiede und Individualität werden unmerklich oder häufig auch direkt gefördert.

Das Neugeborene einer modernen Gesellschaft kommt auf die Welt mit Erbanlagen, die es deutlich von anderen Neugeborenen unterscheiden. Obgleich nicht all seine Besonderheiten gleich zu Beginn seines Lebens evident werden, fallen einige sofort ins Auge. Und sie spielen eine entscheidende Rolle für die Entfaltung der Mutter-Kind-Beziehung.

Wieviel das Baby schreit, wie leicht es sich beruhigen und trösten läßt, wieviel Freude es an Körperkontakt hat, wie deutlich es zeigt, ob es wach oder schläfrig ist, wie sehr es an der ruhigen, wachsamen Erforschung seiner Umwelt interessiert ist, wie oft es seine Umgebung wachen Auges wahrnimmt, wie leicht es sich selbst tröstet und wieviel inneres Unbehagen es erlebt und erträgt – das sind Charakteristika, die sich von einem Neugeborenen zum anderen unterscheiden können. Solche angeborenen Unterschiede wirken sich auf die Form der Bemutterung aus, die das Neugeborene erhält.

Kulturen unterscheiden sich in der Einstellung zum Schreien des Säuglings und in der Art und Weise, wie sie ihn beruhigen und trösten. Wie bei den Zinacantecos wird in vielen traditionellen Gesellschaften das Schreien des Babys unterbunden. Mütter tragen ihre Säuglinge ständig bei sich und stillen sie, sobald sie die Hunger signalisierenden Körperbewegungen spüren. Eine Theorie besagt, daß in der Frühgeschichte des Menschen das Schreien eines Säuglings Raubtiere angelockt habe. Deshalb habe man das Baby ständig bei sich getragen und häufig gefüttert. So hielt man es ruhig und schützte es. Da Babygeschrei wilde Tiere herbeirufen konnte, war es von der ganzen Gruppe gefürchtet. Selbst heute in unserer modernen Welt reagieren wir noch immer mit einer gewissen Angst, wenn ein Baby schreit. Selbst wer über größte Toleranz verfügt, beeilt sich, es abzustellen. Bewußt ist uns das Bemühen, den Säugling zu beruhigen. Zum Teil muß unsere Reaktion jedoch ein Restbestand jener primitiven Angst sein, das Schreien könnte das Baby und uns in Gefahr bringen.

In modernen Gesellschaften werden Säuglinge gewöhnlich in Kinderwagen und -betten gesteckt, wodurch die Mutter von den Körpersignalen des Kindes getrennt wird. So wird das Schreien für den Säugling zum wirksamsten Signal, wenn er den Kontakt zur Mutter herstellen möchte. Ein Baby, das viel schreit, wird nicht als »gutes« Baby gelten, hat jedoch gute Aussichten, mehr Aufmerksamkeit und mehr tröstlichen Körperkontakt von seiner Mutter zu erhalten als ein gutes Baby, das kaum schreit.

Einige Babys lassen sich leicht trösten und werden, nachdem sie getröstet worden sind, geraume Zeit ruhig bleiben. Andere sind nur schwer zu trösten, und wenn, nur zeitweilig – unter Umständen beginnen sie nach drei oder vier Minuten erneut zu schreien. Ein Baby, das sich leicht beruhigen läßt, gibt seiner Mutter das tröstliche Gefühl, sie sei eine tüchtige, eine gute Mutter. Ein untröstliches Baby kann selbst die fähigste Mutter am Boden zerstören. Sie zweifelt nicht daran, als Mutter ein Versager, eine schlechte Mutter zu sein.

Ein paar glückliche Neugeborene können sich selbst trösten. Sie reduzieren ihre Spannung durch zahlreiche Grimassen und Saugbewegungen im Schlaf und besitzen vielleicht sogar die außerordentliche Fähigkeit, ihre Finger zum Saugen in den Mund zu führen. Da solche Babys vermutlich weniger häufig schreien und länger schlafen, werden sie seltener Appelle an die Mutter richten als weniger selbständige Säuglinge. Sie machen sich das Bedürfnis der Mutter, zu trösten und zu pflegen, weniger leicht zunutze. Eine Mutter kann sich von solch einem Säugling abgelehnt fühlen.

Manche Säuglinge scheinen von Anfang an mehr Verlangen nach der Erforschung ihrer Umwelt mit den Augen zu verspüren als nach Körperkontakt oder menschlichem Austausch. Wenn sich die Mutter in ihren Phantasien ein süßes, anschmiegsames Baby ausgemalt hat, wird sie das Gefühl haben, ihrem Kind unerwünscht zu sein, wenn dieses sich ständig wachsam reckt, um sich in der Welt umzusehen.

Dagegen wird sich eine ausgesprochen intellektuelle Mutter, die von einem anschmiegsamen, Bindung suchenden Baby möglicherweise zu sinnlicher Reaktionsbereitschaft hätte bewegt werden können, weniger unbehaglich fühlen, wenn sie es mit einem nichtanschmiegsamen Säugling zu tun bekommt, dessen Sinn nach Erforschung der Welt steht. Tatsache ist, daß auch nichtanschmiegsame Babys menschliche Kommunikation und Körperkontakt brauchen, wenn auch in geringerem Maße als andere Säuglinge. Körper und Gegenwart der Mutter dienen immer noch als wichtige Orientierungszeichen für den Säugling, der die nichtmenschliche Umwelt erforscht.

Einige nichtanschmiegsame Babys bleiben zu sehr sich selbst überlassen, was später zu einer unsystematischen, desorientierten Erforschung der Welt führen kann. Es kann auch sein, daß solch ein erkundungsorientiertes Baby zu einem Intellektuellen heranwächst (wie seine Mutter), ihm aber die sinnlichen Körperkontakterlebnisse fehlen, die seine Kenntnis von der Welt bereichern und erweitern. Einem solchen Menschen wird in seinem späteren Leben die grundlegende Form von Selbstvertrauen fehlen – die positive Einstellung zum eigenen Körper. Die Verherrlichung des Intellekts überdeckt die Freuden der Sinnlichkeit.

Da das Neugeborene in der modernen Welt nicht mehr ständig von den wiegenden Bewegungen des mütterlichen Leibes geschaukelt und beruhigt wird, ist seine Familie häufig damit beschäftigt, seinem Zyklus von Wachen und Schlafen einen festen Rhythmus zu geben. Die volkstümliche Mythologie sagt, daß ein Säugling zwanzig der vierundzwanzig Stunden des Tages verschläft. In Wirklichkeit ist der Säugling anfangs weder ganz wach, noch schläft er ganz. Der typische Zustand von Wachheit ist, wenn er eintritt, wachsame Inaktivität. Das Baby liegt sehr still und nimmt die Bilder und Laute auf, die sich ihm darbieten. Gelegentlich wendet es den Kopf, um einem Gegenstand zu folgen, der seine Aufmerksamkeit in Anspruch nimmt. Erst nach etwa drei Wochen wird das Baby ganz wach. Doch selbst dann bleiben die Phasen vollständiger Wachheit kurz.

Meist treibt der Säugling von einem Zustand des Halbbewußtseins zum anderen, im wesentlichen von dem Bedürfnis bewegt, sich von innerer Spannung zu befreien. Schläfrig ist er in der Regel unmittelbar nach dem Füttern und nach einer Phase des Wachseins. Unmerklich geht die Schläfrigkeit dann über in einen unregelmäßigen, leichten Schlummer.

Säuglinge unterscheiden sich hinsichtlich der Faktoren, durch die sie sich aufmuntern lassen. Manche Babys werden sofort wach und aufmerksam, wenn sie die Stimme ihrer Mutter hören. Die Mutter stellt fest, daß sie ihr Kind einfach aufmuntern kann, indem sie mit ihm spricht und spielt. Solche Säuglinge schenken dem Gesicht der Mutter mehr Aufmerksamkeit. Sie lächeln mehr und reagieren im allgemeinen auch stärker auf die Außenwelt.

Auch die Deutlichkeit, mit der sich das Wachsein ausdrückt, variiert von einem Neugeborenen zum anderen. Einige lassen klar erkennen, ob sie müde sind, schlummern oder wachsam umherblikken. Bei anderen Neugeborenen sind diese Zustände verwischt und unbestimmt. Solche Säuglinge verwirren ihre Mütter.

Offensichtlich gibt es nur wenige Regeln für »gute Bemutterung«, die auf alle Neugeborenen passen. Zusätzliche Verwirrung bedeutet für die moderne Mutter das Problem, wie sie sich den augenscheinlicheren Eigenschaften ihres Kindes – sagen wir, seiner Ruhe – anpassen soll und gleichzeitig seinen weniger ins Auge fallenden Wünschen und Qualitäten – etwa dem stillen Bedürfnis nach rhythmischem Wiegen und Körperkontakt – genügen kann.

Diese ersten Unterschiede zwischen Neugeborenen haben keinen *unmittelbaren* oder *spezifischen* Einfluß auf spätere Persönlichkeitszüge. Nur ganz allgemein meint man gelegentlich, daß ein reizbares, häufig schreiendes Baby ein aktives, nervöses und waches Kind wird und daß ein friedliches Baby zu einem ausgeglichenen, schwer zu erschütternden Kind heranwächst. Wenn ein Neugeborenes Erkundung mit den Augen körperlicher Nähe vorzieht, kann das später dazu führen, daß der Umgang mit Dingen besser gemeistert wird als der Umgang mit Menschen. Dennoch sollte man sich die meisten dieser Unterschiede zwischen Neugeborenen eher als unterschiedliche Reaktionen auf das Neugeborenendasein vorstellen.

Damit soll nicht gesagt sein, daß solche Verschiedenheiten sich auf die spätere Entwicklung überhaupt nicht auswirken. Der tatsächliche Effekt dieser frühesten Unterschiede hat jedoch mit den Unterschieden zu tun, die sie in Ton und Qualität der Mutter-Säugling-Beziehung hervorrufen. Das hängt entscheidend davon ab, wie weit sich die Mutter dieser Unterschiede bewußt ist, wie sie konkret auf sie reagiert, welche Einstellung sie zu ihnen findet, was sie vorher erwartet hat, wie ausgeprägt und wie stark ihr Selbstbewußtsein ist und wieviel Unterstützung sie bei ihrem Mann und anderen Menschen in ihrer Umgebung findet.

Letztlich sind Unterschiede zwischen Neugeborenen insoweit von Bedeutung, wie sie der Mutter das Verständnis ihres Babys erleichtern oder erschweren. Sie beeinflussen, wie nahe sich die Mutter ihrem Baby fühlt und wie gut sie mit der Mutterrolle zurechtkommt. Welche Bedeutung die Mutter dem Umstand beimißt, daß ihr Baby häufig schreit, leicht zu beruhigen ist, gerne ganz wach und munter ist, kann eine wichtige Rolle für die spätere Persönlichkeitsentwicklung ihres Kindes spielen. Sie kann diesen Merkmalen Bewertungen der Erwachsenen überstülpen, wie z.B. ein guter oder schlechter Charakter, Fügsamkeit oder Dickköpfigkeit, Intelligenz oder Dummheit, Glück oder Unglück. Solche psychologischen Bedeutungen können die angeborenen Merkmale des Neugeborenen nur annehmen, wenn irgend jemand in seiner Umgebung sie so auslegt.

Während dieses Lebensabschnitts ihres Säuglings ist das Selbstwertgefühl der Mutter erheblichen Schwankungen ausgesetzt. Die ersten Wochen können entweder neues Selbstvertrauen und Hoffnungsfreudigkeit bringen oder Verletzlichkeit und Hilflosigkeit bescheren. Je bewußter sie sich der Phantasien ist, in denen sie die gewöhnliche Besonderheit ihres Babys interpretiert, desto mehr überläßt sie sich den Erfahrungen, desto leichter wird sie die komplexen Gefühle aushalten, die durch Bemutterung eines verletzlichen und hilflosen Neugeborenen aufgerührt werden.

Die moderne Mutter – besonders wenn es ihr erstes Kind ist und wenn sie in der für moderne Industriegesellschaften typischen, abgekapselten Kleinfamilie aufgewachsen ist – ist häufig nicht recht darauf vorbereitet, die Bedürfnisse eines Neugeborenen zu verstehen, auch wenn sie eine psychische Neuordnung während der Schwangerschaft erfahren hat. Obgleich die Evolution ihr einen hilflos aussehenden, pausbäckigen Säugling präsentiert, der dazu geschaffen ist, mütterliche Reaktionen auszulösen, kann das schutzlose, ständig schreiende, immer hungrige, nie schlafende Neugeborene die Mutter auch erschrecken und die tiefsitzende Angst wecken, sie sei zur Bemutterung nicht fähig.

Im Gegensatz zu Müttern in traditionellen Gesellschaften ist die moderne Mutter nicht bereit, sich ihr Kind in einem Tuch oder Umhang auf den Leib zu binden, mit ihm zu schlafen oder in jene Gemütsverfassung ständiger mütterlicher Sorge zu fallen, die sich einstellt, wenn das Kind dauernd getragen und gestillt wird. Ferner hat sie größere Schwierigkeiten, ihre Erfahrungen mit anderen Müttern auszutauschen, da mütterliche Verhaltensstile und Temperamente von Neugeborenen eine so große Schwankungsbreite aufweisen.

Für die meisten modernen Mütter bedeutet es einen regelrechten Schock, wenn sie feststellen, was es heißt, für ein Neugeborenes zu sorgen: Ein Tag und eine Nacht gehen unmerklich in den nächsten Tag und die nächste Nacht über. Wie ihr Säugling wird sie weder ganz wach, noch schläft sie richtig. Die Tage gleiten vorbei. Sie »schafft nichts« und fällt um vor Müdigkeit. Die Unterbrechung des normalen Schlafzyklus ihres Erwachsenenlebens, eine Unterbrechung, die mehrere Wochen dauern kann, ist dazu angetan, sie wütend zu machen und ihren Unmut gegen das Neugeborene zu wekken. Diese unerwünschten und unvorhergesehenen Gefühle wie auch die eigene Bedürftigkeit und Sehnsucht nach Fürsorge bestürzen die Mutter. Diese Belastungen, denen das Selbständigkeitsgefühl der Mutter täglich ausgesetzt ist, lassen sie daran zweifeln, je in der Lage zu sein, für ihr Baby zu sorgen.

Da eine moderne Mutter ihren Wert oft danach bemißt, wie gut sie allein zurechtkommt, ist sie von sich selbst und ihrem Baby enttäuscht, wenn sie entdeckt, wieviel Beistand und Unterstützung sie von Familie und Freunden braucht. In Konkurrenz mit irgendeiner vollkommenen Mutter in ihrer Vorstellung versucht sie auch weiterhin, ohne Hilfe auszukommen – und hat das Gefühl zu ertrinken. Sie fragt sich: »Warum hat mir niemand gesagt, wie das ist?« Sie erinnert sich an die Schmerzen der Geburt, bei denen sie auch das Gefühl des Ertrinkens hatte, und wird zornig: »Niemand hat es mir gesagt!«

Nach etwa einem Monat, zum Zeitpunkt, da die Reizbarriere abgebaut wird, reagiert das Neugeborene deutlicher und häufiger auf seine Mutter. Seine Gesten sind leichter zu lesen, es lächelt in Reaktion auf die Stimme der Mutter, und es sucht den Augenkontakt mit ihr. Sein Zyklus von Schlafen und Wachen läßt sich zwar noch überhaupt nicht vorhersagen, ist aber schon deutlicher ausgeprägt. Auf seiten der Mutter hält die durch die Schwangerschaftshormone in Gang gesetzte emotionale Neuordnung an. Das Progesteron regt die Milchbildung an, und es fördert weiterhin die aufnahmebereiten und bewahrenden Einstellungen, die der Mutter helfen, sich mit dem Säugling zu identifizieren und Verständnis für ihn aufzubringen.

Ungeachtet der Variationen im Verhalten von Neugeborenen, der häufigen Temperamentsunterschiede von Mutter und Kind und der mangelnden Bereitschaft der modernen Mutter, sich ausschließlich dem Kind zu widmen, wird die tatsächliche Routine also doch viele Gelegenheiten geboten haben, eine Atmosphäre der Zusammengehörigkeit von Mutter und Kind zu schaffen. Bei aller Unsicherheit, die die Mutter in bezug auf Nähren und Fürsorge empfindet, wird sie ihrem Baby helfen können, aus dem inneren Kreis des psychischen Zwischenreichs zu jener Zwiesprache zu gelangen, aus der sein Menschsein erwachsen wird.

Die erste Zwiesprache. Durch die ständige und ausführliche Interaktion mit der Mutter in den ersten Lebenswochen wird das Neugeborene allmählich Bestandteil der psychischen Umwelt seiner Mutter. Viele Stunden verbringt das Neugeborene mit ihr. Sie sind miteinander beschäftigt, richten die Aufmerksamkeit aufeinander, lernen sich kennen. Die Verhaltensweisen des einen dienen dem anderen als feine Signale. Auf spezifisch menschliche Weise nehmen sie in einem gegenseitigen Dialog die Kommunikation auf.

Die erste Zwiesprache des Menschen ist wortlos. Sie findet statt, wenn der Körper des Neugeborenen mit dem Körper der Mutter zusammenkommt, und sie umfaßt auch die Zeiten, da sie sich trennen.

Wenn der Säugling in der neuen Welt erscheint, besitzt er bereits eine Sprache – die angeborenen Gesten und Fähigkeiten, dank derer er ausgreifen, die Welt entdecken und seine eigene Vorstellung von ihr schaffen kann. Doch braucht er eine Übersetzerin, die weiß, wie weit sein sinnliches und konkretes Auffassungsvermögen reicht. Die besonderen Qualifikationen der Übersetzerin liegen darin, daß sie die Geschichte und Ausmaße der neuen Welt kennt und daß sie über besondere emotionale Voraussetzungen verfügt, dank derer sie die Bedürfnisse eines hilflosen Neugeborenen verstehen kann – eines hilflosen Neugeborenen, das trotzdem die riesigen Entfernungen der neuen Welt allein zurücklegen muß. Da die Mutter eine eigene psychische Vergangenheit besitzt, verfügt sie über spezielle Kenntnisse von der tatsächlichen Ausdehnung und Komplexität der neuen Welt, verfügt sie aber auch über ein spezielles Wissen, das ihr sagt, wie wenig von dieser Welt einem Neugeborenen wirklich vermittelt werden kann. Für die emotionalen Voraussetzungen der Mutter ist teilweise durch die Vorbereitungszeit der Schwangerschaft gesorgt worden. Doch zu diesen emotionalen Voraussetzungen gehört auch die Fähigkeit, Übersetzungen und Deutungen auf das wechselnde Bedürfnis des Babys nach Nähe und Distanz abzustellen. Insofern muß die Mutter vom Säugling erzogen werden. Wenn sie ihm die Außenwelt übersetzen will, muß sie auch die Sprache verstehen lernen, die das Baby mitbringt.

Der erste Dialog hat also damit zu tun, wie die Mutter die angeborenen Körpergesten ihres Kindes aufnimmt und auslegt, und damit, wie sie es hält und hinlegt. Wenn der Säugling wächst und sich entwickelt, wird sich sein Dialog immer mehr ausweiten. Der Raum des ersten Dialogs ist abgeschlossen, ist zusammengedrängter innerer Raum wie der Raum des Atomkerns. Und auch die Energie des ersten Dialogs ist so intensiv wie die Energie im Mittelpunkt des Atoms.

In ihrem ersten Zusammensein werden Mutter und Säugling durch die Gesten und Körperbewegungen des anderen mit Energie aufgeladen. Die Energien des umgrenzten Raums, den der erste Dialog bietet, liefern dem Neugeborenen nach seiner Trennung vom innersten Raum des Mutterleibs seine Orientierung. Die Mutter hat das Gefühl, die Energien des Neugeborenen würden sie aufladen, erfüllen und vervollständigen. Je besser die Mutter ihr Kind kennenlernt, desto besser kann sie ihm die Welt als Wirklichkeit vermitteln. Je besser das Baby die Mutter kennenlernt, desto besser wird es auf das psychische Einssein mit ihr vorbereitet.

Jede Deutung seiner Bewegungen, Gesten und Laute, jedes Ereignis, das den Säugling aus der Außenwelt in sinnlich faßbarer und bedeutungsvoller Weise erreicht, gibt ihm das Gefühl, eine Mutter zu haben, die weiß, wie es ist, zum ersten Mal ein Säugling zu sein.

Einssein: Das Schoßkind
(Vier Wochen bis fünf Monate)

In der Zeit von der vierten Woche bis zum fünften Monat wird der Säugling zwei grundlegende Metamorphosen erleben, welche ihn mit den wesentlichen Zügen seines Menschseins ausstatten werden. Diese Zeit des Säuglingsalters wird »Einssein« genannt, weil das Baby bei der ersten dieser Verwandlungen die Illusion erlebt, es sei im Einklang mit den Ereignissen in der Außenwelt, und dadurch nicht mehr so ausschließlich von den Ereignissen in seinem Körperinneren in Anspruch genommen wird.

Wenn das Baby das Zwischenreich verläßt und in das Einssein eintritt, hat es keine Möglichkeit, zu erkennen, daß die Ereignisse, welche ihm heitere Ruhe und das Gefühl der Ganzheit bescheren, von einer Mutterfigur ausgehen. Hin und wieder wird ihm schwach bewußt, daß Lust und Seligkeit ihn meist in Gegenwart einer besonderen Berührung, Stimme und Körperbewegung überkommen. Der Säugling lebt jedoch in der Illusion, Berührung, Stimme und Körper seien sein eigen.[1] Vereinigung, Verschmelzen, Heiterkeit, Harmonie, Ganzheit, Seligkeit und Vollkommenheit sind die beherrschenden Motive in der ersten Metamorphose des Säuglings. Mit Ausprägung dieser Motive wird eine der Spitzenleistungen des menschlichen Lebens vorbereitet – die besondere Bindung des Säuglings an seine Mutter. Diese besondere Bindung ist die zweite Metamorphose des Säuglings. Die enge Verbindung mit der Mutter wird dem Säugling den nötigen Rückhalt geben, um seinen Platz in der Welt zu entdecken.

---

1 Ich habe darauf hingewiesen, daß der Geist des Säuglings bis zum fünfzehnten oder achtzehnten Monat ein Körpergeist ist. Alle folgenden Verweise auf Denkprozesse wie Annehmen, Erkennen, Vermuten, Vorstellen, Nachdenken, Generalisieren, Hegelsche Schlußfolgerungen, sind als Hervorbringungen eines Körpergeistes zu verstehen. Mit dem Auftreten einer Intelligenz, die zu symbolischer Repräsentation fähig ist (wie im Schluß von Kapitel 5 und in Kapitel 6 beschrieben wird), gesellt sich zum Körpergeist ein denkender Geist, wodurch ein Ich-Bewußtsein und Denken von anderer Ordnung geschaffen werden.

Die Bindung an die Mutter wächst aus der Erkenntnis des Säuglings, daß ihre Gegenwart verflochten ist mit seiner höchsten Lust und dem Eindruck von grenzenloser Vollkommenheit und wunschlosem Wohlgefühl. Er entdeckt, wie wichtig es ist, Einzelheiten zu unterscheiden, etwa ihr Kommen und Gehen, ihren Gesichtsausdruck, wie sie spricht, spielt und stillt. Die Sehnsucht nach der Mutter bekommt ebensoviel Gewicht wie sein Verlangen nach Befriedigung und Lust.

Wenn das Kind mit fünf Monaten soweit ist, daß es die Sphäre des Einsseins von Mutter und Säugling verlassen kann, wird es zwei fundamentale Errungenschaften mitnehmen: die Bereitschaft, sich an alltägliche Einzelheiten des Lebens zu binden, *und* die Fähigkeit, die Illusion von vollkommener Harmonie und Seligkeit wiederzuerschaffen. Einssein beschreibt, wie der Säugling diese beiden sein Menschsein speisenden Quellen erwirbt, wie er es lernt, die Widersprüche zwischen ihnen und seiner zweiten Geburt zu versöhnen.

Halten. Während der ersten hundert Male, da das Baby die Brust bekommt, kommt es ihr mit jenen heftigen Energien entgegen, die sich über die Oberfläche seiner Haut und die inneren Wände seines Körpers verbreiten. Diese Energien schaffen im Säugling den Drang, aufgefüllt zu werden. Bei Geburt weiß das Baby nicht, was eine Brust ist, und doch kann es ihr Kopf und Mund zuwenden, und es weiß, wie es sich an der Brustwarze festhalten kann und wie es an ihr zu saugen hat. Jedes Mal, wenn ihm ermöglicht wird, die Brust so zu nehmen, daß sein angeborenes Wissen von Kopfwenden, Festhalten und Saugen zum Tragen kommt, erlebt das Baby Harmonie und Wohlgefühl. In dieser Weise verstanden werden, das ist, was wir mit »gehalten werden« meinen.

»Halten« ist jedes Ereignis, das dem Säugling wohl tut, das Ganzheit und Integration schafft. Wenn sich die Umwelt eines Säuglings seinen angeborenen Energien, Gesten und Bewegungen anpaßt, hält sie das Baby. Wird ihm die Brustwarze ohne Rücksicht auf seine Bedürfnisse in den Mund gestopft oder ist die Brust so weit weg, daß es sich ihr nicht zuwenden und sie nicht erreichen kann, hat das Baby das Empfinden, im Stich gelassen zu werden und jeden Halt zu verlieren.

Für einen Säugling gibt es keine Umwelt ohne Mutter. In den ersten Lebenswochen nimmt er nur verschwommen wahr, welche Ereignisse ihre Gegenwart bezeichnen – eine wiegende Bewegung, Augen, die in die seinen blicken, eine Brustwarze im Mund, eine Liebkosung auf der Hautoberfläche. Jedes dieser Ereignisse hält das Baby. Die Handlungen, durch die die Mutter die Welt sicher, harmonisch und interessant für ihr Kind zu machen sucht, können aus jeder Umwelt eine haltende Umwelt machen. Sie braucht ihr Kind nicht ständig auf dem Arm zu halten, es an sich zu drücken oder mit ihm umherzugehen, um ihm das Gefühl zu geben, es werde gehalten. Zum Halten gehört auch, daß man das Baby hinlegt, wenn es das Bedürfnis hat, allein zu sein.

Durch die Art und Weise, wie die Mutter das Baby hält, bringt sie die Möglichkeit von Illusion in sein Leben. Zunächst sind die Energien, die das Baby drängen, nach der Welt zu greifen und zu fassen, diffus und vage. Doch innerhalb weniger Wochen werden sie zielstrebiger.

Mit seinen Gesten und Körperbewegungen beweist der Säugling seinen Drang, Objekte und Grenzen in der Außenwelt zu finden, die seinem mitgebrachten Wissen entsprechen. Wenn er in der Mitte seiner Wiege auf dem Bauch liegt, zappelt er solange mit Armen und Beinen, bis er mit dem Kopf an den Rand der Wiege stößt. Hält ihn die Mutter auf dem Arm, krümmt und windet er sich und quengelt solange, bis sein Körper sich den Umrissen ihres Körpers vollkommen anpaßt. Durch Wenden des Kopfes greift und sucht er mit dem Mund, bis dieser die Warze umschließt. Wenn er munter ist, blickt er in der Welt umher, bis seine Augen auf zwei andere treffen. Dann lächelt er.

Anfangs liegt alles Wissen des Säuglings in seinen Erregungen und Gesten. Ihm ist nicht klar, wonach er sucht, bis seine Bewegungen ihn mit etwas in Berührung bringen, das sich seinem suchenden Körper anpaßt und mit ihm harmonisiert. Das Baby ist ein Zauberkünstler, welcher das Ergebnis seines Tuns nicht recht begreift: Die Brustwarze trifft seinen suchenden Mund; sein Körper schmiegt sich in weiche Nachgiebigkeit, die schmeckt und sich anfühlt wie sein eigener Körper; seine Schädeldecke stößt an eine Grenze. Das Baby lebt in der Illusion, alles sei seine Schöpfung – die Brustwarze, der Mutterleib, die Grenze der Welt. Wenn ein Kind von seiner Umwelt gehalten wird, entwickelt es die Illusion, seine Erregungen und Gesten hätten die Welt geschaffen.

Dadurch, daß die Mutter den Säugling hält, schenkt sie ihm die Illusion von Harmonie und Sicherheit. Doch sie täuscht ihn nicht, entfremdet ihn nicht der Welt des Wirklichen. Alles, was das Baby erschafft, wenn es gehalten wird, ist da, um erschaffen zu werden. Es kann nur herbeizaubern, was tatsächlich vorhanden ist. Erforderlich ist nur, daß die vorhandenen Dinge dem Kind verfügbar gemacht werden, daß es mit ihnen etwas anfangen kann. Die Mutter läßt nur Sachen zu, denen das Baby gewachsen ist. Sachen, mit denen es nichts anfangen kann, werden ausgeschlossen. Deshalb kann das Kind in der Illusion leben, die Welt, die es entdeckt, sei in Einklang mit seinen Gemütszuständen. Zwar sind die Dinge, mit denen die Mutter das Kind in Berührung bringt, durchaus wirklich, doch ermöglicht sie ihm die zeitweilige Illusion, es sei eins mit dem Universum und ihrer haltenden Gegenwart. Ein Kind, das gehalten wurde, wird wirklich das Empfinden haben, das Leben sei einmal vollkommen gewesen.

Die Gegenwart der Mutter. Mit zwei Monaten wird dem Kind die Gegenwart der Mutter bewußter. Bislang spürte es keinen Unterschied zwischen dem eigenen Ausspucken, Darmentleeren, Urinieren, Erschrecken, Niesen und Grimassieren auf der einen Seite und den Bemühungen seiner Mutter, ihn von Spannung und Unbehagen zu befreien, auf der anderen. Ohne die geringste Möglichkeit, die von außen andringenden Reize aufzunehmen, dämmerte es zwischen Schlafen und Wachen dahin. Wenn seine Mutter ihm die Welt deutete, gab sie ihm die Illusion, mit ihr und den von ihr gelieferten Bedeutungen eins zu sein. Eine Fülle dieser fast-perfekten Deutungen hält das Baby zusammen und verankert es allmählich in der Welt der Wirklichkeit. Es gewinnt das Gefühl, die Gegenwart seiner Mutter befriedige es und bewahre seine Ganzheit. Mit jedem Mal, da sie es wiegt, füttert, umarmt, zu ihm spricht, wächst das Interesse des Babys an ihr. Es beginnt zu entdecken, daß ihr Geruch in irgendeiner Weise damit zu tun hat, daß man angefüllt wird. Sein Körper ist entspannter, wenn sie mit ihm umhergeht, wenn sie ihm hilft, die Brust mit dem Mund zu erreichen. So beginnt das Kind, Sicherheit und Ganzheit mit mütterlicher Gegenwart zu assoziieren. Das Bedürfnis des Kindes, sie zu fühlen und zu sehen, wird ebenso gebieterisch wie sein Bedürfnis nach Nahrung.

Das Stillen stellt jetzt nicht mehr vollständig zufrieden, ohne einen Blick in ihre Augen oder das Fingerspiel mit einem Teil ihres Körpers oder ihrer Kleider. Wenn sich seine Augen mit den ihren treffen, beginnt es zu gurren und zu glucksen. Müde zu werden und einzuschlafen ist am schönsten, wenn sein Körper an den der Mutter geschmiegt ist. Die wiegende Bewegung ihres Leibes, wenn sie mit ihm geht, und das sanfte Reiben seines Rückens nach dem Stillen machen die Mahlzeit besonders zufriedenstellend.

Mit zwei Monaten ist dem Baby bewußt, daß es durch diese besonderen, außerhalb seiner Körpergrenzen stattfindenden Ereignisse zusammengehalten und vor Spannung und Aufregung bewahrt wird. Dieses neue Bewußtsein bedeutet den entscheidenden Sprung ins Menschsein. Das zwei Monate alte Kind begreift die fundamentale Bedeutung seines neuen Bewußseins nicht sofort. Im Augenblick spürt es nur vage eine Gegenwart aus Gerüchen, Berührungen, Herzschlag und Körperbewegungen, die mit seinen eigenen Körperzuständen in Einklang sind. Die Übereinstimmung zwischen den Gesten des Säuglings und der haltenden Gegenwart seiner Mutter reicht hin, um die Illusion des Säuglings vom Einssein mit der Mutter am Leben zu halten. Ihm ist noch nicht vollständig klar, daß ihre Gegenwart sich von allen menschenähnlichen Aspekten seiner Umgebung unterscheidet.

Das zwei Monate alte Kind wird noch von seinem Körperbedürfnis beherrscht. Es kümmert sich nicht weiter darum, woher Lust und Befriedigung kommen. Es gibt sich mit jedem Menschen zufrieden, solange es sich getröstet und beruhigt fühlt. Munter und mit offenen Augen kann allerdings auch das zwei Monate alte Baby zwischen Mutter und Vater und Fremden unterscheiden. Zehn Sekunden, nachdem das Kind das Gesicht der Mutter erblickt oder ihre Stimme gehört hat, gerät es in Aufregung, wird sein Gesicht von einem Lächeln erhellt, gurrt und gluckst es. Auch die Gegenwart des Vaters erregt die Aufmerksamkeit des Kindes und versetzt es in Aufregung. Es sieht in die Augen des Vaters, lächelt aber nicht so rasch wie bei der Mutter; Gurren und Glucksen sind längst nicht so auffällig. Was den Fremden anbetrifft, so kann dieser noch so sehr versuchen, sich wie Vater und Mutter zu verhalten, er wird das Baby beim besten Willen nicht dazu bekommen, genauso zu reagieren. Vielleicht wird das Kind, nachdem es den neuen Menschen eine Zeitlang unverwandt angeblickt hat, ein Lächeln zeigen, doch wird es weniger begeistert, wird es ein zögerndes Lächeln sein. Mit zwei Monaten erkennt das Kind die Mutter, doch beweist es seine Vorliebe für sie noch nicht auf die heftige, aktive Weise, die sich mit fünf Monaten zeigt. Die Bedeutung ihrer Gegenwart beginnt ihm erst zu dämmern.

Mit drei Monaten ist das Kind nicht mehr so sehr in seinen inneren Zyklen von Spannung und Entspannung gefangen. Von der ausschließlichen Inanspruchnahme durch innere Ereignisse wird es abgelenkt durch die Gegenwart der Mutter und durch die besondere Zwiesprache, die es mit ihr führt. Die Lust und die freudige Erregung, die seinen Körper in ihrer Gegenwart durchströmen, geben ihm eine erste Kostprobe von Vertrauen in die Welt. Das Kind kann jetzt, selbst wenn es unter Spannung steht, sich unbehaglich fühlt oder von seinem Verlangen bedrängt wird, ihren Geruch, ihre Berührung, ihren Anblick, ihre tröstliche Gegenwart vorwegnehmen. Sein Körper füllt sich mit lustvoller Antizipation. Es kann warten. Zuversichtlich geht es davon aus, daß Hilfe kommen wird. Erregung und Stimulation sind keine so erschreckenden Ereignisse mehr.

Tag für Tag wird es wacher und aufmerksamer für die tatsächlichen Ereignisse in seiner Umwelt. In den Augenblicken ruhigen Alleinseins, wenn es auf die Mutter wartet, in die Gesichter von Fremden blickt, seine Hände betrachtet, an den Fingern saugt, die Flasche betastet, beginnt das Kind, die Welt in Ich und Nicht-Ich, innen und außen, menschlich und nichtmenschlich, Mutter und Nicht-Mutter einzuteilen und zu klassifizieren.

Anfangs ist der Säugling durch eine physische Erregung und sein körperliches Verlangen auf die Gegenwart der Mutter angewiesen. Mit drei Monaten ist es bereits durch sein seelisches Begehren nach menschlicher Zwiesprache an sie gebunden. Der Dialog, den das Baby mit der Mutter führt, ist intensiver und befriedigender als jeder andere menschliche Dialog. Die Furcht vor dem Abbruch des Dialogs mit der Mutter wird im Leben des Kindes wichtiger als seine Angst vor Hunger oder innerer Spannung.

Wechselseitige Signalgebung und Einfühlung. Wie lernt die Mutter, ihr Baby zu halten? Diese Frage beunruhigt die Mutter, besonders wenn sie zum ersten Mal wirklich Mutter ist – keine Puppenmutter, die ihr Kind ohne nachteilige Folgen an den Füßen tragen und es ein oder zwei Tage unterm Sofa liegen lassen kann. Ein echtes Baby zu haben, ist weniger Anlaß zur Furcht, als es auf den ersten Blick scheinen mag, sobald sich die Mutter klar darüber wird, daß die Aufgabe gar nicht ganz allein auf ihren Schultern ruht. Im Gegensatz zur Puppe oder zum Phantasiebaby ist ein richtiges Baby fähig, seine Mutter zu erziehen, wenn sie ihm auch nur halbwegs die Chance dazu gibt. Die Mutter lernt, das Baby zu halten, indem sie sich einstimmt auf das, was es sie lehren kann. Baby und Mutter erziehen einander durch wechselseitige Signalgebung.

Das Baby verfügt über ein Repertoire an Grunzern, Seufzern, Glucksern, Haltungen, schläfrigen Blicken, munteren Blicken und über eine Reihe von Schreien und ärgerlichen Lauten, die der Mutter eine gewisse Vorstellung davon vermitteln, wie sie es zu halten und ihm die Welt zu deuten hat. Die Mutter hat eine psychische Vergangenheit, ein Phantasieleben, Kindheitserinnerungen und das Verlangen, ihr Baby zu halten – alles Dinge, die ihr zu verstehen helfen, was das Baby ihr mitzuteilen versucht. Folglich bewegt sie ihren Körper so, daß das Baby das Gefühl hat, verstanden worden zu sein. Wenn sie das Baby zu Anfang nicht ganz richtig versteht, kann dieses seine Haltung verändern oder leicht modifiziert knurren, bis die Mutter begreift.

»Einssein« beschwört das Bild eines seligen Zustandes, wo es nichts als die Mutter und das Baby gibt, die einander hingebungsvoll anblicken, das Baby vollkommen versorgt, die Frau in ihre glückliche Mutterschaft versenkt. Tatsächlich sind diese glückseligen Augenblicke selten. Die Mutter ist gewöhnlich so sehr damit beschäftigt, ihr Kind trockenzulegen, zu wiegen, zu stillen, zu baden und sich zu fragen, warum es wohl schreien mag, daß sich an manchen Tagen solche Momente überhaupt nicht einstellen. Die meisten der wechselseitigen Signale zwischen Mutter und Kind erfolgen, wenn sie so sehr von ihren alltäglichen Angelegenheiten in Anspruch genommen sind, daß der Mutter gar nicht der Gedanke kommt, sie erkunde ihr Baby. Wann immer die Mutter ihr Kind hochnimmt, um es zu stillen und trockenzulegen, liest sie seine Signale. Jedes Stillen gibt ihr neue Gelegenheit, die Handbewegungen ihres Kindes zu erforschen, während dieses ihren Körper und ihre Kleidung untersucht. Manchmal wird die Mutter, wenn sie sieht, wie die Finger des Kindes sich beim Streicheln öffnen und schließen, den Wunsch verspüren, ihren Finger in seine greifende Hand zu legen. Vielleicht hebt sie die Finger an ihren Mund, um sie zu küssen oder mit ihnen über ihre Lippen zu fahren. Wenn das Kind seufzt oder den Kopf von der Brust abwendet, läßt die Mutter es eine Pause beim Trinken einlegen. Daraus folgert das Baby, daß es seine Tätigkeit gerne eine Zeitlang unterbrechen darf – ist die Brust doch noch da, wenn es bereit ist, sich ihr wieder zuzuwenden.

Das Kind versteht die Gesten und das Schweigen seiner Mutter. Es bewegt seinen Körper so, daß sie erkennt, wann sie es enger halten und wann sie ihm mehr Raum geben muß, damit es strampeln und sich strecken kann.

Schreien ist eine andere Art kindlicher Signalgebung. Wenn auch zwingender und schwerer zu übersehen, ist das Schreien in seinen Intentionen ebenso abgestuft wie die Fingerbewegungen oder Körperhaltungen. Wenn das Baby schreit, lauscht die Mutter und fragt sich, ob dieses Schreien Hunger bedeutet, den Wunsch, geschaukelt zu werden, oder ob es vielleicht der durchdringende Spannungsschrei ist, der anzeigt, daß unbegreifliche Laute, Bilder und Bewegungen aus der Außenwelt die Ganzheit des Kindes in Frage stellen. Vielleicht ist es ein Spannungsschrei, den ein Aufstoßen oder eine ungewöhnlich heftige Blähung veranlaßt? Anderes Schreien ist nicht Weinen im eigentlichen Sinne, sondern nur ärgerliche Lautgebung, die nach ein paar Minuten verstummt, auch wenn die Mutter gar nichts unternimmt.

Zuerst ist das Schreien wie alles am Baby verwirrend. Sehr häufig kann die Mutter beim besten Willen nicht begreifen, was das Kind möchte, und sagt zu ihm: »Warum weinst du denn ständig?« »Was soll ich tun?« »Sag mir doch bitte, was du möchtest.« Es gibt Tage, an denen das Baby durch nichts zufriedenzustellen ist, noch nicht einmal durch Stillen oder Schaukeln. Auf lange Sicht kann ein Säugling – auch wenn die frischgebackene Mutter es nicht glauben mag – den Umstand, nicht verstanden zu werden, so lange ertragen, wie sein allgemeiner Lebenshintergrund ihn hin und wieder in einer Weise hält, die Verständnis vermittelt. Babys sind durchaus in der Lage, in jeder menschlichen Umwelt zu gedeihen und sich den ganz gewöhnlichen Launen ihrer menschlich-unvollkommenen Mütter anzupassen.

Einige Säuglinge sind leichter zu verstehen als andere. Im allgemeinen wird die Mutter die Signale ihres Kindes um so leichter lesen und dieses die Gesten der Mutter um so leichter verstehen können, je ähnlicher die beiden ihrem Temperament nach sind. Es gibt Ausnahmen. Ein sehr erregbarer, allzu reaktionsbereiter Säugling fährt am besten mit einer Mutter, die zu besonderer Ruhe fähig ist. Wenn ein hyperaktives Kind eine Mutter hat, die genauso leicht erregbar ist, geht die Partnerschaft stürmischen Zeiten entgegen.

Ein Merkmal nervöser Mütter ist, daß sie nicht an Partnerschaft glauben. Eine solche Mutter macht das Großwerden ihres Kindes zu ihrer alleinigen Aufgabe, als hätte dieses kein eigenes Leben und keine eigene Energie. Sie meint, sie könne das Kind dadurch lebensfähig machen, daß sie es mit sich selbst anfüllt. Eine nervöse Mutter neigt dazu, auf alle Bedürfnisse ihres Kindes auf absolut gleiche Weise zu reagieren – ständig stillt sie, ständig wiegt und schaukelt sie, ständig redet sie, ständig nimmt sie das Kind hoch und legt es hin, ohne Sinn und Verstand. Unfähig anzunehmen, der Kummer könnte seinen Ursprung im Baby selbst haben, versteht sie sein Schreien als Verlangen nach mehr Anregung.

In den ersten Lebenswochen hat kein Kind die Möglichkeit, zu erkennen, woher sein Kummer rührt. Wenn es der Mutter gelingt, ihr Baby zu verstehen, wird dieses die Ursache seines Kummers erfassen. Dann werden seine Haltungen, Gesten und Schreilaute unterscheidbar und gezielt. Das leicht reizbare Baby hat überdurchschnittliche Schwierigkeiten, die Ursache seines Kummers zu orten. Deshalb bleiben seine Signale lange Zeit vage. Einem solchen Kind fällt es schwerer, seine Mutter zu erziehen, vor allem wenn sie ebenso nervös und verkrampft ist wie es selbst. Doch wenn ein Gleichgewicht zwischen der Stimulation, die es braucht, und der erholsamen Ruhe des Einsseins vorliegt, kann selbst das nervöse Kind schließlich die Vorstellung gewinnen, gehalten und verstanden zu werden. Die Augenblicke der Harmonie und Ganzheit werden sich ihm einprägen wie jedem anderen Säugling. Da sich reizbare Babys mehr anstrengen müssen, um verstanden zu werden, sind sie manchmal fähiger, sich im Leben das zu verschaffen, was sie haben möchten.

Gewöhnlich kann ein Kind seine Mutter erziehen, doch bringt diese etwas in die Partnerschaft ein, was das Kind erst sehr viel später in seinem Leben erwerben wird: Einfühlungsvermögen für den anderen. Der Säugling mag noch so eingestimmt sein auf ihre Körperbewegungen und Stimmungen, ihre Spannungen und Entspannungen, ihre traurigen und friedvollen Stimmungen, er kann sich nicht in sie einfühlen. Wechselseitige Signale soll das Baby verstehen – die Mutter zu verstehen, wird nicht von ihm erwartet. Einfühlung (Empathie) ist Gleichgestimmtheit (Sympathie) plus Verständnis.

Einfühlung gilt gemeinhin als geheiligte und geheimnisvolle

Eigenschaft des menschlichen Geistes, und die Tiefe mütterlichen Einfühlungsvermögens für das Baby erscheint gelegentlich besonders unglaublich. Wenn es vor Hunger schreit, schießt Milch in die Brüste der Mutter, und die Milch fließt im Überfluß, bis das Baby zu schreien aufhört. Eine kaum hörbare Veränderung der Atemzüge des Säuglings wecken die Mutter aus tiefem Schlaf. Da es eine Verbindung zwischen der Reaktionsweise des mütterlichen Körpers und den tatsächlichen Bedürfnissen des Kindes gibt, gehören solche Erscheinungen in den Bereich einfühlender Reaktionsbereitschaft.

Häufiger hat jedoch das Einfühlungsvermögen der Mutter seinen Ursprung in Urteilskraft und Vernunft. Obwohl sie nicht bewußt nachdenkt, sondern intuitiv reagiert, wenn sie mit ihrem Baby umgeht, wird sie doch von einem Wissen geleitet, das ihr sagt, was es heißt, ein Baby zu sein. Wenn die Mutter ihrem Kind nicht mehr als Mitgefühl zu bieten hätte, wäre sie ihm nicht von großem Nutzen.

Natürlich empfindet die Mutter mit ihrem Baby. Wenn es weint, füllen sich ihre Augen mit Tränen. Ihr Magen mag sich schmerzhaft zusammenziehen, wenn sie sieht, wie sich ihr Baby krümmt, um seine Verdauungsbeschwerden loszuwerden. Die Affinität, welche die Mutter mit ihrem Baby verbindet, läßt sie Zugang zu seinen emotionalen und physischen Zuständen finden und veranlaßt sie, diese zu ihren eigenen zu machen. Doch Mitgefühl und Gleichgestimmtheit allein bringen die Dinge nicht in Ordnung.

Bei Gleichgestimmtheit schwinden die Grenzen zwischen zwei Menschen. Die Gleichgestimmtheit eines zwei oder drei Monate alten Babys, dessen Grenzen sich noch nicht herausgebildet haben, ist grenzenlos – weshalb es die Stimmungen seiner Mutter vorbehaltlos teilt. Wenn die Mutter ihr Baby jedoch wirksam mit der Welt in Berührung bringen will, darf sie den Kontakt mit der Wirklichkeit nicht abreißen lassen. Sie muß ihre fünf Sinne beisammen haben.

Das Einfühlungsvermögen der Mutter hat zwei Seiten: diejenige, mit der sie aufnimmt, was ihr das Baby mitteilt, und diejenige, die auf die kindliche Botschaft mit einer vernünftigen Deutung der Welt antwortet. Einfühlungsvermögen ermöglicht der Mutter, auf die Signale ihres Babys *wirkungsvoll* zu reagieren.

Trotzdem lernt ein Baby bald, daß einige seiner Signale überhaupt keine Reaktion finden und daß die Reaktionen auf andere enttäuschend sind. Einfühlungsvermögen stattet die Mutter nicht mit vollkommenem Verständnis aus – was auch gut so ist. Zwar ist für das

Baby die zeitweilige Illusion wichtig, es befinde sich in einem grenzenlosen Universum, das seinen Bedürfnissen in vollkommener Weise entspricht, doch wird sein Verlangen nach Entwicklung und Entfaltung durch ein nicht ganz vollkommenes und allmählich abnehmendes Verständnis angeregt und genährt.

In den ersten Lebensmonaten liebt die Mutter ihr Baby bedingungslos. Sie tut alles, was sie tut, ohne zu erwarten, daß das Baby es würdigt oder ihr mit Liebe dafür dankt. Sie versucht auch nicht absichtlich, ihm seine Illusion zu nehmen. Ihre bedingungslose Liebe *und* ihr menschlich-unzulängliches Verständnis bereiten das Baby auf die unvermeidliche Ernüchterung vor.

Choreographie des Anschmiegens und Versteifens. Während das Kind seine zweite Geburt erlebt, drücken sich seine sich wandelnden Bedürfnisse nach emotionaler Nähe und Distanz in der Art und Weise aus, wie es sich seiner Mutter nähert und wie es von ihr fortstrebt. Im frühesten Säuglingsalter ist diese Choreographie auf den Schoß der Mutter begrenzt, doch die Energien, die die Körperbewegungen des Babys speisen, sind nicht weniger intensiv als zu dem Zeitpunkt, da es vom Schoß der Mutter rutscht und sich krabbelnd größere Bereiche erobert.

Zwischen zwei und fünf Monaten kann der Säugling weder auf seine Mutter zu-, noch von ihr fortgehen. Ebensowenig kann er wegkrabbeln. Kaum kann er sich hinsetzen, wenn ihn nicht jemand gegen ein Kissen lehnt oder in einen Kindersitz hebt. Aber er kann bestimmte Körperhaltungen einnehmen, seinen Kopf heben, ihn abwenden, Dingen mit den Augen folgen, sie berühren, greifen, riechen und hören. Die mühseligen, rudernden, unkoordinierten Körperbewegungen der ersten Lebensmonate sind durch zielgerichtete und absichtsvolle Bewegungen ersetzt worden. Auch die Bewegungen und Haltungen haben emotionale und psychische Bedeutung. Bereits mit zwei Monaten bringen die Haltungen des Säuglings die Empfindungen des Einsseins zum Ausdruck – und auch die Empfindungen des Getrenntseins.

Anschmiegen ist die prototypische Haltung des Schoßkindes. Das Baby krümmt und streckt seinen Körper, vor allem im Brust- und Bauchbereich, bis es sich dem Umriß des mütterlichen Körpers vollkommen angepaßt hat. Mit zwei Monaten fühlt der Säugling weder die Umrisse noch die Grenzen seines bzw. des mütterlichen Körpers. Die Übereinstimmung ist – soweit es den Säugling anbetrifft – so vollkommen, daß alle Grenzen aufgehoben sind. Es ist, als seien Baby und Mutter miteinander verschmolzen – das Sein des einen aufgelöst im Sein des anderen.

Der Geruch, die Schwingungen, die Geräusche und Bewegungen des mütterlichen Leibes werden als Geruch, Schwingungen, Geräusche und Bewegungen des eigenen Körpers empfunden. Das Kind bildet sich ein, die Empfindungen und Rhythmen seiner Mutter kämen aus dem eigenen Körperinneren. Da das Anschmiegen die Körpergrenzen zwischen Baby und Mutter auf ein Minimum reduziert, erfaßt das Kind ohne Mühe die positiven und negativen Stimmungswechsel seiner Mutter. Fühlt sie sich zufrieden und sicher, ist das Baby durchdrungen von der Seligkeit ihres bedingungslosen Gutseins. Als Einheit bewegen sich Mutter und Baby in einem Zauberkreis, aus dem alles ausgeschlossen bleibt, was den Körperfrieden des Babys stören könnte. Die Spannungen im Körperinneren des Säuglings werden in einander ablösende lustvolle Rhythmen von leichter Spannung und ruhiger Entspannung verwandelt. Diese inneren Rhythmen bilden den Kern des frühkindlichen Körper-Ichs, statten seinen Körper mit Harmonie und Ganzheit aus.

Die Körperwände besitzen zwei Hautoberflächen: eine, die wir gemeinhin »Haut« nennen und die der Außenwelt zugekehrt ist, und eine andere, die nach innen gewandt ist, die das Körperinnere und den Verdauungstrakt, also Mund, Rachen, Speiseröhre, Magen und Darm auskleidet. Die Mundregion mit ihrer Verbindung beider Hautregionen ist der erste natürliche Brückenschlag zwischen Innen- und Außenwelt. Information bezieht der Säugling aus den Ereignissen seines Körperinneren und von den Empfindungen, die in ihn einfließen, wenn er saugt, schmeckt und fühlt. So sind seine ersten Erfahrungen von der neuen Welt ununterscheidbar von den Empfindungen und Rhythmen, die »innen« entstehen. Was draußen ist, vermischt sich mit den Rhythmen von Herzschlag, Magenkontraktionen, Ausscheidungsdrang und Schluckbewegungen. »Eingeweide«-Erkenntnis regiert die Wahrnehmungen des Säuglings und erhält die Illusion des Einsseins aufrecht.

In den ersten zwei oder drei Monaten schmiegt sich das Schoßkind an seine Mutter – an Arme, Magen, Schenkel und Brust – und überwacht die Welt vom sicheren Ausgangspunkt ihrer verschmelzenden Körper aus. Friedliche Spannungs-Entspannungs-Rhythmen, Augen, die in Augen blicken, der Herzschlag der Mutter, das Gefühl, das die Brustwarze verursacht, Saugbewegungen, der Schoß, der sich mit dem Rücken, Nacken und Gesicht des Säuglings vereinigt – all das verschmilzt zu einer einzigen Wahrnehmung, die ebenso gut »Brust« bedeuten kann wie »Saugen und Schlucken«. Was immer in anderer Weise wahrgenommen wird, bedeutet eine Unterbrechung in der Seligkeit des Einsseins.

Doch würde der Friede durch nichts gestört werden, könnte die zweite Geburt nicht beginnen. Die Welt außerhalb der Mutter-Säugling-Sphäre könnte nicht bekannt werden. Die Mutter würde nie als eigenständige Person begriffen werden, und das Baby würde nicht den anderen Teil seines Körper-Ichs ausbilden – die Außenhaut oder die externen Grenzen seines Körpers.

Der Säugling entdeckt die Außenhaut seines Körpers durch *Versteifen*. Hunger, Kälte, Verdauungsprobleme, zu viel Licht, zu viel Lärm, plötzliche Bewegungen stören das Einssein, rufen Spannung im Inneren und auf der Oberfläche des Säuglingskörpers hervor. Er dehnt sich, gibt die anschmiegsame Haltung auf und streckt Arme und Beine nach außen, fort vom Körpermittelpunkt. Sein Körper versteift sich. Er wirft seinen Körper nach hinten und beugt sich fort von dem Menschen, der ihn hält.

Wenn bei solcher Gelegenheit die Mutter in schlechter Stimmung ist, wenn sie mit sich oder ihrem Baby nicht im reinen ist, reagiert das Kind, als kämen die Spannungen aus seinem eigenen Körper. Automatisch versteift es sich. Versteifen des Körpers ist das natürliche Verfahren des Babys, Spannungen abzuführen. Das Baby mag zwar meinen, inneren Empfindungen zu entgehen, doch dient ihm das Versteifen auch dazu, Unannehmlichkeiten aus der Außenwelt zu beseitigen. Spucken, Niesen und Husten sind Formen des Versteifens. An manchen Tagen wird das Baby vielleicht die Nahrung ausspucken, die es von der Mutter erhält, und so die Spannung abführen, die durch zu viel Lärm, zu viel Mutter oder eigenartig schmeckende Milch entsteht.

Anschmiegen ist die Krümmung nach innen und dem anderen entgegen. Durch Versteifen drängt das Baby fort und nach außen. Doch ist es nicht bloß ein Fluchtmittel – es entspannt den Körper und setzt ihn in eine andere Beziehung zur Welt. Der kläräugige, wache Blick des Babys bedeutet, daß es relativ frei von Spannung ist, doch ist solche Wachsamkeit stets von einer leichten Versteifung des Körpers begleitet. Versteifen stellt sich bei nach außen gerichteter Wachheit ein, beim Blicken und Hören, Ausgreifen und Fassen. Wenn Schauen sich mit dem Fühlen der Hände verbindet, wird eine weitere Brücke zwischen Innen- und Außenwelt gebaut. Versteifen markiert auch die Grenzen der Körperoberfläche, da es das Baby dazu bringt, seinen Körper an Ereignissen zu reiben, die außerhalb seiner Körperwände geschehen.

Gegen Ende des vierten Monats ist das Baby noch ein Schoßkind, doch sind Erscheinung und Haltung erheblich wacher. Oft sitzt es aufrecht ganz außen auf dem Schoße der Mutter, wobei es seinen Körper selbst mit Rücken und Nackenmuskeln im Gleichgewicht hält – wenn auch Hände oder Fingerspitzen der Mutter es noch unauffällig stützen. Hin und wieder streckt es die Beine aus, stemmt sie gegen den Schoß der Mutter, lehnt sich zurück, fort von ihrem Körper. Auf diese Weise kann es das Gesicht der Mutter besser ins Auge fassen. Es spürt die Grenzen zwischen ihrem und seinem Körper. Beim Aufrichten und Fortstreben stimuliert es seine Muskeln und die Außenseite seines Körpers. Mittlerweile hat das Kind vieles erlebt, was zum Erwachen seiner Körperaußenfläche beigetragen hat: Es ist gebadet und abgetrocknet, gestreichelt und liebkost, an- und ausgezogen, geklapst und umhergeführt worden. Selbst wenn es sich jetzt anschmiegt, verschwimmen die Körper nicht mehr so rückhaltlos. Der Druck des mütterlichen Körpers gegen den eigenen verdeutlicht dem Kind seine Körpergrenzen. Ein Feuerwerk von Oberflächenspannung versorgt diese Körpergrenzen ständig mit Leben und Energie. Anschmiegen und Versteifen werden bald mehr zu einer Frage der Abstufung als einer eindeutigen Unterscheidung zweier Körperhaltungen.

So besitzt der fünf Monate alte Säugling eine gewisse Vorstellung von seinen Körpergrenzen – doch nur bei besonderen Anlässen und nur ungefähr. Er nimmt kaum wahr, daß seine Füße und Hände zum selben Körper gehören. Gelegentlich »verschwinden« sie, und das Baby vergißt sie völlig. Innere und äußere Empfindungen sind häufig ununterscheidbar. Trotzdem hat das Baby sich eine rudimentäre Kenntnis von den beiden Quellen seines Körper-Ichs angeeignet. Es verfügt jetzt über die Kernerfahrung eines Körper-Ichs, welche aus den abwechselnden Rhythmen von Spannung und Entspannung in Verbindung mit Sicherheit und Halten stammt. In ähnlicher Weise erhält das Kind seine ersten Lektionen in bezug auf Grenzen und

Ränder durch wachsames Versteifen, durch den Druck des mütterlichen Körpers am eigenen, durch die Untersuchung seiner Finger, wenn es allein ist, durch Baden und Liebkosungen. Ganz entschieden ist das fünf Monate alte Kind schon jemand – ein Selbst, das im Inneren über harmonische Rhythmen und Sicherheit verfügt und der neuen Welt mit Wachheit und Abgrenzungen begegnet.

Der Geist des Babys: Saugen, Greifen und Schauen. Ein Baby kann sich selbst erziehen. Wenn die Mutter es in seinem Körbchen allein läßt, gibt sie ihm nicht das Gefühl, im Stich gelassen zu werden. Sie präsentiert ihm kein Übermaß an Radiolärm, Rasseln, Mobiles, Spielzeug und Spieldosen. In Reichweite von Augen und Händen bringt sie die wenigen Objekte unter, die es aus eigener Kraft verarbeiten kann. Was ein Kind in der Wiege liegend selbst herausfindet, kann ihm von niemand anderem beigebracht werden. Die selbstgewonnene Erkenntnis ergänzt die Lektionen, die es auf dem Schoß der Mutter erhält.

Hauptgegenstand der Lektionen, die sich der Säugling selbst erteilt, ist sein Körper – was sein Körper tun kann, wie seine verschiedenen Teile zusammengehören und zusammenarbeiten und schließlich, wie sein Körper auf die Welt einwirkt. In den ersten zwölf Monaten seines Lebens verfügt der Säugling nur über einen Körpergeist. Er dient dem Kind zum Prüfen, Vorstellen, Erforschen, Überlegen, Untersuchen, Annehmen, Mutmaßen, Vergegenwärtigen, Klassifizieren und Verallgemeinern, obgleich es keine Worte, Gedanken oder klaren Vorstellungen besitzt, an die es sich dabei halten könnte. Erste Aufgabe des Babys muß folglich sein, ein paar Dinge über die Arbeitsweise seines Körpergeistes herauszufinden.

Ursprünglich, in der Zeit vom zweiten bis vierten Monat, ist der Geist des Kindes vor allem Strampeln, mit den Händen Rudern, Lauschen, Fühlen, Riechen und – in erster Linie – Saugen, Greifen und Schauen. In dieser Zeit dient Spielzeug ausschließlich dazu, die den Geist des Babys konstituierenden Empfindungen und Bewegungen anzuregen und ihnen Dauer zu verleihen. Das zwei Monate alte Kind greift um des Greifens willen. Es strampelt um des Strampelns willen. Es kümmert sich nicht im mindesten um die Objekte, die es in Händen hält. Daß die Rassel, nach der es greift, ein Geräusch macht, ist ohne Belang. Greifen und Schütteln allein ist großartig und wichtig genug.

Die Hände des Babys werden sein wichtigstes Werkzeug zur Handhabung der Welt werden. Aber bevor es wirkungsvollen Gebrauch von ihnen machen kann, muß es herausfinden, was Hände überhaupt sind. Ein Neugeborenes rudert mit den Händen. Es fühlt. Es greift. Aber all das geschieht rein zufällig, seine Hände folgen keinem bestimmten Weg. Die Hände eines Säuglings können nicht dorthin gelangen, wohin sie möchten, es sei denn, sie würden geführt. Anfangs kann nur der Mund des Babys seine Hände an einen bestimmten Ort leiten, und zwar, wie nicht anders zu erwarten, zum Mund – und sonst nirgendshin. Ein paar glückliche Babys können schon nach wenigen Tagen ihre Fäuste zum Munde führen und an ihnen saugen. Den meisten Babys gelingt das verläßlich erst nach zwei oder drei Monaten. Obgleich das Kind nicht viel über die Welt erfährt, wenn es die Finger in den Mund steckt, so lernt es aus der funktionalen Beziehung zwischen Hand und Mund Wertvolles über die Bedeutung von Händen. Das Baby gewinnt durch das Saugen an Finger, Faust oder Daumen eine Vorstellung von seinen Händen. Das Saugen versorgt die Hände des Babys mit Energie. Gleichzeitig erzeugen die Saugbewegungen Lebenskraft und Empfindungen auf den Innenflächen des Säuglingskörpers.

Das Baby kann von Geburt an saugen. Es kann auch greifen. Schon früh im Leben untersucht es deshalb seine Hände, indem es ergreift, was immer der Zufall in seine Reichweite führt – eine Rassel, den Zipfel seiner Bettdecke, das Hemd des Vaters, den Finger der Mutter. Ein paar Wochen, nachdem das Kind gelernt hat, die Faust an den Mund zu führen, entdeckt es, daß es auch die Dinge, die es greift, zum Saugen an den Mund halten kann. Entsprechend erfaßt es, daß es greifen kann, woran immer es zufällig saugt. Wenn es seine Decke greift, wird es sie wahrscheinlich zum Saugen an den Mund führen. Greifen regt zum Saugen an, und Saugen erweckt im Baby den Wunsch zu greifen. Die Funktionsbeziehung zwischen Hand und Mund hat eine neue Stufe erreicht.

Das Kind reagiert jetzt durch Zuhören auch auf den Klang der eigenen Stimme. Allein der Akt des Zuhörens kann sein Glucksen und Gurren aktivieren. Die Empfindungen und Bewegungen, aus denen der Geist des Babys besteht, setzen sich aus den kreislaufartigen Aktivitäten von Saugen und Greifen, Zuhören und Lautgeben zusammen. Eine Zeitlang begnügt sich das Baby damit, diese Kreisläufe immer von neuem zu wiederholen. Das genügt ihm völlig.

Obgleich das Pensum für das zwei bis drei Monate alte Kind vollständig ausreicht, gibt es ihm nicht die Macht, als Handlungsträger zu agieren, der die Außenwelt in Bewegung setzt und ihr Geschehen kontrolliert. Das Baby wird die Stufe, auf der es seine Hände manipuliert und kontrolliert, erst erreichen, wenn seine Augen ausreichend trainiert sind, um die Hände zielgerichtet und absichtsvoll zu führen. Solange dem Mund diese Aufgabe obliegt, werden die Hände nicht sehr weit kommen. Dagegen werden die Augen das Kind über das Vorhandensein von Ereignissen und Objekten informieren, die sich in größerer Entfernung vom Körper befinden. Erst wenn Augen und Hände zusammenarbeiten, wird das Baby in die Welt *hinausgreifen*.

Mit ungefähr zwei Monaten beginnt das Kind, den Bewegungen seiner Hände mit den Augen zu folgen, kann sie aber nie dazu bekommen, im Blickfeld zu bleiben. Die Hände hören in dem Augenblick auf zu existieren, da sie aus dem Blickfeld verschwinden. In unvorhersagbarer Weise tauchen sie auf und verschwinden wieder. In dieser Lebensphase ist der Mund des Säuglings immer noch weit klüger als seine Augen. Der Mund des Babys scheint gewöhnlich zu wissen, wo die Hände sind. Und die Hände wissen, wie sie zum Mund kommen.

Aus der Sicht des zwei oder drei Monate alten Kindes sind die Hände, an denen es saugt, die Hände, die es anschaut, und die Hände, mit denen es greift, je verschiedene Paare von Händen. Trotzdem sind diese Hände faszinierend. Handbetrachten, Handgreifen und Fingersaugen sind die Lieblingsbeschäftigungen des allein in seinem Körbchen liegenden Babys. Mit etwa vier Monaten gibt es eine unmerkliche Verschiebung in der Aufmerksamkeitsrichtung des Kindes. Es zeigt das heftige Verlangen, die Gegenstände zu halten und zu greifen, die sich seinen Augen darbieten. Bei dem starken Interesse an seinen Händen muß es sie eines Tages neben der Rassel erblicken, die es ergreifen möchte. Wenn sie sich in seiner Reichweite befinden, wird es vielleicht sogar die Finger ausstrecken und feststellen, daß es eine Rassel ergreift.

So beginnt es, seine Finger auf der Decke zu beobachten, wie sie diese reiben, kratzen und streicheln. Wenn es den Zipfel der Decke zum Mund führt, um daran zu saugen, hält es plötzlich inne. Es starrt seine Finger auf der Decke an. Das Saugen an der Decke vergißt es vollkommen. Wie ist das Baby in der Lage, seinen gewöhnlichen Kreislauf von Greifen und Saugen zu unterbrechen? Der Akt des Schauens immobilisiert seine Hände. Das Schauen hält die Hände dort, hindert sie daran, ins Nichtsein zu entgleiten oder automatisch zum Mund zu gehen. Durch den Blick hält das Baby Kontakt mit der Außenwelt; die Welt hat weniger Aussichten, sich ihm zu entziehen.

Das fünf Monate alte Kind kann seinen Kopf wenden und einem beweglichen Objekt mit den Augen folgen. Es kann seine Hände im Blick behalten. Es kann Handbewegungen mittels der Augen steuern. Es ist noch nicht in der Lage, einen gewünschten Gegenstand zu greifen, wenn er zu weit fort ist. Aber die Augen des Babys haben die Fähigkeit erworben, die Hände nach Belieben zu führen.

Jetzt bekommt der Geist des Babys die Außenwelt unter Kontrolle. Dem Säugling beginnt zu dämmern, daß sein Körper Ereignisse hervorrufen kann. Bei seinen ersten Manipulationen der Außenwelt wird er seinen Mund, seine Hände und seine Augen als *primum mobile*, den Urbeweger, ansehen.

Das Kind kann jetzt seine Hände im Gedächtnis behalten, wenn es sie aus dem Blick verliert. Es hat ein überdauerndes Empfinden für den Ort, an dem sie sich befinden. Die Hände, die es anschaut, an denen es saugt, mit denen es rudert, greift und zieht, bleiben ein und dasselbe Paar. So ist das Baby jetzt an den verschiedenen Wirkungen interessiert, die Hände in der Welt hervorrufen können.

Gewöhnlich bringt die Mutter eine Rassel so am Kinderbettchen an, daß das Baby sie erreichen kann. Anfangs gibt es die Rassel nicht, wenn das Baby sie weder berührt noch greift; sein Körper weiß nicht mehr, wo sie ist. Mit fünf Monaten wird das Baby durch die Augen an den Aufenthaltsort der Rassel erinnert. Es nimmt sie in seine Hände. Es schüttelt die Hände. Die Rassel macht ein Geräusch. Das Kind hält sich die Rassel vor die Augen, um festzustellen, welche Verbindung zwischen der Schüttelbewegung der Hände und dem Geräusch der Rassel besteht. Es vermutet, das Schütteln der Hände rufe das Geräusch hervor. Ein paar Tage lang schüttelt es alles, was es in die Hände bekommt. Es betrachtet seine schüttelnden Hände und wartet lauschend auf das Geräusch der Rassel. Einige der geschüttelten Sachen machen Geräusche, andere nicht. Doch eine Zeitlang hält das Kind an der Vorstellung fest, das Schütteln eines Körperteils werde ein Geräusch erzeugen. Es schüttelt den Kopf, als würde das jenes Geräusch hervorrufen, das von der Rassel kommt. Gelegentlich gelingt es ihm, die Rassel zum Mund zu führen. Der weiche Gummiüberzug der Rassel ist angenehm für das Zahnfleisch, die Lippen und das Mundinnere des Babys. Aber ganz im Unterschied zum weichen, schmiegsamen, angenehm riechenden Körper der Mutter, reagiert die Rassel nicht und ist unergiebig. Auch schmeckt sie nicht wie die eigene Faust und die eigenen Finger oder ruft sie wie diese angenehme Rhythmen im Körperinneren hervor. Auch auf diese Weise bekommt das Baby eine Ahnung davon, was eine Rassel ist – und was sie nicht ist.

Die Welt des Babys ist erfüllt und umgeben von Gegenständen, die es berühren und betrachten kann. Nicht alle kann es in den Mund nehmen. Einige, wie das Flechtwerk des Körbchens, machen ein kratzendes Geräusch, wenn das Baby mit den Fingern darüberfährt. Beim Hören des Kratzgeräusches mag das Baby das Gefühl haben, es gurre. Vielleicht schüttelt es seine Hand auch, um dieses Geräusch fortzusetzen. Rasch findet es heraus, daß nur Kratzen Kratzgeräusche hervorruft.

Das Bewegen von Objekten fasziniert das Baby auf besondere Weise. Bewegung wird mit menschlicher Gegenwart assoziiert. Manchmal bestätigen die Bewegungen draußen in der Welt vorübergehend den Eindruck des Babys, daß Bewegung an menschliche Gegenwart geknüpft ist. Mobiles oder Blätter an einem Baum können, vom Luftzug bewegt, manchmal gesichtsähnliche Züge annehmen. Dann lächelt das Kind in irrtümlichem, aber glücklichem Wiedererkennen. Es gurrt und spricht mit den Blättern. Doch irgend etwas stimmt nicht. Die Blätter kommen zur Ruhe, bevor ihnen das Baby dies zugestehen mag. Und die Blätter antworten nicht auf seine Laute. Blätter und Mobiles nehmen ihre Bewegung plötzlich wieder auf und formen Figuren, die dem Baby fremd sind. Es mag noch immer lächeln. Aber es ist jetzt überrascht, und das Lächeln ist ein Überraschungslächeln. Die Neuartigkeit der Situation erregt das Interesse des Kindes, doch ist es verwirrt und befremdet. Seine Mutter weiß genau, wann sie sich zu bewegen und wann sie sich ruhig zu verhalten hat. Ihre Augen verschwinden nicht. Ihr Gesicht verschwimmt nicht auf so merkwürdige Weise. Das gilt auch für das Gesicht des Vaters und die anderen Gesichter, die gelegentlich in seinem Zimmer auftauchen. Überdies kann das Baby den Blick seiner Mutter festhalten, indem es einfach zurückblickt. Zuverlässig findet diese den richtigen Augenblick, um auf das Gurren des Babys zu antworten.

Ungewohnte Erfahrungen mit nichtmenschlichen, beweglichen Gegenständen verwandeln die Erwartungen, die das Baby der Welt entgegenbringt. Manche beweglichen Objekte reagieren reziprok, als wollten sie die Bewegungen des Kindes bestätigen. Manche Teile der Welt haben Verständnis für die Energien des Babys, andere dem Anschein nach nicht. Der Unterschied zwischen Belebtem und Unbelebtem ist dem Baby deutlich geworden. Manchmal gelingt dem Baby der Dialog mit beweglichen Dingen. Dann wieder kommt es nicht zum Dialog. Um dieses Problem eingehender untersuchen zu können, braucht das Baby Zeiten des Alleinseins und Zeiten auf dem Schoß der Mutter.

Gespräch. Während der ersten beiden Monate besteht die Zwiesprache zwischen Baby und Mutter in ruhigem Gebärdenspiel. Nachdem die beiden sich kennengelernt haben, werden ihre Interaktionen zu wohltuenden Ritualen. Sie verlassen sich aufeinander und auf die zahlreichen Dialoge, aus denen der Tagesablauf des Babys besteht – den Dialog des Stillens, des Badens, des Wickelns, des Tragens und des Liegens. Beim Stillen hält die Mutter ihr Baby an die Brust und wartet, bis Haltung, Finger, Mund und Lippen des Kindes ihr mitteilen, daß es bereit ist, die Brust festzuhalten und zu saugen. Je nach seinem besonderen Stil wird das Baby mit Muße und friedlich oder auch rasch und heftig trinken. Manchmal hält es die Augen geschlossen. Öffnet es die Augen, begegnet es dem Blick der Mutter, die ihm in die Augen sieht. Mutter und Säugling blicken einander an. Andere Babys sehen die Brust an und betasten sie. Hin und wieder unterbricht das Kind seine Mahlzeit, gluckst und lächelt. Die Mutter antwortet. Entspannt überläßt sich das Kind der friedlichen Ruhe des vorhersagbaren Stilldialogs. Der Dialog bleibt ihm, auch wenn es allein ist.

Wenn Mutter und Baby sich in die Augen sehen, führen sie ein Gespräch. Es genügt ihnen, sich bloß anzuschauen und gelegentlich mit den Fingern zu berühren. Mit drei Monaten macht das Kind jedoch deutlich, daß es nach an- und aufregenderen Dialogen verlangt. Zu diesem Zeitpunkt hat es die Fähigkeit erworben, Bilder und Laute, die es ungebührlich reizen oder beunruhigen, aktiv auszuschließen. Deshalb braucht es die Mutter nicht mehr so dringend zum Schutz vor Stimulation. Tagsüber ist das Kind häufiger munter und wachen Blicks, nachts schläft es tiefer und länger. Die Zyklen des Stillens, von Wachen und Schlafen, von Tag und Nacht sind deutlicher geordnet, folgen einem erkennbareren »Zeitplan«. Wenn das Baby wach ist, fließen seine Energien auf der Suche nach interessanten Herausforderungen in die Außenwelt. Es strampelt mit den Füßen und gluckst voller Bereitschaft zu einem kleinen, anregenden Gespräch.

Die Mutter versteht, was das Baby fordert, wenn es durch seine Körperhaltung zum Ausdruck bringt, daß es mehr als bloße Fingerberührung oder bloßen Augenkontakt wünscht. Die neue Verspieltheit des Babys ist ein Experiment – ein Verfahren, durch das es sein immer stärker werdendes Gefühl, es könne mit seiner Erregung fertigwerden, zu bestätigen sucht. Doch nicht jeder ist zu diesem Spielchen eingeladen, sondern nur diejenigen, die die Regeln verstehen. Will man mit einem drei Monate alten Säugling ein Gespräch führen, muß man ein Gefühl dafür haben, was Erregung für das Kind bedeutet. Die Vorstellung, die das Baby von einem Gespräch hat, hat nichts mit der unter Erwachsenen üblichen Spielart zu tun.

Augenkontakt ist zu Beginn eines Gesprächs unter Erwachsenen erlaubt, wird in seiner Intimität aber schon nach wenigen Minuten unangenehm. Der Sprecher sieht im Laufe seiner Rede hierhin und dorthin und blickt erst am Ende seiner Äußerung wieder in die Augen des Hörers, als wollte er sagen: »Nun sind Sie an der Reihe.« Die Teilnehmer eines Gesprächs unter Erwachsenen schaffen mit den Augen ein alternierendes Muster von Sprechen und Zuhören. Augenbewegungen bestimmen die Regeln höflicher Alltagskonversation. Anders hingegen führen gelegentlich Liebende, Streitende sowie Mütter und Babys ihre Gespräche. Diese sind erregender und ungewöhnlicher.

Liebende und Streitende sind nahe daran, sich mit ihren Leidenschaften zu vernichten. Liebende halten sich mit den Augen und sprechen im gleichen Augenblick die gleichen Worte; sie versäumen es, die eigenen Grenzen durch den Wechsel von Zuhören und Sprechen deutlich zu machen. Sie wenden ihre Augen ab und blicken sich wieder an, darauf vertrauend, daß die Gleichgestimmtheit ihres synchronen Verlangens sie abermals in verschmelzendem Einssein zusammenführen wird. Wiederholt gehen Liebende das Risiko ein, das in der Aufhebung von Grenzen liegt. Obgleich sie verschmelzen und wie ein einziger Mensch sprechen, bleiben sie eigenständige Individuen.

Streitende ermessen die Heftigkeit ihres Hasses, indem sie wie ein einziger Mensch wüten. Sie begegnen sich voller Bitterkeit. Sie sehen aneinander vorbei und durcheinander hindurch. Ihre Augen sprühen vor Wut, sie schreien gleichzeitig und versuchen, mit ihren Schmähungen die Verunglimpfungen des anderen zu übertönen. Obgleich sie wie ein einziger Mensch sprechen, müssen sie sich von ihren Grenzen und ihrem Getrenntsein überzeugen. Auf diese Weise versichern sich Streitende ihrer Grenzen und ihrer Unverletzlichkeit. Viele Paare werden es zu einer Liebesbegegnung erst kommen lassen, nachdem sie sich auf die Ungehemmtheit gegenseitiger Böswilligkeit eingelassen haben. Für sie ist die verschmelzende Glut der Liebe erschreckender und anstößiger als die Grenzen setzende Raserei der Böswilligkeit. Der Mutter ist die Innigkeit von Augenkontakt und Liebesgespräch mit dem Säugling nicht peinlich. Ihre hohe Stimmlage und die in die Länge gezogenen Vokale gleichen den Lauten des Säuglings aufs Haar. Wenn die Mutter zum Baby spricht, wird ihr Gesichtsausdruck zu einer Übertreibung menschlicher Züge. Ihr Mund wird breit, sie hebt ihre Augenbrauen und öffnet die Augen so weit wie möglich. Häufig nähert sie ihr Gesicht dem des Babys auf wenige Zentimeter. Dabei behält sie den übertriebenen Gesichtsausdruck bei und blickt ungewöhnlich lange in die Augen des Kindes.

Das Baby kann seine Mutter allein dadurch, daß es ihr einladend in die Augen schaut, dazu bekommen, mit ihm zu sprechen. Wenn das nicht funktioniert, kommt es bestimmt mit Strampeln und Lächeln zum Ziel. Bei den ersten Gesprächen hört das Baby nur zu und lächelt entzückt. Wenn es genug hat, wendet es den Blick einfach ab.

Mit dem Ende des dritten Monats bereichert das Baby seinen Part des Gesprächs. Es beantwortet die Babylaute der Mutter mit Glucksen und Gurren. Anfangs lösen sich Mutter und Baby höflich in den Rollen von Sprecher und Hörer ab. Doch je mehr Spaß sie haben, desto erregter wird das Gespräch. Wenn sie sich schließlich keine Zurückhaltung mehr auferlegen, sind sie so vollkommen aufeinander eingestimmt, daß sie simultan sprechen. Sobald die Begeisterung auf dem Gipfel angelangt ist, machen sich die beiden kaum noch die Mühe, zu warten und einander abzuwechseln. Die Mutter hält das Tempo so lange durch, bis sie spürt, daß ihr Kind zufrieden und bereit ist, das Gespräch zu beenden. Das Baby bleibt mit dem Eindruck zurück, es habe seine eigene Erregung erzeugt und sei bestens mit ihr fertig geworden.

Die überaus erregte, übertriebene und überhitzte Gleichzeitigkeit des Mutter-Säugling-Gesprächs zeigt, wie intensiv die Gefühle sind, die die beiden verbinden. Immer wenn Gespräche durch heftige Gefühle – Patriotismus, Trauer, Glauben, Kampf – aufgeladen werden, neigen die Menschen dazu, im Gleichklang zu sprechen, meist um die Barrieren zwischen sich einzureißen, gelegentlich aber auch, um sich zu vergewissern, daß die Grenzen noch da sind.

Die aufgeregten Gespräche des Babys mit der Mutter erwachsen aus der fundamentalen Zwiesprache – der Zwiesprache der Gesten, die Ganzheit und Sicherheit vermitteln. Das Kind entdeckt, daß es, wenn es seine rohe und ungeformte Erregung auf die Mutter richtet, diese Empfindungen in den bedeutungsvollen Dialog von Anbetung und Aggression verwandeln kann. Vieles lernt das Kind, während es allein in seinem Bettchen liegt, doch einige Dinge lassen sich nur im Zusammenhang von Dialog und Gespräch verstehen.

Die wirkliche Madonna. Für viele Mütter ist die für das Einssein typische verschmelzende Nähe das befriedigendste Erlebnis der Mutterschaft. Sie blühen regelrecht auf in der Atmosphäre der Intimität und einer sie völlig in Anspruch nehmenden Eingestimmtheit, welche von ihrem Einssein mit dem Baby herrührt. Wenn eine solche Mutter mit ihren einfühlsamen Bewegungen die feinen, wortlosen Signale des Babys liest, wünscht sie, diese Erfahrung würde fortdauern. Nicht selten kommen sich Mütter, die die Phase des Einsseins als die schönste Zeit empfinden, überflüssig vor, wenn das Kind mehr Einfühlungsvermögen und Einsicht entwickelt. »Wo es mich jetzt nicht mehr braucht, wünschte ich, es wäre schon groß.« »Früher habe ich es vollkommen verstanden. Es hatte überhaupt nicht die Gelegenheit, unglücklich zu sein. Jetzt stößt es mich ständig weg, und ich verstehe es überhaupt nicht mehr.«

Für andere Mütter kann die totale Bedürftigkeit und Abhängigkeit des Babys zur Zeit des Einsseins befremdlich und erschreckend sein. Gewöhnlich entspricht der Stil dieser Mütter besser den späteren Phasen der Mutterschaft. Ungeduldig erwarten sie den Zeitpunkt, da ihr Kind unabhängig wird und deutlicher zum Ausdruck bringen kann, was es wünscht und braucht. All das Stillen, Baden, Warten auf das Bäuerchen, Wiegen und Halten sind Bürden, die kein Vergnügen sind, sondern Plage und Frustration. Unter Umständen wird die Mutter sich schuldig fühlen, weil sie, »anders als es in den Büchern steht«, nicht ihr höchstes Entzücken darin findet, ihr Baby zu herzen und an sich zu drücken. Nicht selten entdeckt sie, daß andere Menschen – vielleicht der Vater oder die Großmutter – es weit besser verstehen, das Kind zu beruhigen und zu trösten. Sie verliert den Mut und fragt sich, ob sie sich überhaupt zur Mutter eignet.

Alle Mütter, selbst diejenigen, die diese ersten Monate im Leben des Babys als höchst befriedigend empfinden, erleben Augenblicke, da es sie ärgert, so viel von ihrer Energie für das körperliche Wohl eines so hilflosen und bedürftigen Geschöpfs aufwenden zu müssen. Es ist für die Mutter eine ganz alltägliche Erfahrung, auf ihr Baby böse zu sein, wenn es den ganzen Tag schreit und quengelt, sie nachts ständig weckt und ihr die Milch auf Körper und Kleider spuckt. Die heftigen Körperbedürfnisse des Babys sind ein Angriff auf die körperliche und seelische Unversehrtheit der Mutter.

Doch sie übersteht die absolute Abhängigkeit ihres Kindes. Unbeschadet bringt sie ihre personale Ganzheit über die ersten fünf Monate der Mutterschaft. Doch sie hat, ob sie sich dessen bewußt ist oder nicht, eine Zeit heftiger Gefühle hinter sich. Ihre Reserven und ihr Selbstvertrauen sind einer Belastungsprobe unterzogen worden – einer Belastungsprobe, die allzu häufig noch härter wird durch die Strenge, die die Mutter sich selbst gegenüber walten läßt, und durch die unrealistischen Erwartungen, die sie an die eigene Vollkommenheit stellt. Die Mutter braucht den Vollkommenheitsillusionen des Säuglings nicht zu entsprechen, damit er gedeiht und Ganzheit entwickelt. Am besten überlebt die Mutter, wenn sie sich die Unzulänglichkeit der gewöhnlichen Mutter zugesteht.

Während die Mutter die für ihre Rolle ganz normale Hingabe entwickelt, muß sie auf die Annehmlichkeiten und Sicherheiten verzichten, die für andere Sterbliche eine Selbstverständlichkeit sind. Vorbei ist es mit dem Rhythmus normaler Zeit, verschwunden sind die Einteilungen des normalen Raums, die vertrauten Wurzeln verbinden sie nicht mehr mit der Erde. Die Mutter fragt sich, was aus ihr geworden ist und ob sie je wieder die sein wird, die sie war, bevor ihr Baby geboren wurde. In den Anfangswochen gehen die Tage und Nächte ineinander über. Wie in einem Spiegelsaal zeichnet sich eine endlose Folge von Stillen und Halten, Wickeln und Baden ab. Das Baby hat ihren Körper behandelt, als wäre es sein eigener. Nach Bedarf hat es ihn ausgesaugt und die Schale ohne ein Zeichen der Dankbarkeit fortgeworfen. Der Leib der Mutter ist eingehüllt in eine Aura von saurer Milch, Windelgeruch und Babypuder.

Schließlich kommt der Tag, da die Zeit ein Muster vorhersagbarer Anfangs- und Endpunkte erkennen läßt. An diesem magischen Tag spielt das Kind nach dem Stillen allein, freut es sich über eine Umarmung und einen kleinen Spaziergang, um sich dann zufrieden zu seinem Schläfchen hinlegen zu lassen. Endlich ist die »Routine«, der »Stundenplan« da. Die Mutter hat Zeit zum Duschen, zum Nachdenken, zum Blick in ein Lieblingsbuch, zum Schlafen. Doch in der nächsten Woche, manchmal schon am nächsten Tag wird das Baby wieder reizbar, unzufrieden und ungnädig. Der eingeplante Nachmittagsschlaf findet nicht statt – nicht für das Baby, nicht für die Mutter. Das Stillen endet in lauter Klage.

Manche Tage sind besser, manche schrecklich. Nach einem entsetzlichen Morgen, wenn Mutter und Kind sich trotzdem irgendwie zu einem Spaziergang in den Park aufgerafft haben, wirft das Baby dem Fremden, der lächelnd in den Wagen schaut, sein entzückendstes Lächeln zu. »Was für ein liebes, süßes Baby«, sagt der Fremde. Die Wut schnürt der Mutter die Kehle zu. Sie ist nicht in der Stimmung, freundlich auf diese wohlmeinende Äußerung über den Charakter ihres Kindes zu antworten. *Wenn du wüßtest*, denkt sie. *Hinter diesem Lächeln lauert die Seele eines Teufels.*

Die Mutter überlebt. Vor allem überlebt sie ihren Haß auf das Baby. Eine Mutter, die als Baby gehalten wurde, wird diesen Haß ertragen können, weil sie weiß, daß sie ihrer Wut auf das Kind nicht freien Lauf lassen und es nicht vernichten wird. Sie siegt, weil sie ihre wütenden Gedanken und Gefühle nicht in Handlungen umsetzt, die ihrem Baby Unrecht oder Schaden zufügen könnten. Nach der Rückkehr aus dem Park stillt und hält sie das Baby. Beide sprechen oder spielen miteinander. Sie beruhigt es weiterhin, wenn es weint, mag ihr auch selber nach Weinen zumute sein. In der Regel wird der Mutter gar nicht klar sein, was für einen bedeutenden Sieg sie errungen hat. Ihre Wut entsetzt sie, obgleich sie ihrem Baby nicht eine Spur von Unbill zugefügt hat, und sie bleibt, was sie war: eine ganz normale, liebevolle Mutter.

Keine Schwierigkeit hat die Mutter, ihr positives Selbstbild zu bewahren, wenn ihr Baby gedeiht und zufrieden ist. Aber der Kummer des Kindes weckt Verzweiflung und Wut. Sie empfindet ihre Wut als Verzerrung, als Makel auf dem Bild von idealer Mutterschaft. Sie ist sich sicher, die einzige Mutter zu sein, die zu so mörderischen, schrecklichen Gedanken gegenüber ihrem Kinde fähig ist.

Jedesmal wenn der Kummer des Babys die Mutter zu der Annahme veranlaßt, sie habe ihm gegenüber versagt, werden Erinnerungen an das Versagen in der eigenen Kindheit wach. Deshalb ist ihre Verzweiflung und Verwirrung vielschichtig. Sie bildet sich ein, in doppelter Hinsicht versagt zu haben: als Mutter ihres Babys und als Baby der eigenen Mutter. Indem sie sich als schlechte, frustrierende Mutter sieht, erweckt sie unbewußt das Bild des schlechten, frustrierenden Kindes der eigenen Mutter zu neuem Leben. Vielleicht stellt sie sich vor, sie sei ein gieriges Baby gewesen, das alles Gutsein aus der Mutter herausgesaugt habe, oder ein kränkliches, schwaches Baby, das der Mutter nie Zufriedenheit habe geben können. Wahrscheinlich bildet sie sich auch ein, eine Mutter gehabt zu haben, die stets versagt und sie enttäuscht habe. Diese stummen, kaum bewußt werdenden Erinnerungen und Phantasien zehren am Selbstvertrauen der Mutter. Doch da nie irgend jemand eine vollkommene Mutter gehabt hat und es nie irgend jemand zum vollkommenen Säugling gebracht hat, sind solche furchteinflößenden Phantasien in Wahrheit zu erwarten und alltäglich.

In diesen schwierigen Monaten braucht die Mutter oft selbst irgendeinen Halt. Auch möchte sie, daß es jemanden gibt, der ihr das Baby von Zeit zu Zeit abnehmen kann. Dazu sind Väter und Großeltern meist sehr gut in der Lage. In der Regel sind sie ruhiger, und das Baby blüht auf. Nichts bringt das Selbstvertrauen der Mutter so rasch wieder auf die Beine wie der Anblick ihres aufblühenden Babys. Von Zeit zu Zeit braucht die Mutter Abstand von ihrem Baby, um sich wieder orientieren und sammeln zu können.

Empfindsamkeit, mangelnde Selbständigkeit, falscher Stolz und ängstliches Verleugnen ihres alltäglichen Ärgers können die Mutter daran hindern, um die Hilfe und den Trost zu bitten, den sie braucht. Aus ganz normalem Ärger wird allzu leicht Bitterkeit und unkontrollierbare Wut.

Das fünf Monate alte Kind empfindet weder Ärger noch Wut. Seine Liebe ist noch die ungestaltete, mit der Mutter geteilte Vollkommenheit ihres Gutseins. Von seinem Standpunkt aus sieht sich das Baby als engelhaftes Kind im herrlichen Schoß der heiligen Madonna. Die einfache Form von Liebe, die es empfindet, beruht auf dem Bedürfnis, gehalten zu werden und mit seinen Erregungen fertigzuwerden. Die Teile und Fragmente seines Lebens werden von der Mutter zusammengehalten. Wenn es zufrieden ist und gedeiht, meint es, am Gutsein der Mutter teilzuhaben. Wenn es unter der Erregung seines Verlangens zu zittern beginnt, wird es möglicherweise selber meinen, ein gieriges Raubtier zu sein. Schlechtsein bedeutet für den Säugling die Gefahr, zu heftig anzugreifen, ins Bodenlose zu fallen, in Stücke zu zerspringen. Trotzdem lernt das Baby, sobald es diese höchst primitive Liebesbindung hergestellt hat, daß seine Erregung nicht zerstört und daß die Ganzheit seines Seins stets wiederhergestellt wird. Es entdeckt, daß es durch seine Spannungen und Erregungen nicht vernichtet wird.

Insofern ist das Bild vom Engel und der Madonna nicht falsch. Die Illusion gemeinsamen Gutseins ist eine notwendige Vorbedingung, um am Ende Schlechtsein und Haß verstehen zu können. Wenn dem Kind klar wird, daß es die magische Vollkommenheit des mütterlichen Gutseins nicht teilt, wird es einsehen, daß es sie manchmal haßt und daß sie nicht immer da ist, um ihm das Gefühl von Ganzheit und Gutsein zu geben. Es wird die Vorstellung hegen, daß Liebe nicht vollkommen ist. Und es wird lernen, sein Gutsein nicht bei sich zu lokalisieren. Damit hat es die Möglichkeit, ein Erwachsener zu werden, der das Ausmaß seines Ärgers und seiner Aggression zu beurteilen vermag.

Illusionen halten das Gefüge menschlichen Lebens zusammen. Durch Illusion werden die Rohenergien der menschlichen Natur in die kulturell akzeptierbaren Formen von Liebe und Haß gebracht. Sentimentalität und optimistische Leugnung des Bösen sind die Ausflüchte, die menschliche Emotionen trivial erscheinen lassen. Doch ist Illusion nicht Betrug. Nur wenn sie die Möglichkeit des Dämonischen ausblenden, lügen die Bilder von den Engeln und Madonnen.

Für das Baby, das zeitweilig von der Illusion des Gutseins und der Vollkommenheit zehrt, ist die alltägliche, liebevolle Mutter eine Heilige. Was diese selbst angeht, so wünscht sie sich bald die Wiederherstellung ihrer Grenzen. Sie hat die Auflösung und die überhitzte Sinnlichkeit des Einswerdens mit ihrem Baby riskiert. Aber sie hat auch den ganz normalen Wunsch, zu schlafen, wenn sie müde ist, eine geruhsame Mahlzeit ohne Unterbrechung zu sich zu nehmen, zu duschen, ein Buch zu lesen, Blumen zu pflanzen, mit ihrem Mann zu schlafen und gehalten zu werden.

Die Loslösung beginnt. Etwa mit vier oder fünf Monaten, just zu dem Zeitpunkt, da sich bei der Mutter das Bedürfnis nach klaren eigenen Grenzen meldet, beginnt ihr Baby, Verhaltensweisen an den Tag zu legen, die es ihr erleichtern, ihre Selbständigkeit zurückzugewinnen. Das besondere Lächeln, das der Säugling seiner Mutter auf dem Gipfel des Einsseins zeigt, signalisiert, daß die zweite Geburt unmittelbar bevorsteht. Dieses Lächeln unterscheidet sich grundlegend vom automatischen Wiedererkennungslächeln des zwei Monate alten Kindes. Dieses reagierte auf die besondere Form von Menschsein, die seine Mutter repräsentierte. Sein Wesen verschmolz mit der Menschlichkeit ihrer Stimme, ihres Geruchs, ihrer Körperbewegung und ihres Herzschlags. Allmählich wird die primäre Verbindung des Einsseins um den besonderen Dialog des Babys mit der Mutter erweitert.

Mit fünf Monaten gibt sich das Baby nicht mehr mit dem Wiedererkennungslächeln zufrieden. Daneben werden jetzt auch Körper und Kleidung der Mutter eingehend betrachtet und sorgfältig untersucht. Mit Kopf und Augen folgt das Kind ihren Bewegungen, wenn sie das Zimmer betritt und verläßt. *Aktiv* ist die Aufmerksamkeit seines Körpers, wenn es auf ihre Stimme lauscht und ihre Erscheinung betrachtet. Die Tätigkeit des Babys beschränkt sich jetzt nicht mehr bloß darauf, den Unterschied zwischen der Mutter und anderen zur Kenntnis zu nehmen. *Aktiv* folgt es ihrem Kommen und Gehen. Aktiv sehnt sich das Baby nach der Mutter – was bedeutet, daß seine ersten menschlichen Erinnerungen aufgebaut werden.

Das Baby hat jetzt eine besondere Bindung an eine besondere Mutter. Es wird das Stück, in dessen Verlauf es zu einem eigenständigen und einzigartigen Selbst wird, mit diesem *einen* menschlichen Mitspieler und mit keinem anderen aufführen. Sein Vater spielt in dem Stück eine wichtige Rolle, aber bis das Getrenntsein verwirklicht ist, beschränkt sich seine Mitwirkung auf eine Nebenrolle, die die zentrale Mutter-Kind-Beziehung bereichert und ergänzt.

Bis zu seinem fünften Monat sind dem Säugling viele andere Menschen vertraut geworden. Möglicherweise lächelt er Vater, Großmutter oder Schwester fast genauso zu wie der Mutter. Doch er wird ihnen gegenüber nichts empfinden, was so gebieterisch oder heftig wäre wie die Bindung an die Mutter. Es wird von anderen nicht so enttäuscht sein und sie nicht mit so viel Leidenschaft lieben oder hassen. Ihr Verlust oder ihr Verschwinden wird das Kind nicht an den

Rand der Verzweiflung bringen.

Die besondere Beziehung, die der Säugling zur Mutter unterhält, muß flexibel genug sein, um auch Liebe zu anderen einschließen zu können. Sie muß stark genug sein, um die Belastungen auszuhalten, die der Kampf des Kindes um seine separate Individualität mit sich bringt. Vor allem muß die besondere Bindung an die Mutter halten, wenn dem Kind endlich die schreckliche Tatsache des Getrenntseins dämmert. Bei jedem Schritt auf diesem Weg, jedes Mal, wenn die Mutter es enttäuscht oder die Welt seine Bemühungen, sie zu erobern, zunichte macht, wird das Kind sich danach sehnen, jene erste Seligkeit des Einsseins wiederherzustellen, als die Harmonie in seinem Inneren das Gefühl schuf, ein Engelskind im Schoße einer Madonna zu sein.

Beginnende Loslösung und erste Eroberungen: Ausgreifen und Fortkrabbeln (Vier bis elf Monate)

Das unsichtbare Band. Niemand braucht dem Säugling zu sagen, wann er mit der Loslösung zu beginnen hat. Die Lebhaftigkeit, die die Muskeln des Babys erfüllt und es drängt, mit den Augen zu schauen und mit den Fingern zu greifen, kommt aus seinem Inneren. In einer festen Bindung sicher gehalten, kann es anfangen, die Welt außerhalb der Mutter-Säugling-Sphäre des Einsseins zu erforschen. Wie ein Sämling braucht ein Baby nur den richtigen Boden und die richtige Ernährung. Dann wird ihn schon die Energie seiner Wachstumsprozesse in die Welt hinaustreiben. Dieselben Wachstumsprozesse sorgen dafür, daß das Kind weiß, wie es in die Welt auszugreifen hat und wie es sich diese aneignen kann.

Das Baby ist erheblich komplizierter als die Blume, deren Blüte schon im Samen angelegt und vorgezeichnet ist, weil es eine natürliche Tendenz besitzt, seine Wurzeln zu lösen und fortzustreben. Während eine Blume nicht mehr wächst, wenn man sie aus dem Boden reißt, gedeiht das Baby nur, wenn es seinen Drang nach Entwurzelung und Fortstreben ausleben kann. Der Nährboden des Babys ist seine Bindung an die Mutter. Das heißt mit anderen Worten, daß das Körperwachstum des Babys von psychischen Kräften Nahrung und Richtung erhält. Wir sahen, wie sich in der Phase des Einsseins dieses Band in den anschmiegenden und versteifenden Körperhaltungen des Babys so wie den haltenden Gesten der Mutter herausbildet. Bei der allmählichen Loslösung wird das Baby, während es sich durch den die Mutter umgebenden Raum bewegt, auf ähnliche Weise in Ansätzen erkennen lassen, daß es dieses Band neu und anders versteht. Doch meist sind die psychischen Kräfte, die dem Baby menschliches Leben geben, so unsichtbar wie die Energien, die ihm die Kraft zu Wachstum und Entfaltung verleihen. Das Band stellt den Ausgangspunkt der psychischen Geburt des Babys dar.

Für das fünf Monate alte Kind ist die Vorstellung unfaßbar, es selbst oder die Mutter könnte ohne den anderen existieren. Nicht daß das Kind dieses Alters selbstsüchtig oder besitzergreifend wäre. Es besitzt einfach keine Möglichkeit, die eigene Person zu vergegenwärtigen, ohne gleichzeitig irgendeinen Aspekt der Mutter heraufzubeschwören – ihre Berührung, ihre haltenden Arme, ihren Geruch, ihre Augen, ihre Brustwarze im Mund, ihre Gegenwart in der Welt. Die zweite Geburt wird beherrscht von den psychischen Veränderungen, die dem Vorstellungsvermögen des Säuglings schließlich die Erkenntnis bescheren, daß seine Mutter ein eigenständiges menschliches Wesen ist. Glücklicherweise wird dem Baby die enttäuschende und erschreckende Tatsache seines Getrenntseins erst bewußt, wenn sein Gedächtnis, seine Urteilsfähigkeit und seine Körperbewegungen verläßlicher und sicherer geworden sind.

Wie die gleichfalls unsichtbaren kosmischen Strahlen und Atomteilchen macht sich das Band zwischen Mutter und Baby bemerkbar durch die Wirkungen, die es hervorruft. Das Band ist mächtig genug, um das Kind in die Sicherheit zurückzuziehen, wenn es die Schwellen zur Welt überschreitet. Selbstvertrauen und Mut des Babys teilen uns mit, daß das Band flexibel genug ist, um dem Baby Bewegungsfreiheit zu geben. Zwar fließt die mütterliche Brust nicht mehr vor Milch über, wenn das Baby schreit, doch beobachtet die Mutter es im Zimmer und weiß sofort, ob es hochgenommen werden muß, ob es ein Lächeln braucht oder ob sie es sich selbst überlassen kann. Obgleich die Mutter jetzt in ihrer eigenen Sphäre kommt und geht wie das Baby in der seinen, werden ihre beiden Sphären durch die Energien des Bandes polarisiert. Das Band ist wie eine Magnetkraft, die das Baby zur Mutter und die Mutter zum Baby zieht. Es ist das Kraftfeld einer Gefühlsbeziehung, das andere durchqueren können, ohne irgendwelche Einwirkungen zu spüren. Doch jeder, der weiß, was es heißt, ein Baby oder eine Mutter zu sein, kann es sehen. Mutter und Baby elektrisieren einander mit einem Blick oder einem Schweigen. So mag die Mutter zum Beispiel im Gespräch mit einer Freundin ihre Haltung auf dem Stuhl verändern. Das Baby, das auf einer Decke in einer anderen Ecke des Zimmers spielt, blickt hoch, als wollte es sich vergewissern, daß sie noch da ist. Sobald es sich von ihrer Gegenwart überzeugt hat, lächelt es. Sein Lächeln zieht den Blick der Mutter auf sich. Ohne ihr Gespräch einen Augenblick lang zu unterbrechen, lächelt die Mutter zurück, womit sie sagt: »Heda, du!«

Das Kraftfeld emotionaler Beziehung, welches das unsichtbare

Band konstituiert, hält die Anziehung zwischen Mutter und Kind am Leben, indem es sie zusammenführt, wenn das Kind ein entsprechendes Bedürfnis verspürt, und sie auseinanderstreben läßt, wenn die Ganzheit des Babys wiederhergestellt ist. So ist das Kind in der Lage, in sein eigenes Sein hineinzuwachsen, während es in Gegenwart der Mutter allein spielt.

Babys wissen, wann sie mit der Loslösung zu beginnen haben. Das angeborene Verlangen des Kindes nach menschlichen Beziehungen ist stark genug, um seinen natürlichen Entwicklungsdrang zu bremsen, besonders wenn es nicht die Art von Nahrung bekommen hat, die es braucht. Ein Kind, dessen Mutter deprimiert war, übermüdet oder aus anderen Gründen für Halten und Zwiesprache emotional nicht zur Verfügung stand, wird seine ersten Schritte in Richtung Getrenntsein möglicherweise aufschieben. Es wird weiterhin bemüht sein, sich anzuschmiegen, und seine Aufmerksamkeit von der Welt außerhalb der Mutter-Kind-Sphäre abwenden, bis sich jene Beziehungsform herausgebildet hat, die das unsichtbare Band schafft und erhält. Auf der anderen Seite beginnen manche Babys ungewöhnlich früh mit der Loslösung, besonders diejenigen, deren Mütter nicht an den kindlichen Drang nach Entwicklung und Erkundung der Welt glaubten. Solche Mütter handeln, als läge es allein in ihrer Verantwortung, das Baby zu formen. Ihre ständige, zudringliche Reizbarkeit wird das Kind nicht selten dazu veranlassen, den Zustand des Getrenntseins so rasch wie möglich zu suchen. Solche Babys scheinen Fremde vorzuziehen und versteifen sich bereits mit drei Monaten gegen die Umschlingung des Einsseins. Ungeduldig halten sie Ausschau nach der nichtmütterlichen Welt.

Mit vier Monaten hat das Kind meist die psychischen Energien erworben, die die Energien seiner Wachstumsprozesse steuern werden. Gemeinsam tragen beide Energiequellen zur Kraft und Flexibilität des unsichtbaren Bandes bei.

Die Mutter der Loslösung. Die Mutter sieht das Band zwischen sich und dem Baby wie durch ein umgekehrtes Fernrohr. Das Band ist der konzentrierteste Teil ihres Lebens, macht aber nicht ihr gesamtes Dasein aus. Es gibt Augenblicke, da sie all ihre emotionale Energie darauf richtet, eine haltende Umwelt für ihr Baby zu schaffen. Aber ihre Welt ist unendlich viel weiter als die gedrängte Welt ihres Kindes. Und sie kann sich ein eigenes Dasein vorstellen, das nichts mit dem ihres Kindes zu tun hat. Sie hat ihr Baby nicht ständig vor Augen, kann sich aber, wenn sie es wünscht, sein Gesicht und seinen Körper vergegenwärtigen. Sie kann sich sogar die Einzelheiten des Zimmers, in dem es sich befindet, ins Gedächtnis rufen und sich genau vorstellen, was es tut. Es mag die Mutter schmerzen und bekümmern, von ihrem Baby getrennt zu sein, doch weiß sie, daß sie in Kürze wieder bei ihm sein wird. Mit vier Monaten hat das Kind keine Möglichkeit, sich vom Vorhandensein der Mutter zu überzeugen, wenn sie nicht bei ihm ist. So beruhigt es sich durch magisches Denken. Es stellt sich die Mutter als Erweiterung seiner selbst vor.

Zum beherrschenden Thema der zweiten Geburt wird die Frage, wie aus der vagen Möglichkeit einer Loslösung von der Mutter, die dem vier Monate alten Kind zu dämmern beginnt, gegen Ende des zweiten Lebensjahres die mehr oder minder klare Realität wird.

Das andere Thema sind die Energien und Abfolgen der angeborenen Wachstumsprozesse des Säuglings. Wie das Baby auf Ausgreifen, Aufrechtsitzen, Krabbeln, Stehen und Laufen reagiert, zeigt, wie weit es mit der zweiten Geburt ist und was sie ihm bedeutet. Die beiden Themen sind eng verwoben. Keines ergibt einen menschlichen Sinn ohne das andere. Die zweite Geburt wäre nicht notwendig, wenn die totale Bedürftigkeit des Säuglings und sein Verlangen nach menschlicher Bindung ihn nicht primär an das Einssein mit der Mutter gefesselt hätten. Entsprechend fände die zweite Geburt nicht statt, wenn der Säugling nicht durch seinen Drang nach Wachstum und Entfaltung aus dem Umkreis des Einsseins hinausgetrieben würde.

Die Welt ist verlockend. Der Säugling streckt die Arme aus, sie zu berühren. Er beugt seinen Körper fort vom Körper der Mutter. Er hockt auf dem äußersten Rand ihres Schoßes. Wenn sie ihn hält, reckt er sich mit Bein- und Armmuskeln empor, um von ihrer Schulter aus einen guten Blick auf die Welt zu haben. Seine Arme stemmen sich gegen die Brust der Mutter, und sein Kopf ist weit von ihrem Gesicht fortgebeugt, damit er sie besser in den Blick bekommt. Mit großer Konzentration betrachtet das Baby das Gesicht der Mutter, als hätte es dieses noch nie gesehen.

Das Gesicht, das das Kind betrachtet, ist nicht das Gesicht der Mutter des Einsseins. Die Mutter der Loslösung ist »dort draußen« in der Welt – eine Mutter aus Fleisch und Blut, die jenseits der Körpergrenzen des Babys lebt, zwischen den anderen Dingen, die dort draußen sind. Trotzdem hebt sie sich gegen den Hintergrund aller anderen Gesichter, Stimmen, Laute, Bilder und Bewegungen ab. Ihr Gesicht, ihr Köprer und ihre Gegenwart verleihen den Formen der übrigen Welt »dort draußen« deutlichere Kontur.

Ohne Bindung an eine Mutter kann sich kein Kind einen Ort in der Welt zuweisen. Krabbeln und Laufen ereignen sich im leeren Raum. Hilflos treibt das Kind ohne Orientierung und Richtung. Entfernung hat für das Kleinkind keine Bedeutung, wenn es nicht Entfernung von jemandem ist, mit dem es im Dialog steht. Der Orientierung durch die mütterliche Gegenwart beraubt, hat das Kind keinen Ort, an den es zurückkehren kann, keine Möglichkeit, sich vorzustellen, wie weit oder wohin es krabbeln und gehen soll. Die Bewegung des Körpers bringt keine Ausgelassenheit und Freude. Statt dessen stößt sich das Kind in dem verzweifelten Versuch, die Grenzen seines Körpers und die Ränder seiner Welt zu bestimmen, an den Objekten der Welt dort draußen. Später mögen Worte fallen, doch sind sie unbrauchbar für Dialog und Gespräch.

Die Mutter der Loslösung kommt und geht in ihrer eigenen Sphäre. Das fünf Monate alte Kind hat jetzt, da es sich in seiner Sphäre zu bewegen beginnt, ihr Kommen und Gehen zu kalkulieren. Wenn es sich von ihr entfernt, muß es in der Lage sein, sie wiederzuentdecken und zu ihr zurückzufinden. Der Wunsch nach Ausgreifen ist unwiderstehlich. Doch macht er dem Baby auch Kummer. Es weiß nicht recht, was es mit all seiner Energie und Erregung anfangen soll. Werden sie es so weit fortführen, daß es seine Mutter verliert? Wird es seine Richtung in der Welt verlieren? Und was ist der Mutter des Einsseins zugestoßen?

Die Mutter des Einsseins bleibt beim Baby als Erinnerung an Wohlgefühl, Befriedigung, Entspannung, Selbstvertrauen und Gutsein. Kann das Baby diese Erinnerungen wiederbeleben und festhalten, kennt es seinen Ort in der Welt. Es hat Vertrauen in die Neuartigkeit der Welt und findet sie merkwürdig und interessant – überhaupt nicht befremdend und bedrohlich. Solch ein Kind braucht sich nicht allzu viel Sorgen um die Frage zu machen, ob die Mutter es liebt und wo sie sich aufhält. Zu seiner Selbstgewißheit gehört die Vorstellung, daß die wirkliche Mutter – die Mutter aus Fleisch und Blut – Bestand hat. Sie wird sein Orientierungszeichen, sein Sicherheitsanker sein. Sie wird es nicht hilflos treiben oder im Stich lassen.

Wenn die Mutter der Loslösung auch nicht fest an einem Ort

bleibt, so läßt sie doch keinen Zweifel daran, daß ihrem Kommen und Gehen keinerlei Geheimnis innewohnt. Ihre Bewegungen sind voraussagbar und verläßlich. Nie entfernt sie sich so weit oder so lange von ihrem Baby, daß dieses das Gefühl hat, es hätte sie für immer verloren.

Die Mutter der Loslösung schafft eine Welt, welche die Neugier ihres Babys reizt. Sie ist eingestimmt auf die Anregung von Erkunden, Suchen, Ausstrecken und Ausgreifen. Wenn sie bemerkt, daß sich ihr Baby für ein Spielzeug interessiert, legt sie es so weit fort, daß das Kind sich strecken muß, und so nahe, daß es das Spielzeug erreichen kann. Wenn seine Augen von einem neuen Spielzeug gefesselt sind oder wenn es all seine Kraft zusammennimmt, um fortzukrabbeln, nimmt sie das Baby nicht hoch, um seine Aufmerksamkeit wieder auf sich zu lenken. Sie ist nahe genug, daß es zu ihr zurückkehren oder sie rufen kann, wenn es sie braucht. Sie läßt das Baby in ihrer Gegenwart allein spielen, so daß es die psychische Geburt erleben kann, die es mit seiner besonderen Persönlichkeit ausstatten wird.

Choreographie: Krabbeln, Heimatstützpunkt, Rückversichern, Auftanken. Mehrere Monate, bevor es durch den Raum und zur Tür hinauskrabbelt, beginnt sich das Baby zum Rand des mütterlichen Schoßes zu schieben. Sein Körper ist begierig, sich auf den Fußboden gleiten zu lassen. Aber sein fünf Monate alter Verstand kann noch nicht das volle Ausmaß der Bewegung vom Schoß zum Fußboden ermessen. Es drängt und rutscht, bis die Mutter eingreift. Sie hilft dem Kind hinunter und legt es auf den Bauch, so daß es allein zu ihren Füßen spielen kann.

Das Baby spielt allein, indem es ausgreift, um mit den Händen zu fühlen. Seine Augen sagen den Händen, wohin sie sich zu wenden haben. Der Anblick der Hände, die sich zu einem bestimmten Ort in der Welt bewegen, regt auch den restlichen Körper des Babys dazu an, auszugreifen. Ausgreifen ist die Ausgangsstufe von Fortkrabbeln.

Um die Lücke zwischen Greifen und Krabbeln zu schließen, wird jedes Baby ganz persönliche Improvisationen erfinden: Es greift nach oben, rollt vom Bauch auf den Rücken, greift wieder hoch und rollt wieder auf den Bauch; es rollt vom Bauch auf den Rücken, setzt sich auf und beugt sich vornüber; Brust und Bauch auf dem Boden, greift es mit beiden Händen nach vorn und rutscht vorwärts; es rollt sich auf den Rücken und bewegt sich in dieser Lage ruckweise vorwärts; es liegt auf dem gewölbten Bauch und schiebt den Körper vorwärts, seitwärts oder rückwärts; es rollt sich seitwärts durch das Zimmer; es dreht sich mit gewölbtem Bauch auf der Stelle; es setzt sich auf, hält sich am Stuhl fest und zieht sich in den Stand; es setzt sich auf und hält diese Position, ohne sich zu rollen oder auf den Bauch zu drehen.

Die Haltung »Knie-und-Handflächen-auf-dem-Boden – Brust-und-Bauch-vom-Boden«, die dem Baby die Möglichkeit zu vorwärtsschwankenden, ausgreifenden Bewegungen, »Krabbeln« genannt, gibt, kann nach einigen Wochen des Überrollens und Auf-dem-Bauch-Rutschens erreicht werden oder auch nach einigen Monaten. Wenn das Kind die Grundhaltung eingenommen hat, muß es noch ein bißchen herumprobieren, um herauszufinden, wie es das Gewicht zu verlagern und Arme und Beine abwechselnd zu setzen hat. Ein paar Tage oder Wochen trainiert das Baby, sich auf die Knie zu stemmen, vorwärts und rückwärts zu schwanken und über die nächste Bewegung nachzudenken. Die meisten Kinder entscheiden sich für die Regel, rechtes Knie/rechte Handfläche mit linkem Knie/linker Handfläche abzuwechseln. Ein paar hüpfen wie beim Bockspringen vorwärts: erst beide Hände, dann beide Knie. Andere heben die Knie vom Boden und bewegen sich im Bären-Gang vorwärts: rechte Fußspitze und Handfläche, linke Fußspitze und Handfläche.

Niemand muß dem Kind zeigen, wie man krabbelt. Sein Körpergeist überlegt sich, welche Hand zuerst kommt und wie die alternierenden (oder nicht-alternierenden) Bewegungen von Hand und Knie aussehen müssen. Einem denkenden Wort-Verstand würde das Problem des Kriechens schwer zu schaffen machen. Vater und Mutter des Kindes hätten Schwierigkeiten, den Wechsel von Hand und Knie in geordneter Rede zu beschreiben. Doch wenn man sie veranlaßt, sich auf die Knie herunterzulassen, können sie fast so gut wie das Baby krabbeln.

In der Zeit zwischen dem Ausgreifen und Fortkrabbeln verstärken die Rhythmen des aus eigener Kraft bewirkten Überrollens, Schaukelns, Auf-dem-Bauch-Rutschens und Aufstützens die harmonischen Rhythmen im Körperinneren des Babys. Mund, Hände und Augen verbinden sich mit den neuausgegrenzten Teilen des Körper-

Ichs – mit Knien, Bauch, Brust, Armen, Ellenbogen und Handflächen. Zwischen Knie und Handfläche erstreckt sich jetzt eine vibrierende Lebendigkeit, die eine Beziehung zwischen Nacken-, Brust-, Rücken- und Bauchmuskeln herstellt. Die lebhaften Improvisationen des expandierenden Körper-Ichs konkretisieren die Erfahrung des Kindes von seiner individuellen Existenz. Doch sind seine Gefühle gemischt. Während der Anfänge des Krabbelns sind die Vorteile des freien Umherstreifens und der Körperbewegung häufig von nagenden Zweifeln überschattet. Zeitweilig weicht die gehobene Stimmung des krabbelnden Kindes der Besorgnis. Aufsitzen und Krabbeln ist für das Baby unwillkommene Erinnerung an Getrenntsein. So zögert es.

Entdeckergeist drängte das Kind, vom Schoß der Mutter auf den Boden zu rutschen. Jetzt, da es krabbeln kann, ist ihm gewiß nicht daran gelegen, seine Zeit in den engen Grenzen des »Schoß-Reiches« zu vertun. Doch bei all seinem hartnäckigen Vorwärtsdrang vergißt das Kind selten einmal, wo sich Mutters Schoß befindet. Er ist der Heimatstützpunkt des Babys.

Das unsichtbare Band, das dem krabbelnden Baby genügend Bewegungsfreiheit läßt, um seinen Platz in der Welt zu entdecken, bringt es auch wieder zum Heimatstützpunkt zurück. Dieser ist sein Bezugspunkt. Wenn das Baby beim Krabbeln im Begriff ist, die Schwelle zu einem anderen Zimmer zu überqueren, hält es jäh inne. Es blickt über die Schulter zurück. Durch den Blick und ein vorsichtiges Neigen des Körpers rückversichert es sich, sucht es die räumliche Position der Mutter. Abermals wendet sich sein Körper der einladenden Aussicht des unbekannten Zimmers vor ihm zu. Es hebt eine Hand, schiebt ein Knie vor, als wollte es seinen Weg fortsetzen. Doch immer noch zögert es unschlüssig. Wieder wirft es einen Blick zurück. Soll es vorwärts oder zurück? Die Antwort ist ungewiß. Entscheidet sich das Baby gegen weitere Erkundung, wird es fast mit Sicherheit zur Mutter zurückkriechen. Sobald es den Heimatstützpunkt erreicht hat, lehnt es sich an die Mutter, wobei es auf eine Geste aus ist, die ihm die Beständigkeit des Bandes bestätigt – eine Hand, die seinen Kopf streichelt, ein liebevoller Blick, eine flüchtige Umarmung oder eine friedlich-zärtliche Mahlzeit auf Mutters Schoß.

So lädt sich das Baby wieder auf. Es tankt die liebevollen Energien, die von der Mutter auf das Kind überfließen. Dann bricht es zur nächsten abenteuerlichen Expedition auf. Aber nicht unbedingt über jene Türschwelle hinweg, an der es eben kehrtgemacht hat.

Ein oder zwei Tage zögert das Baby, kehrt zum Heimatstützpunkt zurück, um aufzutanken. Dann wirft es einen letzten Blick zurück, und fort ist es über die Türschwelle. Es begibt sich in das angrenzende Zimmer mit jenem aus vielen Elementen bestehenden Mut, den es gespeichert hat: mit den Energien der Liebe, des Vertrauens in die Gegenwart der Mutter, mit der Freude an der Körperbeherrschung und einem Körper-Handlungsgedächtnis für die tatsächliche Position des Heimatstützpunktes. Nach wenigen Sekunden taucht das strahlende Gesicht des kühnen Eroberers wieder auf. Jetzt genügt zum Auftanken ein bewundernder Blick von der Mutter. Und wieder ist das Baby fort – diesmal für eine längere Reise.

Das unsichtbare Band lockert sich. Jetzt verschwindet das Baby häufiger und für längere Zeiträume. Doch kann kein Zweifel an seiner Bindung aufkommen. Ganz gleich, wie weit es sich entfernt, stets rückversichert es sich beim Heimatstützpunkt. Findet es bei einer solchen Rückversicherung einen leeren Stuhl, wo es die Mutter erwartet hatte, ist es am Boden zerstört.

Einige Kinder wagen sich nie sehr weit vom Heimatstützpunkt fort. Sie sitzen zu Füßen der Mutter und sind es zufrieden, daß sie den kleinen Kreis der in ihrer Reichweite liegenden Spielzeuge meistern. Selbst diese Babys rückversichern sich in Abständen mit einem Blick auf das Gesicht der Mutter, wo sie ein Zeichen der Bestätigung und Beruhigung finden.

Viele Babys brauchen ihren Stützpunkt nicht wirklich zu berühren, um emotional aufzutanken. Sie bekommen alles, was sie brauchen, von einem liebevollen Blick. Ein bewundernder, bestätigender Blick lädt den Körper des Kindes auf. Es wird sich vor Entzücken winden und krümmen, strampeln, auf dem Bauch rutschen und glucksen. Bewundernde Blicke elektrisieren den Körper des Babys. Sie lösen angenehme Rhythmen in seinem Inneren aus. Sie flößen ihm Vertrauen in sein Körper-Ich ein und ermutigen es, über Schwellen zu krabbeln.

Auftanken ist wesentlich für das Wohlgefühl eines Babys, das mit der Loslösung beginnt. Die Welt übt eine permanente Faszination auf das Baby aus. Sein Körper wächst so ungestüm, daß es sich einfach im Krabbeln üben *muß*. Es *muß* ins Unbekannte schauen. Es *muß* seinen Horizont erweitern. Das stellt ziemliche Anforderungen an das Baby. Denn es weiß noch nicht, wo sein Körper anfängt und wo er aufhört. Es beginnt erst damit, sich in ein eigenes Sein hinein abzulösen. Es ist noch nicht soweit, ganz und gar loszulassen. Überdies trägt all dies Auf-dem-Bauch-Rutschen und Krabbeln nicht zu seiner Ganzheit bei. Es fällt fast auseinander. Ein bißchen Auftanken fügt es wieder zusammen.

Der Rausch, in den das Baby durch die Eroberung neuer Horizonte versetzt wird, drückt sich in der sprunghaften Spontaneität seines Krabbelstils aus. Wenn es sich allerdings beim Heimatstützpunkt rückversichert, wenn es dort auftankt, läßt es erkennen, daß sein Rausch so stark denn doch nicht ist.

Was ist mit dem Baby, dessen Mutter in sich gekehrt, niedergeschlagen oder einfach »nicht da« ist, um es mit Gefühlsenergie aufzuladen? Solch ein Baby mag hartnäckig zu Füßen der Mutter hokken, die Kissen ihres Lieblingsstuhls an sich drücken, sich in eine gemütliche Ecke zurückziehen oder sich, auf ihrem Schoße sitzend, anschmiegen und anklammern. Ein anderes Kind mag vor dem Spiegel sitzen, sich hin und her wiegen und unverwandt das Gesicht anstarren, dessen Spiegelbild ihm entgegenblickt. Es verliert jedes Interesse daran, ob jemand kommt oder geht. Schließlich schlägt es sich auch alle Abenteuer und alles Fortkrabbeln aus dem Sinn.

»Nein« und »Laß das!« – Selbertun und Mit-sich- Geschehenlassen. Etliche Monate, bevor das Baby lernt fortzukriechen, zu Beginn der Loslösung, ist der zentrale, der entscheidende Wesenszug in der Welt des Säuglings die Mutter. Ihr Gesicht ist das Zentrum seiner Aufmerksamkeit. Mit Augen und Fingern prüft das Baby Wangen und Lippen der Mutter. Es steckt die Finger zwischen ihre Lippen, mehr oder weniger erwartend, daß sie an ihnen saugt oder sie küßt. Wenn das Baby seine Mahlzeit bekommt, wird es gelegentlich die Mutter »füttern«, indem es einige Finger in ihren Mund steckt.

Während die Mutter es umherträgt, greift es in ihre Haare und umarmt sie. Zwar kann sich das fünf Monate alte Kind sehr gut festhalten und die Mutter umarmen, doch weiß es nicht immer, wie es loslassen soll. So hält es die Mutter umarmt, bis diese seinen Griff löst. Auch Brille und Halskette der Mutter werden bei diesem Zerren und Ziehen nicht verschont. Hin und wieder steckt das Kind seine Finger in Augen, Nase und Ohren der Mutter. Es beißt und kneift ihre Schulter und patscht begeistert in ihr Gesicht.

Bei der Untersuchung des mütterlichen Körpers geht der Säugling mit zärtlich-pfleglichen Gesten vor, aber auch mit jener erregten Aggression seiner Muskeln, die von dem Drang herrühren, zu ziehen, zu kratzen, zu knuffen, zu zerren und zu greifen. Und wenn auch der wachäugige, aufmerksame Blick häufig durch Träumerei mit verhängten Augen verdrängt wird, so ist das Baby doch ganz in sein Tun versunken. Es nimmt die Dinge auf, läßt sich aber Zeit bei dem Versuch, sie zu verstehen.

Auch weiterhin findet das Kind Geschmack an den befriedigenden Rhythmen und Handempfindungen, die es beim Saugen an den Fingern erlebt. Und es ist außerordentlich darauf erpicht, alles, was es greift, in den Mund zu stecken. Dort landen die Finger der Mutter, ihre Halskette, ihr Hemd, ihr Haar. Jetzt saugt das Baby nicht mehr nur. Mit sieben Monaten hat es ein oder zwei Zähne. Deshalb beißt und kaut es.

Die Mutter reagiert mit unterschiedlichen Körperbewegungen und Haltungen, wenn das Baby ihr die Finger in den Mund steckt, an ihrem Haar zieht, in ihre Schulter beißt, in ihre Hand kneift, ihr die Brille herunterreißt.

Während des Einsseins waren die Körperbewegungen der Mutter dazu bestimmt, den Illusionen ihres Babys Vorschub zu leisten. Die von ihr geschaffene haltende Umwelt bestärkte die Körperbewegungen und Erregungen ihres Babys. Grundsätzlich bestätigte sie, wann immer es möglich war, die Tendenzen ihres Babys. Diese Bestätigung stärkte das Selbstvertrauen des Kindes. Es lernte, der Welt jenseits seiner Haut Vertrauen entgegenzubringen.

Da die Bestätigungen des ersten Dialogs das Baby auch auf die vertraute und geschätzte Gegenwart der Mutter aus Fleisch und Blut verpflichten, hat es die Möglichkeit, den neuen Dialog der Loslösung zu verstehen. Es wird dem, was die Mutter ihm mitteilt, im großen und ganzen folgen können, ohne es in allen Einzelheiten einschätzen zu können. Der neue Dialog zwischen Baby und Mutter weist einige entschiedene »Tu dies«, »Laß das« und zahlreiche »Neins« auf.

»Tu dies« wird dem Baby durch die fast spontanen Körperbewegungen der Mutter mitgeteilt, wenn sie seine Gesten gutheißt, wenn ihr gefällt, was es tut. Sie bestätigt die Fütterungsgeste ihres Babys, indem sie sich vorbeugt und ein- oder zweimal an den Fingern saugt, die es ihr in den Mund gesteckt hat. »Laß das« wird vermittelt, indem sie sich entzieht, wenn das Baby beißt und kneift. Mit neun oder zehn Monaten wird das Baby die Vorstellung akzeptiert haben, daß man Spielzeuge aus Gummi und Holz beißen darf, nicht aber die Mutter. Es mag diese Vorstellung spielerisch noch in Frage stellen, das Prinzip aber hat es begriffen. Zu diesem Zeitpunkt mag ihm auch aufgegangen sein, daß sein Fassen und Knuffen bis zu einem gewissen Grade zulässig ist, während das für andere Ausdrucksformen seines Ausgreifens in die Welt nicht gilt.

Das Baby verläßt sich darauf, daß die Mutter ihn entsprechend informieren wird. Vielleicht hat schon der winzige vierwöchige Säugling schreckliche Befürchtungen, wenn er die Brust der Mutter in grimmigem Hunger attackiert. Wenn das Baby also auch die Bedeutung der ersten »Tu dies« und »Laß das« nicht in ihrem ganzen Ausmaß begreift, ist es doch dankbar, etwas über die verschiedenen Möglichkeiten zu erfahren, die ihm zur Verfügung stehen, um seine Erregungen und Energien zu äußern.

Das Baby ist ein Geschöpf, das heftigen Antrieben ausgesetzt ist. Vor allem muß es seinem Drang Luft machen, die Welt in Augenschein zu nehmen und seinen Körper durch den Raum zu bewegen. Es muß greifen, kneifen, zerren, ziehen, kratzen, beißen, kauen. Es muß unter Tische, zwischen Stühle, über Türschwellen kriechen. Es muß sich auf Bücherregale und die Gitter seines Laufstalls ziehen. Solche Handlungen sind sinnvoll für das Baby, weil sie ihm bestätigen, daß es Herr über seinen Geist und seinen Körper ist. Je älter es wird, desto heftiger wehrt es sich dagegen, daß etwas mit ihm getan wird, desto entschiedener wünscht es, alles allein zu tun.

Mit sechs Monaten möchte das Kind lieber von der Mutter oder vom Vater als von jemand anders gefüttert werden. Es führt ein freundliches Augengespräch mit ihnen, während es sein Essen hinunterschluckt. Sie stecken ihm den Löffel auf genau die richtige Weise in den Mund. Es kann sich darauf verlassen, daß sie ihm zwischen den Happen genügend Zeit lassen. Sie richten sich nach seinen eigenen Tendenzen, das Essen langsam zu schmatzen oder rasch und heftig hinunterzuschlingen.

Trotzdem zeigt sich das Kind gewöhnlich mit acht oder neun Monaten Löffeln und dem ganzen Geschäft des Gefüttert-Werdens gegenüber ungeduldig. Es möchte vielleicht schon selbst mit dem Löffel essen, schafft dies Kunststück aber noch nicht. So werden Löffel zu idealen Wurfgeschossen und Schlagwerkzeugen, sind aber zugleich Hindernisse für den ungeduldigen Versuch des Babys, die Nahrung selbst in den Mund zu führen. Essen ist ohne Sinn, wenn das Baby sein Brot nicht zerkrümeln, seine Banane nicht zermanschen, die Finger nicht in sein Gemüse und seinen Brei bohren kann. Sehr oft findet es auch Gefallen daran, seine Eltern ein bißchen zu füttern. Das gibt ihm das befriedigende Gefühl, jetzt für andere tun zu können, was diese einst für es getan haben. Wenn die Eltern dies zulassen, schließt das Baby daraus, daß sie es schätzen, von ihm gefüttert zu werden. Es glaubt, es handhabe die Nahrung ganz phantastisch, und möchte dafür bewundert werden. Wenn das Baby sehr hungrig ist, gestattet es Vater oder Mutter vielleicht sogar, ihm die Nahrung auf ihre gekonnte Weise mit dem Löffel in den Mund zu befördern. Aber es wird den Löffel mit anfassen und mit führen, um das Gefühl zu haben, sich selbst zu füttern.

Manche Mütter und Väter machen dem Unsinn dieser Mahlzeiten ein Ende, indem sie dem Kind die Hände festhalten und das Füttern so rasch als möglich hinter sich bringen. Das acht oder neun Monate alte Kind versteht, wenn sich der Körper der Mutter seinen Bissen entzieht. Ein totales Rätsel ist es ihm aber, wenn es sein Essen nicht zermanschen darf und wenn ihm der Löffel in den Mund gestoßen wird. Diese Art des Neinsagens läßt das Baby sein Essen hassen und Mahlzeiten fürchten. Es wird sich wehren, so gut es kann, indem es den Kopf von dem aggressiven Löffel fortwendet und jeden Bissen eisern im Mund behält, ohne ihn herunterzuschlucken. Manchmal schüttelt es den Kopf hin und her und beendet die verfahrene Situation schließlich dadurch, daß es alles ausspuckt.

Das Baby kann überhaupt damit aufhören, feste Nahrung zu sich zu nehmen. Es fängt an, sich seine natürliche Art, die Welt zu erforschen und sein Essen zu sich zu nehmen, als emotional gefärbte aggressive Akte vorzustellen. Solche Vorstellungen werden, so verschwommen und ungestaltet sie im Geist eines neun Monate alten Kindes auch sein müssen, doch zwangsläufig sein Verlangen dämpfen. Jedesmal, wenn ein Kind eine Gelegenheit verpaßt, sein Verlangen und seine Erregung in etwas Verständliches umzusetzen, verliert es an Selbstvertrauen.

Nach einiger Zeit gibt sich das Kind nicht mehr damit zufrieden, der passive Empfänger von Essen und willkürlichem Neinsagen zu sein. Die Wachstumsenergien, die ihn zur Loslösung drängten, erfüllen ihn auch mit aggressiver Energie. Ursprünglich hat Aggression nichts mit Haß oder Zorn zu tun. Sie hat die Aufgabe, einen passiv gefütterten, zärtlich gehaltenen Säugling in ein Geschöpf zu verwandeln, das aktiv handelt, die Dinge meistert, das Universum erobert, in ein Geschöpf, das aufzuheben versteht, was es in Händen zu halten wünscht, fortwirft, was es für überflüssig hält, und sich wiederbeschafft, was es zurückhaben möchte.

Wut. Das Baby benutzt seine aggressiven Energien, um die Welt zusammenzusetzen. Doch danach sieht es gewiß nicht immer aus. Beim Zusammensetzen zerreißt und zertrümmert das Kind gelegentlich etwas. Es schlägt mit Löffeln und wirft sein Spielzeug fort. Es stößt auch die Mutter fort und wendet den Kopf ab, wenn sie es füttern will. Und es läßt sich nicht in Frieden wickeln, wenn es nicht angemessen unterhalten wird. Oft macht das Kind nicht allzu deutlich, daß sich hinter seinem aggressiven Umgang mit der Welt friedliche Absichten verbergen. Seine Handlungen tragen alle Merkmale von Ablehnung, Starrsinn, Zerstörungswut und offensichtlichem Ungehorsam. An so etwas denkt das Baby eigentlich nicht. Aller Wahrscheinlichkeit nach denkt es jedoch auch ein *bißchen* an Zerstörung, wenn es eine Packung Papiertaschentücher zerfetzt. Deshalb verläßt es sich darauf, daß seine Eltern sein Zerreißen und Zertrümmern in Grenzen halten werden. Es prüft Gesichtsausdruck und Körperbewegungen der Mutter, um das Ausmaß seiner Aggression beurteilen zu können. Doch begreift es gar nichts, wenn ihr Gesicht und ihre tadelnde Stimme seine Handlungen als absichtsvolle Zerstörung auslegen.

Es gibt Gelegenheiten, da das Baby regelrecht gewalttätig wird. Aber selbst dann hat es wahrscheinlich nicht wirklich Zerstörung im Sinn. Wenn es ins Bettchen gesetzt wird, während sich die restliche Familie mit der aufregenden Ankunft von Gästen beschäftigt, wenn es zum Baden hochgenommen wird, während sein Geist völlig von der Vorstellung in Anspruch genommen ist, einen Baustein auf den anderen zu setzen, wenn man dem Kind das vierte Glas Wasser versagt, obwohl es damit gerechnet hatte, das Gesicht des Vaters noch ein paarmal auftauchen zu sehen, wenn es zum Ausgehen angezogen wird, während es sich gerade auf das Fläschchen und ein ruhiges Schläfchen eingerichtet hatte – so sind das normale und notwendige »Laß das«, die zu den Routinevorkommnissen im Tagesablauf des Kindes gehören. An manchen Tagen nimmt es sie gleichmütig hin, an anderen ist es am Boden zerstört.

Dann geben die »Laß das« dem Kind das Gefühl, daß etwas mit ihm geschieht und daß es die Kontrolle darüber verloren hat, was mit ihm geschieht und was nicht mit ihm geschieht. So verliert das Kind zugleich die Gewißheit des Einsseins und den Mut des kühnen Eroberers. Dieser doppelte Schlag für seine Selbstachtung macht das Kind hilflos. Es leidet unter extremer Verletzlichkeit und Hilflosigkeit. Ohne das Selbstvertrauen und den Mut, die es zusammengehalten haben, wird das Kind an die wütende Feindseligkeit der ersten Wochen erinnert, an das Gefühl, in Stücke zu zerfallen. Die Welt, die es so mühsam zusammengesetzt hat, ist wieder zerrissen.

Für ein acht Monate altes Kind, das ganz dem Augenblick lebt, das nur einen begrenzten Zeitbegriff hat, gibt es keine Möglichkeit, sich vorzustellen, daß die Dinge je wieder ganz werden. Die in Trümmer gefallene, enttäuschende Welt, die ihn mit einem unerträglichen »Laß das« konfrontiert, ist für alle Ewigkeit eine Enttäuschung.

Das Kind gibt jedoch nicht auf, läßt das Problem nicht auf sich beruhen. Es protestiert. Zwar drückt es seinen Wunsch, die Ganzheit der Welt solle wieder hergestellt werden, auf unvernünftige und etwas verrückte Weise aus, doch offenbart es damit seine Hoffnungen, seinen Wunsch, die Verhältnisse zu verbessern. Es wütet gegen die Welt. Sein Wüten ist ein verschwommener, unbestimmter Gefühlssturm, der die Welt zerstören möchte – sich, die Mutter, den Vater und all das übrige.

Das Weinen des Babys wird zum ohrenzerreißenden Schrei, zum qualvollen Geheul. In unmißverständlichem Zorn stößt und schüttelt es die Stäbe seines Kinderbetts. Es kneift und beißt – sich, seine Mutter, sein Kopfkissen. Es läuft rot und blau an. Einige Babys toben in solchem Zorn, daß ihnen Luft und Kräfte schwinden. Andere mögen sich die Kleider zerreißen und mit dem Kopf gegen die Wand schlagen. Manche Kinder urinieren, leeren ihren Darm und speien, als wollten sie sich von aller Pein in ihrem Inneren befreien.

Es ist ein beängstigender Anblick, der selbst einen Unbeteiligten fürchterlich erschrecken kann. Besonders leicht können Mutter und Vater in Panik geraten und sich von dem leidenschaftlichen Zorn des Kindes anstecken lassen. Sie fragen sich, was sie Schreckliches getan haben. In ihrer Hingabe an das Kind erleben sie seine Qual als ihre Qual, oder seine Wildheit erweckt die wilden Dämonen in ihrem Inneren. Sie schütteln am Bett, toben und schreien das Kind an.

Solange die Eltern den Gemütszustand ihres Kindes teilen, sind sie ohne irgendeinen Nutzen für es. Sobald sie ihre fünf Sinne wieder beisammen haben, werden sie verstehen, daß sich hinter der Wut des Babys der unbestimmte Wunsch verbirgt, das Leben wieder ganz zu machen. Dann können sie dem Kind helfen, sich wieder zu fangen. Ihr Verständnis wird sich dem Kind mitteilen.

Selbst auf dem Gipfelpunkt seines Protestes kann das Baby immer noch den Laut einer beruhigenden, Ja-sagenden Stimme aufnehmen, die ihm versichert: »Alles wird gut«. Vor ihm stehen zwei intakte Eltern, die durch die vom Baby ausgehende Gewalt nicht zerbrochen oder zerstört worden sind. Und das ist alles, was das Baby wissen möchte – daß die Dinge sich zum Besseren wenden und wieder ganz werden. Wenn das Zentrum des Sturms vorüber ist, beruhigt sich das Baby und sieht hinaus in die Welt. Es stellt den Kontakt zu seinem Körper wieder her und registriert, daß alle seine Teile noch an ihrem Platz und miteinander verbunden sind. Sein Geschrei und Geheul wird zu normalem Weinen, dann zu Wimmern und Schluchzen. Jetzt kann das Baby hochgenommen und von den Spuren der Verwüstung gesäubert werden, die es erlebt hat. Im Wüten des Babys drückt sich die unbestimmte Hoffnung aus, die Dinge ließen sich zum Besseren verändern. So hatte das Ganze schließlich doch etwas Gutes.

Dadurch wird das Kind nicht verwöhnt. Einfühlungsvermögen dieser Art gibt ihm Hoffnung. Es hilft ihm, sein Selbstvertrauen und seinen Mut wiederzufinden und sich mit den Grenzen seiner Erregungen und Energien abzufinden. Wenn das Kind acht oder neun Monate ist, kalkuliert es nicht: »Wenn ich einen Wutanfall bekomme, kriege ich, was ich will.« Es gewinnt nicht den Eindruck, durch Wutanfälle lasse sich die Welt wirklich verändern. Sein Zorn erwächst aus dem ängstlichen Gefühl, es höre auf zu existieren. Für das Baby ist die Hauptsache, daß ihm seine Existenz aufs neue bestätigt wird, nachdem sein Zorn verraucht ist. Wenn die Eltern ihm einfühlsam helfen, sich wieder zusammenzufügen, zeigt ihm das den Unterschied zwischen leidenschaftlicher Wut und wirklichem Schaden oder tatsächlicher Zerstörung. Wenn dann aus dem kleinen Jungen ein Vater geworden sein wird, wird er seinen gelegentlichen Haß auf das eigene Baby aushalten können. Selbst wenn die Reizbarkeit und der Kummer seines Babys ihn an den Rand des Wahnsinns bringen, wird er auch weiterhin ein ganz normaler, liebevoller Vater bleiben. Andererseits wird ein Baby, das in seinem Leben den Eindruck gewinnt, es könne die Dinge, die ihm nicht passen, keinesfalls verändern, jede Hoffnung aufgeben. Hat sein eigenes Kind dann Kummer, wird es in bodenloser Hoffnungslosigkeit versinken. Möglicherweise wird ein solcher Mensch seinem Haß sogar freien Lauf lassen und wirklichen Schaden anrichten.

Das Baby fühlt sich sicher beim Ausprobieren seiner Erregungen, wenn es weiß, daß seine Eltern da sein werden, um es zusammenzuhalten. Dafür sind Eltern da. Es erfährt, daß sie es auch weiterhin lieben und ihm keinen wirklichen Schaden zufügen. Seine leidenschaftlichen Liebesbezeugungen und Wutausbrüche verschlingen sie nicht. Im grundlegenden Dialog mit ihrem Kind haben die Eltern die Aufgabe, seine explosiven Empfindungen in verständliche und gewöhnliche menschliche Gefühle wie Hoffnung und Zorn zu übersetzen und es zu ermutigen, auch dann weiterzumachen, wenn der Kummer groß ist.

Alternative Dialoge – Der Fremde. Die Gegenwart der Mutter ist das Fundament für das Dasein des Babys. Ihr Dialog reicht weit in die Zeit zurück, da ihr Menschsein das Baby im Inneren mit Sicherheit und Harmonie und außen mit festen Grenzen gegenüber der neuen Welt ausstattete. Hat der erste grundlegende Dialog den Ansprüchen genügt, ist das Baby mit der Bereitschaft erfüllt, nach alternativen Dialogen auszugreifen.

Von Anfang an hat das Baby einen Vater gehabt. Er hat es beruhigt, gefüttert, gebadet und gewickelt. Er hat es im Arm gehalten und ihm manche Nacht geopfert. Vater und Baby haben zusammen gespielt und sich unterhalten. Das Baby war sich stets der Gegenwart des Vaters in der Welt bewußt. Oft wurde es durch die beruhigende Stimme und die tröstlichen Arme des Vaters von seinen Spannungen befreit. Es kann lange Zeiträume gegeben haben, da der Vater das Kind viel besser als die Mutter gehalten hat. Das Baby nahm von seiner Gegenwart Kenntnis und maß die Unterschiede der Gegenwart seines Vaters und derjenigen seiner Mutter. Vater steht für eine andere Einstellung zum Leben – für die Möglichkeit eines alternativen Dialogs.

Während der ersten Lebensjahre spielen Mutter und Kind gefährlich nahe an der Grenze zwischen Eins- und Getrenntsein. Das Gleichgewicht zwischen gegenseitiger Umklammerung und Auseinanderstreben ist empfindlich. Ist der Vater in ihrer Welt gegenwärtig, bleiben Mutter und Kind mit der Tatsache ihres Getrenntseins in Berührung. Das Kind hat Vertrauen in den Dialog mit dem Vater, auch wenn er sich vom Dialog unterscheidet, den es mit der Mutter geführt hat. Es erfährt, daß der Dialog mit einer mütterlichen Gegenwart im Leben nicht alles ist. Väter üben auf Babys einen besonderen Reiz aus. In dieser Lebensphase bedeutet die Mutter für den Säugling Verwurzelung und Verankerung. Beim Vater kann das Kind damit rechnen, daß er sich hinreichend von der Mutter unterscheidet. Väter verkörpern eine reizvolle Mischung aus Vertrautheit und Neuartigkeit. Sie sind neuartig, ohne fremd oder erschreckend zu sein. Überflüssig zu sagen, daß das Baby den Vater als furchteinflößenden Fremden ansehen und, mit ihm allein gelassen, Angst haben wird, wenn die Mutter ihrem Mann nicht vertraut und eifersüchtig darauf bedacht ist, das Baby ganz für sich zu behalten.

Beim Vater hat das Kind die Möglichkeit zu Sorglosigkeit – zum Experiment mit der Gefahr. Väter haben die Neigung, jene wohlgefügte Routine außer Kraft zu setzen, welche Mütter ins Leben rufen, um die Sicherheit und Ganzheit ihres Babys zu garantieren – sehr zur Verzweiflung der Mutter, wenn sie nach einem erholsamen Tag, den sie ganz für sich allein hatte, bei der Rückkehr ein nervöses, übermüdetes, entsetzlich hungriges, in Auflösung begriffenes Baby vorfindet. Trotzdem haben sich Vater und Baby in ihrer Abwesenheit wahrscheinlich bestens amüsiert, indem sie sich nach Herzenslust ausgetobt und alle Zeitpläne auf den Kopf gestellt haben.

Ist die Mutter länger als einen Tag oder einen Abend fort, entdeckt der Vater gewöhnlich sein verborgenes Talent für Halt-bietendes Bemuttern. Dann ist er fähig, sich an die strategisch ersonnene Routine zu halten und sie häufig um das eine oder andere Element zu erweitern, das unter Umständen noch besser für das Baby ist. Doch im Normalfall handelt er am besten als Vater. Dem Säugling erscheint es vernünftig, wenn der Vater sich wie ein Vater und die Mutter sich auch weiterhin wie eine Mutter verhält.

Im späteren Verlauf der Kindheit, wenn Baby und Mutter die Dilemmata des Getrenntseins aufgearbeitet haben und das Kind eine deutlichere Vorstellung von seiner Individualität gewonnen hat, ist es bedeutsam und bereichernd, wenn das Kind eine Mutter kennenlernt, die nicht nur Geborgenheit und vertrauliche Routine ist, und einen Vater, der meist zärtlich haltende Gegenwart ist. Doch gerade jetzt, zu Beginn der komplizierten zweiten Geburt des Säuglings, helfen ihm die Unterschiede zwischen Vater und Mutter, die Welt zusammenzufügen und die Bedeutung von Unterschieden zu klären.

Andere Menschen – Großeltern, Geschwister, die beste Freundin der Mutter, die Nachbarin von nebenan – werden dem Baby vertraut. Wenn die Mutter deutlich macht, daß sie diesen Menschen vertraut, wird das Kind sie als reizvolle Neuheiten ansehen. Jeder, dem die Mutter vertraut und den das Baby oft genug sieht, hat teil an der Gegenwart der Mutter. Mit jedem neuen Menschen versucht das Baby irgendeine Form von vertrautem Dialog auszuarbeiten, auf den es sich verlassen kann. Sorgen macht sich das Kind von acht Monaten, wenn es in einen Dialog hineingezogen wird, der ihm völlig fremd und unberechenbar ist. Fremdartige Dialoge beschwören die Möglichkeit herauf, daß das Baby die Kontrolle über sich verliert. Alle Säuglinge werden durch Neuartigkeit mobilisiert. Wie der Anblick einer offenen Tür regen auch neue Menschen sie an. Aber sie zögern auf Türschwellen und sind wachsam gegenüber neuen Dialogen. Am ehesten wird das Kind seine Vorsicht gegenüber Fremden mit seinem Mut ins Gleichgewicht bringen können, wenn es in der Sicherheit des mütterlichen Schoßes geborgen ist. Von diesem Ausgangspunkt aus wird das Baby vielleicht spontan nach dem Fremden ausgreifen. Vielleicht entscheidet es sich für das Spiel, das darin besteht, nach dem Fremden auszugreifen und sich in die Arme der Mutter zu flüchten, von der eigenen Tollkühnheit entzückt.

Ein anderes Kind mag noch wagemutiger sein. Zögernd kriecht es auf den Fremden zu. Es macht Umwege und Pausen. Doch solange der Treffpunkt nur ein oder zwei Meter vom Heimatstützpunkt entfernt ist, wird es mit den Schwierigkeiten einer solchen Begegnung sehr gut fertig. Das Baby nähert sich dem Fremden bis auf eine genau abgeschätzte Distanz und betrachtet einen Augenblick das Spielzeug, das dieser ihm hinhält. Dann krabbelt es mit Höchstgeschwindigkeit zurück zum vertrauten Ort des Heimatstützpunktes. Von dort aus betrachtet es den Fremden mit ernstem Staunen. Doch ist es stets bemüht, seine Augen von denen des Fremden abzuwenden. Wenn sich die Augen treffen, ist die Begegnung vorüber. Augenkontakt ist mehr, als das Baby verkraften kann. Es bezeichnet eine beunruhigende Nähe, auf die Fremde kein Recht haben.

In Gegenwart von Vater oder Mutter lassen sich manche Babys sogar von Fremden auf den Arm nehmen. Sie untersuchen Kleidung, Federhalter und Schmuck des Fremden. Nach einiger Zeit fährt das

Kind möglicherweise mit den Fingern über das Gesicht des Fremden, als wolle es sich davon überzeugen, daß unter dem vertrauten Gewand von Nase, Wangenknochen, Augen und Lippen keine verbotene Ware eingeschmuggelt werde. Nach diesem wichtigen Geschäft der Zollkontrolle kehrt das Baby in den sicheren Hafen der elterlichen Arme zurück. Es sieht der Mutter in die Augen, und sein Gesicht erstrahlt in der Freude der Wiedervereinigung. So ist dieses Baby angesichts von Fremdartigkeit zwar nicht sorglos oder ungehemmt gewesen, hat sich ihr aber auch nicht verschlossen. Es hat sich ihr gestellt und sie im Geiste taxiert.

Für ein acht Monate altes Kind ist der Anblick einer Fremden im Zimmer mehr, als es verkraften kann. Hat es das Glück, sich auf Mutters Schoß zu befinden, wenn die Fremde näherkommt, wird es sich abwenden und sich an die Sicherheit des Schoßbereiches klammern. Ist das Baby dieses Alters jedoch zufällig allein auf dem Fußboden oder wird es in der Isoliertheit seines Wagens spazierengefahren, wenn die Fremde in Erscheinung tritt, wird es flattern wie ein zu Boden gefallener Nestling. Es schreit in höchster Not und sucht verzweifelt nach der Mutter. Flehentlich streckt es die Arme nach ihr aus, mit der Bitte, aufgenommen und vor der Bedrohung durch die Fremdheit gerettet zu werden. Schluchzend oder mit einem Riesenseufzer der Erleichterung verbirgt es den Kopf an Hals und Schultern der Mutter. Bei Leuten, die diese ganz und gar nicht ungewöhnliche Reaktion Fremden gegenüber bemerken, heißt es dann häufig: »Das Kind hat Angst vor Fremden.«

Tatsächlich aber hat es Angst vor sich selbst. Das Fremde erinnert es an schreckliche Dinge: an seine Verletzlichkeit, an das, was es mit sich geschehen lassen muß, an das Getrenntsein von der Mutter und vor allem an die Unvorhersagbarkeit von Ereignissen. Das Baby weiß nicht, was es tun und wie es sich dem Fremden gegenüber verhalten würde. Das Baby, das beim Näherkommen des Fremden in Panik gerät, traut sich selber nicht.

Zwischen Verwunderung und Panik liegt ein breites Spektrum möglicher Reaktionen gegenüber Fremden. Alle Kinder sind vorsichtig. Sobald eines eine besondere Bindung an eine besondere Mutter hat, wird es der Anblick eines fremden Gesichtes ernüchtern. Mit sieben oder acht Monaten wird diese Ernüchterung zumindest durch einen Anflug von Besorgnis verstärkt. Selbst der tapferste Eroberer wird sich schließlich in die Sicherheit des Heimatstützpunktes flüchten. Vorsicht vor Fremden hat zwei Richtungen: zum einen die der Flucht, *fort* vom Fremden. Doch ist der Fluchtweg nicht ohne bestimmte Richtung und Orientierung; er führt *zu* jemandem, auf den das Baby zählen kann.

Eine gewisse Spielart dieser Vorsicht zeigt sich bei fast allen Babys, und zwar bald nachdem sie sich an jemanden gebunden haben und unmittelbar bevor sie bereit sind, ins Unbekannte hinauszukrabbeln. Das Zögern auf der Schwelle ist ein Grundelement der Choreographie früher Eroberungen. Diese war schon lange geschrieben, bevor das Baby auf die Welt kam.

Vor etwa einer Million Jahren, im Dämmerlicht menschlicher Evolution, begannen sich die unzähligen Besonderheiten, welche das Gleichgewicht zwischen Bindung und dem Drang nach neuen Territorien bestimmen, dem menschlichen Geist einzugraben. Jene Menschen, die die Erfahrungen der Eiszeit lange genug überlebten, um Nachkommen in die Welt zu setzen, gaben diese Eigenschaften an nachkommende Generationen weiter. Vorsicht gegenüber Fremden gehört also ebenso zur Bereitschaft des Babys für die psychische Geburt wie sein Verlangen nach menschlichem Dialog, der Appell seines Lächelns und seiner pausbäckigen Hilflosigkeit, seine Fähigkeit, die Hände mittels der Augen zu steuern, und sein Drang, fortzukrabbeln.

Das Zimmer jenseits der Schwelle ist kein riesiger unbekannter Dschungel, der wilde Tiere birgt. Der Fremde im Park ist kein gefährlicher Feind, der das Baby rauben und für immer aus der Sicherheit des mütterlichen Schoßes entführen wird. Doch klingt in der ängstlichen Wachsamkeit des Babys unserer Zeit die Eiszeit nach, in der solche Dinge Wirklichkeit waren. Damals hing das Überleben des Kindes tatsächlich davon ab, daß es eine Bindung hergestellt hatte, auf die es zählen konnte, bevor sein Körper von dem Drang beseelt wurde, über die Grenzen des mütterlichen Schoßes hinauszugelangen.

Der Alltag der meisten Babys ist heute nicht mehr von den Gefahren des Dschungels und feindlicher Stammesangehöriger bedroht. Doch das Menschsein des Kindes wird auch weiterhin bestimmt von dem Gleichgewicht zwischen der Sicherheit des vertrauten Dialogs und des Heimatstützpunktes auf der einen Seite und dem Drang, sich ins Unbekannte hinauszuwagen, auf der anderen Seite. Gelegentlich wird ein genetischer Unfall oder ein totaler Mangel an haltender Umwelt des Kind ohne die Geborgenheit des Heimatstützpunktes hilflos sich selbst überlassen. Es klammert sich an jeden und niemanden. Ziellos durchstreift es die Welt, voller unfaßbarer Ängste und Befürchtungen.

Zwischen den entsetzlichen Folgen solcher Unfälle von Natur und Kultur und normaler menschlicher Bindung liegen die unzähligen Spielarten, die aus dem einen Menschen einen ängstlichen, überaus anhänglichen Stubenhocker machen, aus einem anderen einen kühnen Eroberer, der nie bei einer Liebe oder bei einem Heimatstützpunkt bleibt, und aus einem dritten einen selbstgenügsamen Narziß, der durch seine Ängste an das eigene Spiegelbild gefesselt bleibt. Aber die meisten von uns sind so feige, daß sie zögern und warten, bis sie eine feste Richtung haben, bevor sie sich in neue Gebiete wagen. Wir halten uns an vertraute Gesichter und scheuen die Beunruhigung, die unbekannte Dialoge bedeuten. Wir lieben uns selbst gerade genug, um darauf zu vertrauen, daß sich auch andere um uns kümmern werden.

»Guckuck-da.« Mit fünf Monaten kann das Kind wenig tun, wenn es seine Mutter durch die Tür verschwinden sieht. Seine Weltkarte verzeichnet nicht die Möglichkeit anderer Zimmer. Vielleicht ist die Tür das Ende der Welt? Wenn das Baby jedoch genügend Selbstvertrauen besitzt, kann es mühelos mit solchem Verschwinden fertig werden. Es ist eingehüllt in die Gegenwart der Mutter und macht sich keine Sorgen. Auch sind Stimme, Schritte, Laufen des Wasserhahns und Öffnen der Fenster Anzeichen für das fortdauernde Vorhandensein der Mutter – irgendwo dort.

An manch einem Tag ist das Baby vollauf zufrieden mit sich selbst. Es ist gesättigt von einer reichlichen Mahlzeit und befriedigt von einem anregenden Gespräch, außerdem hat es ein paar gute Ideen, wie es durch Fußtritte gegen das Gitter seines Bettchens das daran befestigte Mobile dazu bringt, auf und ab zu schwingen und sich zu drehen. Für das fünf oder sechs Monate alte Kind stehen die Bewegungen seines stoßenden Fußes und die Bewegungen des Mobiles in unmittelbarem Zusammenhang. Es meint, das Schauspiel des sich drehenden Mobiles sei vor seinen Augen, weil sein stoßender Fuß die Macht habe, sich drehende Mobiles zu schaffen. Durch solche Vorstellungen gewinnt das Baby Vertrauen in seinen Geist. Es fühlt sich mächtig.

Meistens hat das Kind mit fünf Monaten jedoch das Gefühl der Ohnmacht. Verwirrende Dinge stoßen ihm zu, und es hat wenig Einfluß auf sie. Es kann der Mutter nicht durch die Tür folgen. Es kann sich an ihr Gesicht nicht erinnern, bevor es nicht wieder vor seinen Augen auftaucht. Darüber hinaus wächst an den Tagen, an denen das Kind nicht genügend Selbstvertrauen besitzt, seine innere Spannung, weil es sich an das Getrenntsein von der Mutter erinnert. Die Mutter weiß nicht, daß ihr Baby so denkt. Selbst wenn sie es wüßte, könnte und dürfte sie an dieser Trennung und ihrem gelegentlichen Verschwinden nicht viel ändern. Doch wenn das Baby etwa fünf Monate alt ist, ergänzt die Mutter ihr Repertoire von Dialog und Gespräch um das »Guckuck-da«-Spiel. Dieses Spiel macht dem Baby Mut, sich dem ganzen Problem von Verschwinden und Wiederauftauchen zu stellen. Das Spiel enthält auch ein oder zwei Aspekte, die das Selbstvertrauen des Babys stärken.

Das geht so: Wenn das Gesicht der Mutter hinter ihren Händen verschwindet, gerät das Baby innerlich in bebende Aufregung. Dieses Beben erinnert an die schreckliche Anspannung der Angst, im Stich gelassen zu werden und in Stücke zu zerspringen. Obgleich die bebende Spannung die Katastrophe beschwört, spielt das Baby mit ihr. Das Gesicht der Mutter taucht wieder auf. Statt in Stücke zu zerspringen, entspannt sich das Baby. Es hat mit dem Rätsel von Verschwinden und Wiederauftauchen kokettiert. Und es hat Harmonie im innersten Kern seines Körper-Ichs entdeckt.

»Daaa… bin ich, ich sehe dich«, sagt die Mutter just in dem Augenblick, da sich der Körper ihres Babys beim Anblick ihres wieder auftauchenden Gesichtes entspannt. Die vibrierende Stimme der Mutter und der lebhafte Blick ihrer Augen teilen dem Baby mit: »Was für ein schönes Baby du bist! Was bist du wundervoll! Wie glücklich bin ich, dich zu sehen!« Das Baby sieht in die Augen der Mutter und entdeckt dort wie in einem Spiegel all die Großartigkeit und Macht, die es sich gelegentlich zuschreibt. Ein Baby erfährt, was es ist, im Spiegel der Gesichter, die es anblicken. Die bewundernde Spiegelung beim »Guckuck-da«-Spiel ist eine Liebkosung, die den Körper des Babys mit stolzen Grenzen versieht. Kein Wunder, daß das Baby in diesem Zustand – innerlich entspannt und nach außen stolz abgegrenzt – gerne mit dem Schicksal in Gestalt des »Guckuck-da«-Spiels kokettiert.

Vermutet das Baby, daß es dem Schauspiel seiner verschwindenden und wieder auftauchenden Mutter durch sein fröhliches, ausgelassenes Gelächter Dauer verleiht? Sind die Handlungen seiner Mutter wie das Mobile, das sich jedesmal dreht, wenn es mit den Füßen stößt, nur die logische Fortsetzung seiner Körperbewegungen? Oder ist diese früheste Version des »Guckuck-da«-Spiels nur ein weiteres Beispiel dafür, daß es zu ohnmächtigem Geschehenlassen verurteilt ist? Tatsache ist, daß das Kind mit fünf Monaten passiver Zuschauer ist. Es liegt und *reagiert*, während alles Handeln von der Mutter übernommen wird. Doch sieht das Baby das nicht so. Es hat nicht das Gefühl von ohnmächtigem Geschehenlassen, wie in den Augenblicken, da seine Mutter wirklich verschwindet.

Wenn das Baby stolz die Grenzen seines Körpers spürt, kann es sich nicht vorstellen, daß es Dinge ohnmächtig mit sich geschehen lassen muß oder daß ihm wirklich unvorhergesehene Ereignisse zustoßen können. Und entspricht es nicht auch halbwegs der Wahrheit, daß das Stoßen der Füße Mobiles in Bewegung halten und daß fröhliche Ausgelassenheit Gesichter verschwinden und wiederauftauchen läßt? Vom Standpunkt des fünf Monate alten Kindes ist das »Guckuck-da«-Spiel ein glückseliger Rhythmus von Agieren und Reagieren, Mit-sich-Geschehenlassen und Selbertun, Auftauchen und Verschwinden, Spannung und Entspannung.

Etwa zu dem Zeitpunt, da das Baby das ohnmächtige Geschehenlassen satt hat, entdeckt es eigene »Guckuck-da«-Spielarten. Obgleich es sich das Verschwinden und Wiederauftauchen der Mutter zum Vorbild nimmt, enthalten seine Versionen eine Reihe neuer Elemente. Mit neun oder zehn Monaten hat das Baby die Vorstellung gewonnen, daß es möglicherweise ein recht tüchtiges Geschöpf ist und sein Schicksal weitgehend selbst bestimmen kann. Es kann hinter der Mutter her krabbeln, wenn sie im nächsten Zimmer verschwindet. Es findet sie wieder, wenn es über die Schwelle krabbelt. Taucht ein Fremder in der Tür auf, kann sich das Baby hinter seinen Fingern verbergen und den Fremden verschwinden lassen. Rollt ein Spielzeug hinter ein Kissen, kann das Baby aktive Anstrengungen unternehmen, das Spielzeug wiederzufinden; es kann seinen Körper dazu bringen, das Kissen wegzuschieben und nach dem Spielzeug zu greifen. Es kann sich mit seiner Schmusedecke oder einem Summen selbst trösten. Es hält die Flasche selbst. Es ißt selbst. Und es gerät in leidenschaftliche Wut, ohne die Welt zu zerstören.

Diese Probleme sind nicht ein für allemal aus der Welt. Beileibe nicht. So kokettiert das Baby mit den Möglichkeiten des Kommens und Gehens, Fortlaufens und Wiedergefundenwerdens.

In seiner Spielart des »Guckuck-da«-Spiels muß sich das Baby mit der Frage auseinandersetzen, wie die Welt auf *sein* Verschwinden und Wiederauftauchen reagiert. Es ist ungeduldig, nicht zufrieden damit, passiv zuzuschauen, wie ein anderer ihm das faszinierende Spiel vom Verschwinden vorführt. Es zieht sich die Decke über den Kopf. »Wo ist das Baby?«, fragt die Mutter in vorgetäuschter Sorge. Immer noch kein Baby! »Wo kann es denn bloß sein?« »Wo ist es nur?« Es ist nicht zu entdecken. Das zehn Monate alte Kind vertritt eine mutigere Auffassung vom »Guckuck-da«-Spiel als die Mutter vor wenigen Wochen. Als das Baby noch ein passives Schoßkind war, war ihr »Daaa«-Wiederauftauchen zeitlich so abgestimmt, daß es der bebenden Spannung ihres Babys rasche Erleichterung brachte. Nun, da das Baby das Heft in der Hand hat, verlängert es die Spannung. Schließlich zieht es sich die Decke vom Gesicht und quietscht beim Anblick der Erleichterung im Gesicht der Mutter. »Ah, da ist es!«

Das zehn Monate alte Kind mag den vorhersagbaren Rhythmus von »Wo ist das Baby? Da ist das Baby.« Trotzdem gibt es sich nicht mit stereotypen Abläufen zufrieden. Manchmal dehnt es die Spannung und manchmal taucht es sofort wieder auf. Es kennt zahlreiche Methoden, sein Verschwinden zu variieren. Nie weiß der Vater oder die Mutter, wann das Spiel beginnt. Das Kind hört die Schritte des Vaters an der Tür. Es verbirgt den Kopf in der Matratze seines Bettchens. So liegt es, bebend und kichernd. Obwohl sein Kichern es verrät, glaubt es sich versteckt. Der Vater sucht in Schubladen und unter Tischen, wobei er sich laut fragt, wo denn das Baby bloß stecken mag. Den Schelm in den Augen, späht das Kind hervor und wartet auf das magische »Da ist es«, bevor es aufspringt und in Lachen ausbricht.

Am nächsten Morgen müht sich das Baby, seinen Kopf den letzten Löffeln Brei zu entziehen. Ihm fällt auf, daß die Art, wie es den Brei verweigert und das spielerische Verschwinden etwas gemeinsam haben. So vergißt es den Brei und verschwindet. Als die Mutter sieht, wie das Baby den abgewendeten Kopf neigt und schalkhaft lächelt, begreift sie, daß es »fort« ist. Wenn ihr das Baby den Kopf wieder zuwendet, ist sie so entzückt, daß auch sie den Brei fast vergißt.

Natürlich hat das Baby völlig recht. Neinsagen und Verschwinden gehören in dieselbe Kategorie. Beide bestätigen die Tatsache des Getrenntseins und auch das Bedürfnis des Kindes, selbst zu handeln, statt Objekt von Handeln zu sein. Das Kind stößt sich stets daran, daß es von der Mutter getrennt ist und vieles ohnmächtig mit sich geschehen lassen muß. Oft wünscht es, sich wieder in die vollkommene Harmonie des Einsseins schmiegen zu können. Doch birst es vor Aufregung darüber, sein eigener Herr zu sein – entscheiden zu können, an welchen Ort der Welt es sich begeben will, und fähig zu sein, dorthin zu gehen. Obgleich sich das Baby damit also viele Probleme schafft, ist es entschlossen, auch weiterhin über Schwellen zu verschwinden und sich dagegen zu wehren, vom passiven Jasagen des Einsseins verschlungen zu werden.

Da das unsichtbare Band den Säugling sowohl in die Sicherheit zurückzieht als ihm auch Bewegungsfreiheit einräumt, kann sich das Baby mit den Widersprüchen zwischen der Ja-sagenden Harmonie und dem Nein-sagenden Verschwinden auseinandersetzen. Mit unschuldigem Scharfsinn kommt der Körpergeist des Babys zu Hegelschen Lösungen. Die Erfindungen, um die es das »Guckuck-da«-Spiel erweitert, sind eine bemerkenswerte Synthese von Fortstreben und Wiederzusammenkommen. Die Frage lautet: »Wenn ich verschwinde, umherstreife oder mich von Löffeln abwende, wird sich dann noch jemand darüber freuen, mich wiederzufinden?« Diese Frage prüft das Baby, indem es »Guckuck-da« und andere Spiele mit dem Schicksal veranstaltet.

»Fang-mich.« »Fang mich!«, sagen die funkelnden Augen des Babys, die erhobene Hand, die Knie auf dem Fußboden, der ganze angespannte Körper. Ohne einen Augenblick zu zögern, nimmt die Mutter die Haltung des Fängers ein: Kopf nach vorn gestreckt, Körper zum Baby geneigt, Arme halb ausgestreckt, Knie gebeugt und Füße zur Verfolgung bereit. Als wolle die Mutter ihrem Baby versichern, daß sie keine echte Babyfängerin ist, verwandelt sich die halbe Drohung auf ihrem Gesicht mit dem geöffneten Mund in ein Lächeln. Langsam und rhythmisch sagt sie den vertrauten Satz her: »Jetzt fang ich dich!« Das Baby lacht, und fort ist es. Die schweren Schritte, die es hinter sich hört, lassen auf einen gewaltigen und außerordentlich schnellen Babyfänger schließen. Doch so bedrohlich die Schritte sind, nie holen sie das krabbelnde Baby ein. Dies kann nicht an sein Glück glauben. Es hält inne, setzt sich auf und sieht zurück, ob die Mutter die wilde Verfolgung auch fortsetzt. Die Mutter bleibt ebenfalls stehen und unterbricht die Verfolgung einen Augenblick lang. »Jetzt fang ich dich!« Bebend vor Aufregung, krabbelt das Baby weiter. So wild stürzt es jetzt vorwärts, daß es gelegentlich ausgleitet und aufs Gesicht fällt. Trotzdem macht es weiter, wobei es sich von Zeit zu Zeit umsieht, bis das Rennen gewonnen ist. Die Ziellinie ist dort, wo immer das Baby findet, es habe genug. Am Ende hat es das Rennen – wie immer – gewonnen. Mit einem triumphierenden Lachen wendet sich das Baby der Mutter zu. Streckt die Arme aus, so daß es von dem gefährlichen Babyfänger gepackt und geherzt werden kann.

Obgleich das »Fang-mich«-Spiel reiner Spaß ist, ist ihm die ersten Male eine bestimmte Ungewißheit zu eigen. Die Rolle der Mutter ist nicht ganz eindeutig. Ist sie eine Garantin der Sicherheit, die ihrem in die Wildnis davonstürzenden Baby folgt, um es in letzter Minute aufzunehmen und zu retten? Oder ist sie eine Babyfängerin, vor der das Baby mit aller Kraft fliehen muß? Wenn das Baby zurücksieht, um festzustellen, »ob die Mutter die wilde Verfolgung auch fortsetzt«, möchte es zwei Dinge wissen: »Folgt meine Mama noch?« und »Ist das meine Mama oder ein fremder Babyfänger?«

Gewöhnlich treten die Vorsicht gegenüber Fremden und die bebende Angst der ersten »Fang-mich«-Spiele etwa zum gleichen Zeitpunkt auf. Die ritualisierte Form des Spiels wird bald in den lustvollen Spannungs-/Entspannungszyklus von Fortlaufen und Verfolgtwerden münden. Anfangs aber ist das »Fang-mich«-Spiel ein bißchen erschreckend für das Baby. »Schaff ich es, dem Fänger zu entgehen?« »Folgt mir Mama überall dorthin, wohin ich gehe?«

Hinter diesen beiden ängstigenden Möglichkeiten lauert noch eine andere Gefahr. Im Augenblick verbirgt sie sich noch im Dunkeln. Sie wartet auf den Zeitpunkt, da das Baby seine eigenständige Identität als wertvollsten Aspekt seines Seins schätzen gelernt hat. Mit etwa achtzehn Monaten zeugen die »Fang-mich«-Spiele von dieser Sorge: »Werde ich, wenn ich meine Individualität behaupte und meinen Körper für mich beanspruche, wieder von einem Babyfänger in das ohnmächtige Geschehenlassen, die Leere des Nicht-Selbstseins im Einssein gesteckt?« Die Drohung des »Fang-mich«-Spiels ist real genug.

In manchen Gebieten der Welt wird das »Fang-mich«-Spiel anders gespielt. Die Zhun/twasi-Buschleute sind ein Volk von Jägern und Sammlern, die in den trockenen Halbwüsten im Nordwesten von Botswana leben. Diese Zhun/twasi – oder das »wahre Volk« – sind Nomaden. Sie ziehen in Gruppen von etwa dreißig Menschen umher und siedeln in kleinen Dörfern, wo jede Kernfamilie ihre eigene zeitweilige Grasbehausung hat. Die Zhun/twasi durchstöbern das Botswanaland nach Früchten und Wildbret wie schon ihre Vorfahren im Eiszeitalter. In Botswana gehören die Angriffe von Leoparden und Hyänen zum Alltag.

Zhun/twa-Eltern warten nicht, bis das Baby sie zum »Fang-mich«-Spiel auffordert. Mit sieben oder acht Monaten beginnt das Zhun/twa-Kind, von der Seite der Mutter fortzukrabbeln. Es benutzt sie als Heimatstützpunkt, von dem aus es sich in die Welt hinauswagt, um diese zu erkunden. Nähert sich ein fremdes Gesicht zu sehr, strebt das Kind zurück auf den mütterlichen Schoß, wo es sich anklammert und die Brust nimmt, bis der Fremde fortgeht. Etwa zu diesem Zeitpunkt fordert die Mutter das Baby zum »Fang-mich«-Spiel auf.

Wenn das Baby ein paar Schritte entfernt spielt, steht die Mutter auf und ruft es. Es dreht sich um und sieht ihr ins Gesicht. Nun beginnt die Mutter, langsam vom Kind fortzulaufen. Sie vergewissert sich, daß ihr das Kind folgt. Dann läuft sie weiter, ohne zurückzublicken. Sie hört das Baby näherkommen. Plötzlich wirbelt sie herum. Auf ihrem Gesicht liegt ein schreckenerregender Ausdruck. Aus ihrem Mund dringt ein gefährlich klingender Laut. Das Baby lacht unsicher. Es dreht um und flieht. Jetzt nimmt die Mutter die Verfolgung auf. Das Baby blickt zurück, um zu sehen, ob die Mutter folgt. Nach ein oder zwei Minuten ruft die Mutter, um dem Baby mitzuteilen, daß sie jetzt wieder fortläuft. Das Baby ändert seine Richtung und krabbelt hinter der Mutter her. Mehrere Male wiederholen Mutter und Kind diesen Kreislauf von Verfolgen und Fliehen. Gewöhnlich endet das Spiel damit, daß es dem Kind gelingt, die Mutter einzuholen und sich an sie anzuklammern, bevor diese wieder Gelegenheit hatte, sich umzudrehen und zu einem Gegenstand des Schreckens zu werden. Das ist reiner Spaß mit viel Geschrei und Gelächter. Ob das Baby die Mutter einholt oder nicht, es darf sich an sie anklammern, wenn das Spiel vorbei ist.

Bis zu dem Zeitpunkt, da das Zhun/twa-Baby krabbeln oder laufen kann, wird ihm fast alles gewährt. Vom Augenblick der Geburt an ist es immer bei der Mutter. Es wird aufrecht in einer Schlinge auf der Hüfte der Mutter getragen und durch ihre Bewegungen beim Gehen und Beerensammeln ständig gewiegt. Stets hat es freien Zugang zu ihrer Brust. Es braucht noch nicht einmal zu schreien. Die Vorfreude, die sich in seinen Atemzügen ausdrückt, das leise Quengeln, das Glucksen oder die Körperbewegungen beim Aufwachen genügen, um der Mutter sein Nahrungsbedürfnis zu Bewußtsein zu bringen. Das Zhun/twa-Kind wird weiterhin nach Belieben die Brust nehmen können, bis seine Mutter das nächste Baby hat. Gewöhnlich ist das der Fall, wenn es vier Jahre alt ist. Es kann aber auch irgendwann im Alter zwischen achtzehn Monaten und sechs Jahren geschehen.

Das »Fang-mich«-Spiel der Zhun/twasi ist eine dramatische Vorbereitung auf die Loslösung und das Ende des durchgehenden Jasagens. Wenn das Baby zu krabbeln beginnt, stillt die Mutter es weiterhin, hat aber nicht mehr den früheren Kontakt zu seinen kaum spürbaren Körpergesten. Das Baby muß zu ihr kommen, wenn es etwas möchte. Und es wird mehr und mehr in die kleine Kindergesellschaft seiner Stammesgruppe hineingedrängt. Die Mutter jagt das Baby davon, beachtet dabei aber gewisse Vorsichtsmaßregeln. Sie rechnet fest damit, daß das Band zwischen ihnen stark genug ist, um das Kind zu veranlassen, ihr zu folgen, wenn sie nach ihm ruft. Das spätere Überleben wird davon abhängen, daß es dem Beispiel von Mutter und Vater beim Sammeln und Jagen in allen Einzelheiten der Bewegungen folgt.

Die Zhun/twa-Version von Folgen, Fliehen, Jagen und Fangen unterscheidet sich zwar von der Zimmervariante des »Fang-mich«-Spiels, doch sind die Grundelemente dieses Spiels bei fast allen Kindern und Eltern auf der Erde identisch. Das Spiel beginnt nicht, bevor nicht eine Bindung zwischen dem Baby und einem Erwachsenen hergestellt ist, auf die das Baby sich verlassen kann. Das Spiel lebt davon, daß das Baby eine Vorstellung vom Heimatstützpunkt hat. Es ist die Ankündigung bevorstehender Loslösung, und es besteht aus Liebe, Gelächter, bebender Aufregung und Drohung.

Fortwerfen. Fortwerfen ist ein weiteres Spiel mit dem Schicksal, welches das Kind auf die überaus vielschichtige Bedeutung des Getrenntseins vorbereitet. Während – wie vielfach vermutet wird – die Spiele »Guckuck-da« und »Fang-mich« häufig auf das Vorbild früherer Erwachsenenvarianten zurückgehen können, ist Fortwerfen ohne Zweifel eine reine Erfindung des Babys. Eltern würden wohl kaum so viel Zeit wie Babys damit verbringen, Spielzeug aus Laufställen, Kinderbetten und Kindersitzen fallen zu lassen.

Das Baby erwartet, daß die Dinge, die es fallen läßt oder fortwirft, von den Eltern gleich wieder aufgehoben und ihm zurückgebracht werden. Vom Standpunkt des Babys aus ist das beste am Fortwerfen, daß man einen Partner hat, der bereitwillig apportiert. Dazu führt das Kind ein Experiment durch. In seiner einfachsten Form soll es die Vermutung des Babys bestätigen, die besagt: »Was immer verschwinden mag, kommt zurück.«

Mit fünf Monaten konnte das Kind nicht viel tun, wenn seine Mutter durch die Türen verschwand. Überdies war seine Weltkarte begrenzt auf das, was es in seiner Reichweite sehen konnte, und auf die nahe gelegenen Schauspiele, die es hervorrufen konnte, indem es mit den Füßen gegen das Gitter seines Bettes stieß. Wenn es ein Spielzeug, das in Körpernähe liegt, hochhebt und dessen Weg in entferntere Bereiche verfolgt, schiebt es die Grenzen seiner Welt hinaus. Wenn das zehn Monate alte Kind sein Spielzeug also fortwirft, spielt es mit dem Begriff des Raumes. Und wie alle Spiele mit dem Schicksal wiederholt der Vorgang von Festhalten und Loslassen beim Fortwerfen irgendwelche Probleme, mit denen das Baby in seinen alltäglichen Beziehungen zur Mutter zu tun bekommt – unter anderem der Gegensatz zwischen dem Bedürfnis, am Heimatstützpunkt festzuhalten, und dem Drang, loszulassen und sein eigener Herr zu werden und auch das Hier/Nicht-hier-Muster der Mutter. Wie »Guckuck-da« und »Fang-mich« gibt das Fortwerfen dem Kind Gelegenheit, mit dem Gedanken an die Loslösung fertigzuwerden. Es bietet auch die Möglichkeit, Nein zu sagen.

Zu solchen Spielen mit dem Schicksal gehört auch die Lust am Dialog mit anderen Menschen. Sie besitzen einen regelmäßigen Rhythmus von jetzt-hier/jetzt-nicht-hier. In ihnen behauptet sich ein Ich, das in harmonischer Interaktion zu einem Nicht-Ich steht. Und wie einige andere Mutter-Kind-Spiele dieses Lebensabschnitts – wie »So groß bin ich«, wobei das Kind seine Größe angibt, indem es die Hand weit über den Kopf hebt, oder das sinnliche Körperspiel »Pastete-Backen«, wobei Brust und Bauch des Babys geknetet und gerollt werden – tragen auch die Spiele mit dem Schicksal zur Markierung der Körpergrenzen bei, stärken sie die für das Selbstvertrauen so wichtigen Entspannungsrhythmen im innersten Sein des Babys.

Illusion – Die Schmusedecke. Das zehn Monate alte Kind lernt, sein Schicksal selbst in die Hand zu nehmen. Doch selbst im günstigsten Fall bleiben die Gedanken, in denen es die Eroberung der Geheimnisse von Selbstwerdung und Loslösung erwägt, wunderschönes kindliches Spiel. Ebenso häufig steht das Kind vor der Erkenntnis, daß es den Widersprüchen des Getrenntseins beim besten Willen noch nicht gewachsen ist.

Tatendurstig erwacht es am Morgen. Sein Körper ist bereit, den zum Bersten gefüllten Terminplan des Tages in Angriff zu nehmen. Doch mitten in die Lust am Dialog, am Kriechen über Schwellen, am lärmenden Löffelschlagen und am Spiel mit dem Schicksal schleicht sich das Unfaßbare ein: eine Ja-sagende Mutter, die ihn an Ganzheit erinnert, eine Nein-sagende Mutter, die ihn an ohnmächtiges Geschehenlassen erinnert, aber auch seinen Drang zum Ausgreifen fördert, leidenschaftliche Wutanfälle, die sich nicht mit seiner Sehnsucht, gehalten und mit Bewunderung betrachtet zu werden, vertragen; eine Ich- und eine Nicht-Ich-Welt; eine Nicht-Ich-Welt mit erkennbaren menschlichen Absichten und eine Nicht-Ich-Welt aus unbelebten Objekten, die eigenen Regeln von Zeit, Raum und Bewegung gehorchen; eine Nicht-Ich-Welt des vertrauten Dialogs und eine Nicht-Ich-Welt, die mit Ungewißheit droht; ein innerer Entfaltungsdrang, der das Baby wähnen läßt, es sei ein Eroberer, und eine äußere Realität, die sich häufig zum Verrat an dieser hochfliegenden Vorstellung zusammenschließt; eine Mutter, die unabhängig vom Wunsch und Verlangen des Babys erscheint und verschwindet.

Das Baby könnte sich auf den Schoß der Mutter zurückziehen und die ganze Angelegenheit vergessen. Oft tut es das. Doch sobald es wieder genügend Energie geschöpft hat, nimmt es erneut seine Kraft zusammen. Das Baby könnte einfach einschlafen. Häufig tut es das. Doch jetzt folgen ihm die Widersprüche des Alltags in spannungsgeladene Träume, wo es stürzt, im Stich gelassen wird, in Stücke zerspringt. Abgesehen davon, hat das Baby Schwierigkeiten, inmitten der Aufregung des Ausgreifens einzuschlafen. Jetzt muß es mit Schlaflied und Schnuller in den Schlaf gewiegt werden. Ähnlich wie ein Erwachsener muß es jetzt auf dem Weg von Wachheit zu tiefem Schlaf über eine Brücke.

Es gibt eine Nische in der Welt, wo Brücken überquert und Widersprüche in Schach gehalten werden. Das Baby schafft sich im Reich der Illusion, zwischen Wachen und Schlafen, einen ruhenden

Pol. Es entwickelt die Vorstellung von einer Schmusedecke.

Das Reich der Illusion ist nichts Neues für das Baby. In den frühen Monaten des Einsseins wurde es so gehalten, daß seine Energien und Erregungen in seinem Inneren zur Ruhe kamen. Es genoß die vorübergehende Illusion, daß es »dort draußen« eine Welt gebe, die seinen Vorstellungen vollständig entspreche. Nach der zweiten Geburt wird das dreijährige Kind eine reale Möglichkeit besitzen, mit seinen Erregungen fertigzuwerden. Dann werden seine Energien zu den tatsächlichen Umrissen der menschlichen Welt passen. Im Augenblick, mit zehn Monaten, lebt es zwischen wirklicher Beherrschung und totaler Hilflosigkeit. Aber es hat nicht vergessen, wie es und welche Illusionen es zu beschwören hat.

Unmittelbar bevor das Baby mit der Loslösung begann, war es in der Lage, am Daumen zu lutschen oder ihn um den Schnuller zu legen, während es mit den anderen Fingern Nase und Wangen streichelte. Beim Stillen strichen seine Fingerspitzen über Brust und Kleider der Mutter. Die warme Weichheit ihres Körpers und ihrer Kleidung liebkosten die Außenseite seines Körpers. Bald wurde das Tuch über der Schulter der Mutter oder die Decke, in die das trinkende Kind gehüllt war, zu einem integralen Bestandteil der Gesamterfahrung von Wärme, Weichheit, Saugen, Geruch des Babykörpers, Geruch der mütterlichen Kleidung und des mütterlichen Körpers. Hin und wieder begleiteten gurrende Laute wie *mmum-mmum* oder *gaa-gaa* die liebkosende Weichheit außen und die Saugrhythmen innen.

Im Laufe der Zeit wurden die Decke, ihr seidiger Zipfel, das Tuch oder das *mmum-mmum* mit der Illusion des Einsseins besetzt, in der sich »friedliche Spannungs-/Entspannungs-Rhythmen, Augen, die in Augen blicken, der Herzschlag der Mutter« zur besonderen Mutter-Kind-Erfahrung fügten.

Wenn das Kind also jetzt an die Widersprüche des Getrenntseins erinnert wird, hält es sich an die Erinnerung des Einsseins. Es bleibt in Kontakt mit der Illusion von der eigenen Vollkommenheit und mit der Zeit, als es solche Dinge wie Unterschiede zwischen Innen und Außen oder zwischen Ich und Nicht-Ich nicht gab. Die Erinnerung kann ein gurrender Laut, eine streichelnde Geste oder eine wiegende Bewegung sein. Gewöhnlich wird die Erinnerung die Gestalt einer Decke oder eines Tuchs annehmen, die das Kind streicheln kann, während es am Daumen oder Schnuller saugt.

Eine Mutter aus Fleisch und Blut eignet sich vorzüglich als Heimatstützpunkt, an dem sich das Baby beim Ausgreifen und Krabbeln orientieren kann. Und als Nicht-Ich-Figur gibt sie einen idealen Partner für Dialog und Spiele mit dem Schicksal ab. Sie kann dem Baby sehr gut dabei helfen, den Unterschied zwischen natürlicher Aggression und Zerstörungswut zu verstehen. Ihr herrlicher Schoß und ihre bewundernden Blicke stellen die emotionalen Energien des Babys wieder her. Doch obgleich sie für diese herrlichen und notwendigen Dinge steht, ist die leibhaftige Mutter auch eine allzu konkrete Erinnerung an Widersprüche und ohnmächtiges Geschehenlassen. Das Kind sehnt sich nach der Mutter des Einsseins – einer Mutter, die es absolut kontrollieren kann –, um sich von den Widersprüchen ausruhen zu können. Es sehnt sich nach einer Mutter, die es sich als Teil seines Selbst vorstellen kann.

Wenn das Kind Wangen und Nase an die Schmusedecke drückt, wird es von dieser liebkost. Sie riecht nach der Süße einer Ja-sagenden Mutter und auch nach dem Baby. Die schmiegsame Weichheit der Decke ist wie die verschmelzende Einheit von Mutter und Baby. Die Decke ist »dort draußen« in der unbelebten Welt der Rasseln, Flaschen, Kopfkissen und Mobiles. Doch ist sie beseelt von Erinnerungen an menschlicher Zwiesprache. Außerdem kann das Baby seine Decke kratzen, kneifen, reiben und schlagen, ohne sich ein »Laß das« anhören zu müssen oder wirklichen Schaden anrichten zu können. Die Decke hält die leidenschaftliche Aufregung des Kindes aus und läßt es nie im Stich. Sie ist immer da, wenn das Baby Sehnsucht nach ihr verspürt.

Auf die Schmusedecke kann das Baby immer zurückkommen. Deshalb gerät es in Panik, wenn sie nicht auffindbar ist oder wenn die Mutter-Baby-Gerüche herausgewaschen worden sind. Ferner erwartet oder wünscht es nicht, daß andere an ihrem Zauber teilhaben. Der Vater oder die Mutter können sie bewundern, ihr einen neuen Namen geben oder sie wie eine gewöhnliche Decke in einen Koffer packen, doch nur das Baby kann ihr Lebendigkeit verleihen. Die Decke ist das erste persönliche Besitztum des Babys. Niemand hat sie ihm gegeben. Es hat sie erfunden.

Wenn das Baby erwachsen wird, ist es vielleicht in der Lage, sein Innenleben zu verstehen – seine Phantasien und Erregungen. Es wird dann wissen, daß dieses Innenleben auch fortdauert, während es nach der tatsächlichen Welt greift. Es wird sich von seinem Innenleben nicht in die Irre führen lassen, wird aber auch nicht so handeln, als zähle es nicht. Meist wird es sagen können, welche Erfahrung aus der Innenwelt und welche aus der Außenwelt stammt.

Wenn das Baby Vater oder Mutter wird, wird sein Innenleben die konkrete Beziehung zum eigenen Kind bereichern und beleben. In gewissem Umfang werden seine Phantasien das Schicksal des eigenen Kindes bestimmen. Doch wenn es seinem Kind die normale Hingabe entgegenbringt, wird es von seinem leibhaftigen Baby – das mit seinen eigenen Energien und besonderen Neigungen auf die Welt gekommen ist – nicht erwarten, daß es seinem Phantasiebaby entspricht. Es wird seine Wünsche nicht mit dem verwechseln, was es kraft seiner Sinne und seines Verstandes als tatsächlich vorhanden erkennt. Doch mag es ihm auch noch so gut gelingen, mit dem Auf und Ab des Alltags fertigzuwerden, oder mag es die Bedeutung seines Phantasielebens noch so scharfsinnig erfassen – es wird viele Augenblicke und sogar lange Zeiträume geben, wo es wieder das Bedürfnis nach dem ruhenden Pol der Illusion verspürt.

Illusion ist nicht dasselbe wie Phantasie. Illusion ist der Grenzbereich zwischen den Phantasien und Erregungen des Innenlebens einerseits und den Zufällen andererseits, die das Leben wirklicher Babys, wirklicher Mütter und leibhaftiger Väter beherrschen. Späterhin würde keine Mensch ohne den ruhenden Pol der Illusion die Beanspruchung überleben, die der tägliche Zusammenstoß von Liebe und Haß, beseeltem und unbeseeltem Leben, Ich- und Nicht-Ich-Welt, Ja-sagender und Nein-sagender Welt, vetrauter und fremder Welt bedeutet.

Immer wenn die Last, das Innenleben mit der äußeren Wirklichkeit zu vereinigen, zu groß wird, werden deshalb die meisten Menschen versuchen, die Illusion psychischer Ganzheit wiederherzustellen. Von dem Zeitpunkt an, da der Mensch zum ersten Mal eine Schmusedecke, ein Summen, ein Streicheln oder eine wiegende Bewegung entwickelt hat, ist ein Teil seines Daseins für die Aufgabe bestimmt, jene Zwischenwelt der Illusion wiederzuerschaffen, in der Ich und Nicht-Ich wiedervereinigt werden können. In der Dichtkunst und durch besondere persönliche Besitzgegenstände wird diese Zwischenwelt erschaffen.

Wenn wir von jemandem aufgefordert werden, an seiner Zwischenwelt teilzuhaben, ohne daß er die Möglichkeiten unserer eigenen Zwischenwelt in Rechnung stellt, würden wir ihn nicht als Dichter bezeichnen. Wir nennen ihn einen Verrückten. Begegnen wir jemandem, der sagt, die illusionären Träume, die das alltägliche Leben zeitweilig mit der Süße absoluter Schönheit und Tugend ausstatten, seien nichts als Zeichen menschlicher Schwäche, so bezeichnen wir ihn als bitter und desillusioniert. Wir nennen ihn einen Zyniker. Das Baby, das seine Schmusedecke hin und wieder der Gegenwart seiner Mutter vorzieht, ist weder verrückt noch zynisch – es ist dabei, Metaphern zu ersinnen.

Des Babys Geist – Visionärer Glanz. Der Geist des Babys besitzt seine eigene Richtung. Er weitet sich aus, gespeist von den Energien schauender Augen und der Bewegung von Händen, Schultern, Bauch, Knien, Brust und Zehen. Man müßte das Baby schon fesseln, um seine Hände daran zu hindern, dorthin zu greifen, wohin seine Augen sie führen.

Doch wird der Geist des Babys nicht zu einer bloßen Maschine aus beweglichen Teilen. Von Anfang an trägt er menschliche Züge, die ihm die haltende Gegenwart der Eltern und die in seinem Winkel der Welt herrschende Gesellschaftsordnung verliehen haben. So steuert der Geist des Babys in vorhersagbarer Weise den Kurs, der von der menschlichen Welt vorgegeben wird, in welcher es lebt. Ein Geist entsteht, der sich hierhin und nicht dorthin wendet. Er kreuzt umher wie ein Segelboot oder ein Kanonenboot. Wenn das Baby acht Monate alt ist, besitzt die Geometrie seines Geistes psychologische Gesetzmäßigkeit. Er zögert an Schwellen und mißt den Radius seines Reiches von dem festgelegten Mittelpunkt aus, den der Schoß der Mutter bildet.

Mit jeder neuen Wendung seines Geistes bewertet das Baby seine Welt anders, lernt es sich selbst als anderes Ich kennen. Anfangs waren die Welt und das, was das Baby tun konnte, dasselbe. Allmählich lernte das Baby, die Welt nach ihren eigenen Gesetzen zu beurteilen. Das begann damit, daß dem Baby die Besonderheiten der Augen, des Mundes, der Ohren und der Stimme seiner Mutter auffielen. Es gewann den Eindruck, daß sich Teile ihres Körpers außerhalb seiner eigenen Körperwände befanden und daß ihre Augen und ihre Stimme sich von allen anderen Augen und Stimmen unterschieden. Indem das Baby das Kommen und Gehen dieses besonders geschätzten Menschen verfolgte, bekam es auch eine erste dunkle Vorstellung von den Regeln, denen verschwindende Objekte gehorchen.

Bald schon löste sich der Geist des Babys aus der engen Perspektive berührender Finger, greifender Hände und schauender Augen. Der ganze übrige Körper machte sich die Vorstellung des Ausgreifens zu eigen. Sein acht Monate alter Geist griff mit dem ganzen Körper über Schwellen hinaus. Und kehrte zurück zum Fixpunkt der Heimatbasis.

Mit zehn Monaten ist das Baby nicht einmal mehr darauf angewiesen, daß ihm die Augen mitteilen, wohin es greifen soll. Es kann ein Spielzeug finden, das außerhalb seines Gesichtsfeldes liegt. Ohne die Augen überhaupt zu benutzen, kann es mit dem übrigen Körper auf die räumliche Position des Spielzeugs schließen. Es greift einfach hinter sich und hebt das Spielzeug auf. Generell erstreckt sich das Reich seines Geistes bis zu entfernten und verborgenen Orten. Auch Gegenstände, die das Baby nicht unmittelbar im Blick hat, kann es in Taschen, hinter Kissen, unter Sofas und jenseits von Türen lokalisieren. Sein Geist ist zwar nicht fähig zu dem Gedanken: »Wenn ich meinen Bären nicht finde, könnte er hinter dem Sofa sein«, doch wenn das zehn Monate alte Kind ein Sofa sieht, erinnert sich sein Körper daran, daß verlorene Spielzeuge manchmal hinter Sofas landen. Geht der Vater weg, kann sich das Baby sein Gesicht nicht vergegenwärtigen, doch das Geräusch seines Schlüssels, der sich im Schloß dreht, läßt das Gesicht des Kindes in Vorfreude erstrahlen. Wahrscheinlich wird das Gesicht, das in wenigen Sekunden auftaucht, jenes sein, das das Baby zu sehen erwartet. Ähnlich kann sich das Baby kein Bild vom Gesicht der Mutter vor Augen rufen, wenn sie nicht da ist. Aber es erkennt sofort, daß ein Fremder »nicht Mutter« ist.

Mit zehn Monaten weiß das Kind weit besser, wer es ist und wie es sich auf seine Umwelt einzustellen hat, als fünf Monate zuvor, da es mit der Loslösung begann. Es ist in der Lage, die Regeln und Dimensionen zu erfassen, anhand derer es die Welt nach ihren Maßstäben beurteilen kann. Es handhabt sie mit Hilfe von Hypothesen. Sieht es ein neues Spielzeug, macht es nicht sofort Anstalten, dieses zu schütteln oder mit ihm zu schlagen. Es zögert, betrachtet es von oben und von unten. Es entscheidet, welche Spielzeuge sich öffnen und schließen lassen, mit welchen sich schlagen läßt, welche zum Rollen oder Schütteln da sind. Es erkennt, daß die Flasche am einen Ende einen Sauger und am anderen einen Glasboden besitzt. Wenn es saugen möchte, kann es den Sauger dem Mund zukehren. Die Flasche sieht größer aus, wenn das Baby sie nahe an die Augen heranführt, und kleiner, wenn es sie auf Armeslänge entfernt hält. Trotzdem erfährt es von Händen und Augen, daß es sich um dieselbe Flasche handelt. Seine Hände teilen sich die Arbeit. Eine macht dies, die andere das. Ein Lärminstrument wird mit der einen Hand aufgehoben, mit der anderen geschüttelt. Die Zeit hat ein Vorher und ein Nachher. Das Ergreifen des Spielzeugs, das hinter dem Kissen verborgen war, ist das Nachher zum Vorher, das aus dem Fortschieben des Kissens besteht.

Die Welt zwingt dem Geist des Babys ihre Regeln auf. So wird entschieden, was der Geist werden und was er nicht werden kann. Jedesmal, wenn das Baby etwas Neues lernt, nimmt es die Regeln im Zeichen der Dinge auf, die sein Geist bereits kannte. Doch sein Geist verändert sich auch. Er macht Fortschritte entsprechend den realen Möglichkeiten von größer und kleiner, vorher und nachher, vorne und hinten, jetzt ist es hier und jetzt ist es nicht hier – all jenen Bedingungen, die er aus der Außenwelt der unmittelbaren Zeit und des unmittelbaren Raumes aufnimmt. Die geistigen Fortschritte des Babys erfolgen sprunghaft. Doch ein Problem bleibt: Mit seinem Körpergeist vermag das Kind nicht zu erfassen, daß die Regeln von »dort draußen« kommen.

Ein Körpergeist berücksichtigt nur die Eigenschaften der Welt, die sich seinen Sinnen und Körperbewegungen unmittelbar offenbaren. Ein solcher Körpergeist kann die Flasche so drehen, daß das Ende mit dem Sauger dem Mund zugekehrt ist, doch wird ihm nie der Gedanke kommen, daß »drehen«, »oben« und »unten« ihre eigene Bedeutung besitzen. Sein Geist kann sich die Vorstellung des Drehens nicht vergegenwärtigen, auch wenn sein Körper genau weiß, wie er die Flasche zu drehen hat. Da der Körpergeist so vollkommen auf die sinnlich erfahrbare Welt eingestellt ist, in der er handelt, hat das Baby keine Möglichkeit, zu erkennen, daß die Regeln, welchen die Welt gehorcht, ihren Ursprung jenseits seiner Körperwände haben.

In vielerlei Hinsicht ist das Kind mit zehn Monaten praktischer und erdgebundener als mit fünf. Bevor es handelt, zögert es, erwägt es die Gefahr, betrachtet es die Dinge, wendet sie und prüft ihre Oberflächen. Es bildet sich nicht mehr ein, daß die Gegenstände in der Wirklichkeit bloße Verlängerungen seiner Handlungen und Sinne seien. Es glaubt nicht mehr, es könne den Sauger einfach dadurch herbeizaubern, daß es den Kopf wendet und den Mund zum Saugen öffnet. Andererseits ist er teilweise immer noch ein Zauberer. Die Energien, die in dem Baby ursprünglich den Drang hervorgerufen haben, sich der Brustwarze zuzuwenden und auszugreifen, brennen noch mit unverminderter Heftigkeit. Der visionäre Glanz ist noch nicht verblaßt.

Wie in den ersten Wochen auf der neuen Welt bezieht auch das zehn Monate alte Kind diesen visionären Glanz aus der Richtung und Energie seines wachsenden und sich entfaltenden Körpers. Es wiegt jetzt etwa dreimal so viel wie bei der Geburt und ist zwanzig bis dreiundzwanzig Zentimeter größer. Nie wieder wird es so viel in so kurzer Zeit wachsen. Es muß diesen Wachstumsenergien einfach nachgeben. Seit es das erste Mal ausgegriffen hat, das erste Mal vom Schoß gerutscht ist, gestanden hat und gekrabbelt ist, ist das Baby von einer unwiderstehlichen Strömung fortgerissen worden, die es jetzt aus einem waagerechten Krabbelbaby in ein senkrechtes und aufrecht stehendes Kleinkind verwandeln wird.

Mit zehn Monaten ist das Baby von der Senkrechten besessen. Man müßte es schon festbinden, wollte man es am Aufstehen hindern. Es steht im Schlaf. Es übt das Stehen in seinen Träumen. Es hält sich jetzt an Tischkanten und hilfreichen Händen fest. In ein paar Monaten wird es loslassen und mit eigener Kraft fortstreben.

An einem schicksalsschweren Tag wird das Baby über den letzten Beweis für die absolute Allmacht seines Körpergeistes verfügen. Ja, die Welt wird von Regeln beherrscht. Doch auch diese Welt der Regeln hat einen Herrscher, der alles über vorher und nachher, hier und nicht-hier weiß. Bewundernde Blicke und Beifall klatschende Hände werden den prächtig aufgerichteten Körper des Kleinkindes in seinem glänzenden Triumph und glückseligen Beben bestätigen.

Mit zehn Monaten kennt sich das Baby bestens mit Zeit, Raum und Dimension aus. Es hat sich als vorsichtiger Abenteurer erwiesen, der seine Karten überprüft und vervollkommnet hat, bevor er aufgebrochen ist. Aber je besser ihm Ausgreifen und Aufstehen gelingen, desto fester wird seine Überzeugung, alles zu wissen. Wenn es ihm schließlich gelingt, allein auf eigenen Füßen zu stehen, hat sich das Baby selbst aus dem ursprünglichen Paradies des Einsseins vertrieben.

Doch kaum hat es sich von den Täuschungen des einen Paradieses befreit, wird es sich eine neue Täuschung schaffen. Seine aufrechte Haltung hat es in den Mittelpunkt der größten Enttäuschung über-

haupt gestellt. Als die Mutter den Mittelpunkt seines Reiches bilde-
te, war sein Geist beeinträchtigt durch Sorge und Zögern. Nun, da es
sich selbst im Mittelpunkt befindet, reißt sich das Baby los und läuft
mit sich selbst davon.

Die Liebesaffäre mit der Welt:
Das aufrecht stehende Kind
(Zehn Monate bis achtzehn Monate)

Uneingeschränktes Üben und Einsetzen des Körpers. Das Baby steht auf eigenen Füßen und geht fort. Zu dem Zeitpunkt, da der Säugling gelernt hat fortzugehen, hat er gewöhnlich die meisten der Schwierigkeiten gemeistert, die er ursprünglich hatte, wenn er seinen Körper zur materiellen Welt von Zeit und Raum in Beziehung setzte. Wenn er geht, zelebriert er sein Können – den Gipfelpunkt seines Triumphes. Die Welt ist seine Muschel.

In den nächsten Lebensmonaten wird er üben und vervollkommen, was sein Körpergeist bereits erreicht hat. Hier und da wird das Kind einige Schnörkel hinzufügen, doch im wesentlichen ist die Arbeit getan. Soweit es das Kind betrifft, ist die einzige Aufgabe im Leben, zu lernen, wie man noch besser klettert, trägt, aufsteht und sich hinsetzt, springt und sich im Kreise dreht und ein paar Dinge benennt. Zum gegenwärtigen Zeitpunkt dominiert das Bedürfnis, dieses Können zu zelebrieren. Das Baby macht bedingungslosen Gebrauch von seinem Körper und weiß nichts von dem Neuanfang, der ihn nur wenige Monate später erwartet.

Obgleich sich die Eltern von der triumphierenden Stimmung ihres Kindes anstecken lassen, beobachten sie mit zwiespältigen Gefühlen, wie das Baby davonstürzt. Sie sind besorgt, weil es scheinbar blind ist für die Gefahren, die es umgeben. So machen sie das Haus babysicher, indem sie die Tischkanten polstern und Sicherheitsriegel an Türen und Fenstern anbringen. Sie bringen ihre kostbarsten Besitztümer in Sicherheit und sperren Augen und Ohren auf. Trotzdem sind ihre Nerven gelegentlich von der Extraarbeit strapaziert, die es sie kostet, den Haushalt zusammenzuhalten, wenn das Kind den ganzen Tag ausgelassen umhertollt. Die Mutter ist erschöpft, weil sie ständig hinter dem Baby herläuft und jedesmal alarmiert ist, wenn es zu still wird – oder zu laut, weil irgendwo Geschirr zerklirrt. Für die Mutter bedeutet die aufrechte Haltung des Babys, daß sie über seinen Körper nicht mehr verfügen kann. Sie kann es nicht mehr hochnehmen, um es rasch zu umarmen, oder ins Bad stecken, wann es ihr paßt. Das Baby ist zu sehr mit sich selbst beschäftigt und mit dem, was es gerade tut.

Hin und wieder sind Eltern besorgt bei dem Gedanken, was es für die Zukunft ihres Babys bedeutet, daß es »auf eigenen Füßen« steht. Sie sind sich über seine Verletzlichkeit im klaren und zittern bei dem Gedanken, daß ein langes Leben voller Ungewißheit vor ihm liegt. Manchmal sehnt sich die Mutter nach den ersten Monaten der Mutterschaft zurück. Damals brauchte sie nichts anderes tun, als ihr engelhaftes Baby zu halten und ihm in die Augen zu schauen. In ihrer Nostalgie vergißt sie das endlose Ineinanderübergehen von Tagen und Nächten und ihre Zweifel, ob sie ihr Baby wirklich gut genug halte. Tiefes Bedauern erfaßt sie bei dem Gedanken, daß das Säuglingsalter ein für allemal vorbei ist. Die Bewunderung drängt diese Sorgen und Vorbehalte in den Hintergrund. Mutter und Vater geben dem Baby ihren Segen. Ihre bewundernden Augen zeugen von ihrer Zuversicht, daß das Baby dort draußen bestehen wird: »Schau dich nur an, mein Baby, wie großartig du gehst!« Das Baby versteht die Botschaft und macht das beste aus seiner Liebesaffäre mit der Welt.

Die Choreographie der ersten Eroberungen kreiste um den festen Heimatstützpunkt. Häufig war das Baby mehr damit beschäftigt, zurückzublicken und sich Sorgen um das Auftauchen und Verschwinden der Personen und Dinge zu machen, als seinem Entdeckerdrang freien Lauf zu lassen. Nun ist es fast völlig von diesen Entdeckungsenergien in Anspruch genommen. Die neue Welt, die bei seiner Geburt nur ein schmaler Küstenstreifen war, entpuppt sich nun als riesiger und grenzenloser Kontinent. Als Krabbelkind hat es seinen Körper an die Sicherheit des Erdbodens geschmiegt. Aufrecht stehend, begibt sich das Kind in jene Abenteuer, die es seit den ersten Lebenswochen plant. Gewiß sehnt es sich von Zeit zu Zeit nach dem Heimatstützpunkt zurück, doch meist ist es zu liebevoll mit sich selbst beschäftigt, um sich darum zu kümmern. In der Selbstliebe des Kleinkindes zeichnet sich undeutlich eine Welt ab, die vielfältiger ist, als es sich vorstellen konnte, wenn es die ersten Male beim Wenden des Kopfes die Brustwarze fand, die es herbeigezaubert hatte, wenn es die ersten Male von Mutters Schoß rutschte, um fortzukrabbeln. Lächelnd empfängt die Welt den Eroberer, der den Mut und das Können besitzt, sie in Besitz zu nehmen.

Bald kann das Kleinkind außerordentliche Höhen erklimmen. Die Oberseite der Frisierkommode, einst ein fernes und unerforschliches Territorium, läßt sich erreichen, indem man einen Stuhl neben einen anderen zerrt und von der Armlehne des einen auf die Rückenlehne des anderen klettert, um sich so auf die Frisierkommode zu ziehen. Solche Unternehmungen verlangen viel Planung und Knowhow. Die Bestürzung in den Augen der Eltern, wenn sie das Baby auf dem Dach der Welt sitzen sehen, macht ihm klar, daß es gefährlich ist, zu hoch zu klettern. Wenn sie es das nächste Mal einen Stuhl schieben sehen, werden sie dem Baby folgen und ihm den Stuhl wegnehmen.

Das Kind wird sich rasch wieder fangen und in Richtung Wohnzimmer aufbrechen. Dort klettert es mittels der Kissen auf die Armlehne des Sofas. Dann richtet es sich auf der Sofalehne auf, dreht sich auf den Bauch und rutscht herunter. Wieder steigt es in die Kissen hinein. Diesmal springt es auf und ab. Es wiederholt das Klettern, Rutschen und Springen, als gäbe es sonst nichts auf der Welt. Bis es den Flur entdeckt, der zur Küche führt. So schnell es kann, läuft es den Flur hinauf und hinunter. In seiner Begeisterung über den ungehemmten Gebrauch seiner Bein-, Brust-, Rücken- und Schultermuskeln nimmt das Kind die zahlreichen Stürze und Stöße, die die unvermeidlichen Mißgeschicke des Abenteurers sind, ungerührt hin. Niemand braucht ihm zu Hilfe zu eilen, wenn es hinplumpst. Es rappelt sich selbst hoch und macht weiter. Tatsächlich ist es fast lustvolle Erregung, die Konturen des Körper-Ichs zu erfahren, indem man gegen die ersten Umrisse von Fußböden und Tischkanten prallt.

Vorher war ein Großteil der Zeit des Kindes damit ausgefüllt, daß es von einem Ort zum anderen getragen *wurde.* Nun kann es selbst tragen, kann es ein riesiges Kissen an die Brust drücken, es aus dem Schlafzimmer zerren und im Badezimmer deponieren. Der bedeutende Griff von Handfläche und gegenüberliegendem Daumen bildet eine Schlinge, die sich um kleine Klötze und Schalen legen kann. Mit dem Präzisionsgriff von zusammengelegtem Daumen und Zeigefinger kann das Kind Fäden und Staubkörner aufheben und sie von einer Hand in die andere befördern. Nichts ist zu groß oder zu klein, um nicht von hier nach da getragen oder bewegt zu werden. Der gewaltige Herkules öffnet und schließt Türen, schaltet das Licht an und aus. Jeder Behälter – ob Flasche, Schachtel, Schublade oder

Schrank – fordert zum Öffnen oder Schließen, Leeren, Auskippen oder Füllen heraus. Es gießt Flüssigkeiten aus einem Gefäß ins andere, leckt die Tropfen mit der Zunge auf oder verschmiert sie mit den Fingerspitzen.

Die Aggression von Schauen, Greifen, Zerren, Ziehen und Schieben hat zu Körperhaltungen geführt, die den tatsächlichen Konturen der Innen-Außen-, Oben-und-Unten-Welt des vertikalen Raumes gemäß sind. Da das Kleinkind sein Körper-Ich so geschickt zu kontrollieren weiß, darf es annehmen, daß es Körper und Umwelt vollkommen in der Gewalt hat.

Mehrere Monate, bevor sich der Junge zum aufrechten Eroberer gemausert hatte, haben seine Hände Hodensack und Penis entdeckt. Oft hat er in Hodensack und Bauchnabel hineingepiekt. Er hat am Penis gezogen und gezerrt. In seiner jetzigen aufrechten Haltung (und ohne Windeln) beugt er sich nach vorn, um Hodensack und Penis genau ins Auge zu fassen. Zu seinem Erstaunen stellt er fest, daß der Penis der einzige sichtbare Teil seines Körpers ist, den er nicht kontrollieren kann. Er hebt und senkt sich nach geheimnisvollen eigenen Gesetzen. Wenn seine Eltern sein Interesse am Penis entdecken, liefern sie ihm eine Bezeichnung für den neu entdeckten Körperteil. Sobald er einen Namen hat, verliert er ein wenig von seinem Geheimnis. Gewöhnlich nimmt sich niemand die Mühe, dem Jungen eine Extrabezeichnung für den Hodensack zu nennen. Man scheint davon auszugehen, daß der kleine Junge Penis und Hodensack als ein Organ begreift.

Mehrere Monate, bevor das kleine Mädchen zur aufrechten Haltung fähig war, war sie von ihrem Bauchnabel fasziniert. Beim Baden oder Wickeln wanderten ihre Finger dann ebenso häufig zu den Schamlippen wie zum Bauchnabel. Sie bohrte sie in beide. Beide rieb und streichelte sie. In aufrechter Haltung hat das Mädchen größere Schwierigkeiten, ihre Genitalien in Augenschein zu nehmen, selbst wenn sie sich vornüber beugt und zwischen ihre Beine blickt. Doch ihr Entdeckerdrang führt gewiß zu einer eingehenden Inspektion durch die Hände. Außerdem beugen sich viele kleine Mädchen in sitzender Position nach vorn, um »das Innere« in Augenschein zu nehmen, von denen ihre Hände schon Kenntnis erlangt haben. Die kombinierte visuell-taktile Erfahrung, die dem Mädchen Kenntnis von ihren Genitalien gibt, ist nicht so leicht verfügbar wie die entsprechende Erfahrung des Jungen. Doch wenn kein Hindernis auftritt, macht sie »die Entdeckung«. Der Bauchnabel erhält eine Bezeichnung. Doch nur selten nennt man den Mädchen einen Namen für ihre Schamlippen oder Scheide. Dem scheint die unbewußte Annahme zugrunde zu liegen, daß diese Organe, da sie verborgen liegen, vom kleinen Mädchen nicht bemerkt werden.

Wenn die Körperbeherrschung ihren Höhepunkt erreicht hat, kommt es – weitgehend infolge der auf Entdeckung und Manipulation gerichteten Neigungen dieses Lebensabschnitts – nicht selten dazu, daß das Kleinkind seine Genitalien streichelt. Viele Kleinkinder praktizieren diese frühe Erscheinungsform genitaler Reizung, bevor sie mittags und abends einschlafen. Die Rhythmen der Selbstbefriedigung sind langsam. Sie beruhigen das Kind. Sie sind nicht begleitet von der orgastischen Entladung, die typisch für die Sexualität des Erwachsenen ist. Auch sind die Körperbewegungen des sich selbstbefriedigenden Kleinkindes nicht so wild und heftig wie bei dem Kind von zweieinhalb oder drei Jahren. Die Genitalien werden leicht berührt oder gerieben, außerdem wird die Darmmuskulatur spielerisch angespannt und entspannt. Die verschwommenen, sich langsam ausbreitenden Rhythmen auf den inneren Körperwänden stehen im Gegensatz zu den heftigen Erregungen, die das Kind erfährt, wenn es die Höhe des senkrechten Raumes ausmißt. So ergänzen jene inneren Rhythmen die inneren Reize, die die aggressive Verwendung der großen und kleinen Muskeln an der Körpergrenze des Kindes hervorrufen.

Die Freisetzung dieser physischen Energien könnte leicht darüber hinwegtäuschen, daß das aufrecht stehende Kleinkind nicht wirklich seine ganze Zeit mit Klettern und Tragen, mit Öffnen und Schließen verbringt. Es gibt lange Ruhepausen, während derer es nichts bewegt als seine Augen. Es ist völlig in den Anblick seiner z.B. Nägel einschlagenden Mutter oder spielender Kinder versunken. Wenn es beobachtet, wie ein Müllauto beladen wird, kann sein Körper-Ich davon ebenso gründlich in Anspruch genommen sein wie von dem Unternehmen, Gefäße zu füllen und auszukippen. Die Welt, in die das Kleinkind schaut, gehört seinen Augen. Es nimmt Bilder ebenso unbedingt in Besitz, wie es Sofas und Staubkörner erobert.

Neben der fast vollkommenen Beherrschung seines Körpers lernt das Kleinkind die Wörter, welche seiner Weltbeherrschung Vorschub leisten. Es beweist seine wachsende Fähigkeit zur Selbstkontrolle, indem es auf Wörter reagiert. Es versteht und handelt entsprechend, wenn jemand sagt: »Halt!«, »Nein!«, »Laß das!«, »Küß mich!«, »Sag tschüß!«, »Bring mir den Hut!«, »Leg den Hammer hin!«.

Wenn das Kind nicht gerade die Dinge beim Namen nennt, um die Macht zu genießen, die es daraus gewinnt, daß es die Welt mit Etiketten versehen kann, oder wenn es nicht das »Danke«, »Bitte« und die anderen höflichen Sprüche hersagt, die ihm allzu eifrige Eltern eingetrichtert haben, nimmt es in seinen bleibenden Wortschatz Wörter und Wortrhythmen auf, die mit der unmittelbaren sinnlichen Erfahrung seines Alltags verknüpft sind – jene Wörter, die ein Körpergeist bei seiner Eroberung von Zeit und Raum als Ermutigung und Definition gebrauchen kann.

Von der Unzahl von Wörtern, die das Kind mit fünfzehn Monaten gehört hat, wird es anfangs nicht mehr als ein Dutzend äußern. Dazu gehören »Mama« und »Papa«, die später für alle Mama und Papa ähnliche Personen benutzt werden oder auch solche Ideen ausdrükken wie etwa: »Mama, hol mich von dieser Frisierkommode runter!« Andere Wörter stehen für die Bewegungen, die der eigene Körper nach Auffassung des Kindes beschreibt, etwa »Ball«, »Wauwau«, »Wagen«. Andere sind Handlungswörter wie »los«, »hoch«, »runter«, »guck« oder »Licht« (womit das An und Aus von Licht und Dunkelheit gemeint ist, welches das Kind mit dem Lichtschalter bewirkt). Dann gibt es beschreibende Wörter, welche es unter angenehmen Umständen gehört hat: »groß«, »hübsch«, »alle-alle«. Schließlich die Namen von Gegenständen, die von grundlegender Bedeutung sind wie »Bauch«, »Augen«, »Keks« oder »Pipi«.

Außerdem hat das Selbstvertrauen des Kindes zu diesem Zeitpunkt einen Gipfelpunkt erreicht. Wenn ihm nicht jemand den Eindruck vermittelt hat, daß das Benennen der Dinge von höchster Bedeutung ist, wird es sich, ohne zu zögern, seine Sprache zurechtlegen, wie es ihm in den Sinn kommt. Es wird ein Plappergespräch führen, das sich der grammatischen Regeln bedient, die es aufgeschnappt hat. Plappernd erfindet es eine Geschichte, in der ein »Wauwau« oder ein »runter« auftauchen, wann immer sie angebracht erscheinen. Es hat inzwischen den alternierenden Rhythmus von Sprechen und Zuhören gelernt, weshalb ihm nichts so viel Freude bereitet, wie wenn man auf seine Plappergeschichten mit einer anderen Geschichte oder einem anderen Satz antwortet. Es hört zu und antwortet dann mit einer weiteren Geschichte.

Wenn es Wörter eigener Wahl verwendet, benennt um des Benennens willen und sich eine Sprache schafft, wie es ihm in den Sinn kommt, so ist das ebenso Körperertüchtigung wie Klettern oder Schauen.

Choreographie: Balanceakte, offene Räume, ein neuer Partner. Wenn das aufrecht stehende Kleinkind »Fang-mich« und Verstecken spielt (seine »Guckuck-da«-Version), ist es aufs höchste entzückt von dem wunderbaren Gefühl, Flure hinunterzulaufen und hinter Türen und Sofas unsichtbar zu werden. Es ist sich ganz sicher, daß es dem Babyfänger entkommen kann, daß der erregend freie und unbekümmerte Schwung seiner Tollheit und Freude ewig dauern wird.

In seiner heiteren Sicherheit nimmt das Kleinkind die tatsächliche Gegenwart seiner leibhaftigen Mutter kaum zur Kenntnis. Es verhält sich, als sei ihre Gegenwart überall. Die Körperempfindungen meisterlichen Könnens verbinden sich mit dem magischen Gefühl des Einsseins mit der Welt und schaffen so jenes freudige Hochgefühl, das die Liebesaffäre mit der Welt begleitet.

Bevor das Baby laufen konnte, bewegte sich sein Körper auf die Mutter zu und von ihr fort, indem er mit ihr verschmolz und sich versteifte, fortkrabbelte und zum Auftanken zurückkehrte. Nun, da es sich aufrecht hält, steht es mitten auf der Bühne allein. Seine Mutter ist in die Rolle eines schützenden Bühnenarbeiters gedrängt, immer bereit, das Kind aufzufangen, wenn es zu nahe an den Rand gerät, Haltepunkte in Griffweite zu rücken, damit es sich nicht verletzt, bereitzustehen, wenn es sie braucht. Wie die Assistentin eines Akrobaten wartet sie in den Kulissen und verfolgt aufmerksam mit Auge und Ohr, wie der geschickte Beherrscher des Raumes seine schwindelerregenden Balanceakte vollbringt.

Die Art und Weise, wie das Kleinkind seine leibhaftige Mutter als bloßes Anhängsel behandelt, entspricht dem Verhalten des erobernden Helden. Gewöhnlich führen Tiefseeforscher, Piloten, Akrobaten und Bergsteiger ein Team von Helfern mit sich, die sich um so triviale Dinge wie Ausrüstung, Gerätschaft und Proviant kümmern. Obgleich die Sicherheit erregender Entdeckungen und kühner Heldentaten oft völlig von der hingebungsvollen Aufmerksamkeit dieser ergebenen Helfer abhängt, werden sie von den Helden selten erwähnt oder erinnert. Sinnigerweise sind in der britischen Marine die ungenannten Helfer der heroischen U-Bootfahrer auf einem Versorgungsschiff stationiert, das »Mami« heißt.

Bevor das Kind des Laufens ganz mächtig ist, ist es sich mit fünfzehn Monaten bewußt, daß es Hilfsmittel braucht. In jeder Hand hält es etwas, das ihm hilft, seinen aufrechten Körper im Gleichgewicht zu halten und sich nicht zu weit von Mutter Erde zu entfernen. Wenn es damit anfängt, auf eigenen Füßen fortzugehen, nimmt eine Decke oder ein Spielzeug den Platz von Mutters Hand ein, an der man sich festhalten konnte. Gelegentlich wird das Kleinkind sein Gleichgewicht dadurch bewahren, daß es seine Hände zusammenschlägt. Es hält sich an sich selbst fest. Aber wie der Seiltänzer, der plötzlich mit dramatischer Geste seinen Balancierstab fortwirft, wirft auch das Kleinkind früher oder später seine Hilfsmittel fort, läßt los und setzt seinen Weg auf sich selbst gestellt fort. Sobald das der Fall ist, schlägt sich das Kind jede Erinnerung an sein fortdauerndes Bedürfnis nach dem Heimatstützpunkt aus dem Kopf. Fortan ist sein Handeln dazu bestimmt, seine Emanzipation von der Bindung an die ersten Dinge zu dokumentieren. Es blickt nicht zurück. Es blickt nach vorn in die offenen Räume, die vor ihm liegen.

Wenn es zu laufen beginnt, verschmäht es das gesetzte Gehen mit dem ganzen Fuß, das es fest mit der Erde verbindet. Statt dessen bewegt es sich leichtfüßig auf den Zehen.

Der vibrierende, hochgereckte Körper des Kleinkindes ist vernarrt in die ihm freundlich begegnende Weite offener Räume. Es hat den perfekten Partner für seine Liebesaffäre gefunden. Zwar verschmäht das Kleinkind hochmütig seine leibhaftige Mutter, welche eine Erinnerung an Erdgebundenheit und Festhalten ist, doch hat es eine andere, aufregendere Mutter in der Welt des senkrechten Raums entdeckt, durch den sein Körper gleitet. Das aufrecht stehende Kleinkind ist eingehüllt in die grenzenlosen, offenen Räume der neuen Welt wie seine fernen Vorfahren, lange bevor es Menschen gab, ins endlose Meer, wie der Fötus im Mutterleib ins Fruchtwasser, wie das Baby auf dem Arm, das von der Gegenwart der Mutter zusammengehalten wird. Das Kleinkind schmiegt seinen Körper in die unsichtbaren Konturen und wähnt, mit dem Universum eins zu sein.

Hochstimmung. Wie Ekstase und Verzweiflung ist Hochstimmung eine heftige, überwältigende Stimmung, die manchmal die weniger krassen Stimmungen des Alltags überlagert. Nun erwächst Hochstimmung aus einer wunderbaren Übereinstimmung von Empfinden und motorischem Handeln. Wann immer sich unser Körper in vollkommenem Einklang mit unseren Sinnen bewegt, empfinden wir Heiterkeit und Hochstimmung. So schafft Hochstimmung unser Bewußtsein für bestimmte Aspekte der Realität, während sie andere verdeckt.

Das aufrecht stehende Kleinkind ist hochgestimmt. Sein Körper vibriert. Er pulsiert angesichts der Großartigkeit seiner Bewegungen im Raum, und die Erscheinungsformen der Außenwelt schwingen in der Aura seiner Großartigkeit. Die feurigen Energien seines alle Herausforderungen meisternden Körpers fließen über in die Welt, und alles Leben konzentriert sich in der unerwarteten Befreiung von Bedrohung und Widerspruch.

Hochstimmung ist erinnerte Freude und ein tranceartiges Vergessen von Frustration und Enttäuschung. Die Hochstimmung des aufrecht stehenden Kleinkindes ist der freudige Gipfel eines »Guckuckda«-Spiels, das mit ängstlichem Flattern begann. Blickt es die Erscheinungsformen der Außenwelt an, so spiegeln sie all die großartigen Dinge, für die es seinen Körper hält. Die äußeren Formen schaffen liebkosend stolze Grenzen auf seinem Körper und rufen Harmonie und Entspannung in seinem Inneren hervor.

Wie Tensing und Hillary in ihrer Anbetung des Mount Everest kommuniziert das Kleinkind mit den äußeren Formen der Welt, die es erobert. Es ist fasziniert von den Fluren, die es hinunterläuft, den Namen, die es nennt, und den Schränken, die es öffnet und schließt. Seine gegenwärtige Liebesaffäre weist große Ähnlichkeit mit der Zwiesprache auf, die seinen Weg in die neue Welt bahnte.

Anfangs hatte das Neugeborene den Eindruck, eine neue Welt zu betreten, die wußte, was es heißt, zum ersten Mal ein Baby zu sein. Die Welt paßte sich seinen angeborenen Gesten und Körperbewegungen an und bestätigte das Neugeborene in der Auffassung, die es von sich selbst hegte. Wenn auch in Wahrheit völlig hilflos, wurde es doch von der Welt in Heiterkeit und Ganzheit zusammengehalten. Doch war das zu einer Zeit, da der Geist des Babys einfach flatternde Spannung, saugender Mund, greifende Faust und schauende Augen war, die sich dem Außen stellten. Das Kind wußte nicht, wo es anfing und endete oder wo die Welt anfing und endete. Keine Hochstimmung versetzte seinen Körper in Schwingungen, und sein Körper brachte die Welt nicht zum Vibrieren. Damals war es die Mutter, die die Konturen der Welt hervortreten ließ.

Wenn es mit zwei Monaten seinen Körper an den der Mutter schmiegte, fand es Halt in den inneren Rhythmen, die seine Energien daran hinderten, überzufließen und zu explodieren. Die Rhythmen im Kern seines Seins bleiben ihm als Erinnerung an Sicherheit und Ganzheit. Doch schon zu diesem frühen Zeitpunkt versteiften sich die Muskeln von Mund, Hand und Augen und drängten fort. Der Körpergeist des Babys wurde auf das Getrenntsein vorbereitet.

Mit Beginn der Loslösung entfaltete sich sein Geist und strebte fort von der Mutter des Einsseins. Mit gewitzterem Geist begegnete das Baby dem Auftauchen und Verschwinden der leibhaftigen Mutter, die es oft an die Nachteile des Getrenntseins erinnerte. Gleichzeitig diente die Mutter als bewundernder Spiegel für den Körper des Babys, war ihr Schoß zum emotionalen Auftanken verfügbar. Dadurch wurde das Baby zusammengehalten und sein Drang bekräftigt, über Schwellen zu krabbeln und die Welt zu erobern.

Wenn sich das Baby auch gelegentlich nach der einfachen Seligkeit des Einsseins sehnen mochte, begann sein Körper-Ich, nach außen und oben drängend, die umhüllende Eingrenzung des konkreten Körpers seiner Mutter zu vermeiden. Das Baby wollte handeln, nicht Objekt von Handeln sein. Tröstlich war der Schoß seiner Mutter, doch ebenfalls eine unerfreuliche Erinnerung an Hilflosigkeit und ohnmächtiges Geschehenlassen. Das Kind begann, die Illusion den Widersprüchen und Unzulänglichkeiten des Schoßreiches vorzuziehen. Es schuf eine permanent verfügbare Mutter, die es absolut kontrollieren konnte. Das Baby erfand seine Schmusedecke – eine äußere Form, die Einssein widerspiegelte, ohne das Baby an seine tatsächliche Hilflosigkeit und Verletzlichkeit zu erinnern. Nun, da das Kleinkind aufrecht steht, setzt es die Kommunikation mit seiner Decke fort. Diese Kommunikation findet in einem Reich zwischen Wachen und Träumen statt, das dem noch nicht ganz erwachten, dämmernden Zustand des Einsseins ähnelt.

Wacht oder dämmert das Kind, wenn es beim Vorwärtsdrängen, Schauen und Benennen rückhaltlosen Gebrauch von seinem Körper macht? Hochstimmung ist nicht die Ekstase des dämmernden Zustands des Einsseins. Doch ist es auch eine Mischung aus Wachen und Schlafen. Das hochgestimmte Kleinkind ist völlig wach und zugleich an der Grenze des Schlafes. Eine Seite der Hochstimmung ist das »Obenauf« größerer Wachheit als je zuvor. Wenn das Kind die Welt handhabt, weiß es, was es tut. Aus eigener Kraft zu funktionieren, ist wahre Lust; nichts wird da nur in der Vorstellung beschworen. Seine Aufmerksamkeit erfaßt die kleinsten Einzelheiten. Keiner Herausforderung wird ausgewichen. Das Kleinkind übt und vervollkommnet sich, bis es die Dinge genau erfaßt. Seine geschickte Handhabung von Spielzeugen und Haushaltsgegenständen vermittelt ihm den Eindruck, daß es die Regeln, denen die sinnlich erfahrbare Welt gehorcht, vollkommen beherrscht.

Selten verliert es das Gefühl für seinen Platz in der Welt. Wenn es unbekanntes Gebiet betritt, taxiert es dies, indem es die Hindernisse abschätzt und berechnet, die sich ihm dort in den Weg stellen. Und obgleich es Treppen wie eine Bergziege erklimmt, faßt es, wenn es sich umdreht, die steil abfallende Tiefe mit dem gebührenden Respekt ins Auge. Es überlegt, ob es rückwärts hinunterkriechen oder Stufe um Stufe auf seinem Hinterteil hinunterrutschen soll. Möglicherweise raubt ihm das seinen Eroberungsmut, und es setzt sich hin und schreit um Hilfe.

Das Kind von fünfzehn Monaten ist tüchtig und voller Respekt für die Regeln, die es zu beachten gilt. Es scheint fertig zu werden mit der Welt von innen und außen, oben und unten.

Hinsichtlich der äußeren Formen, die es liebt, erweist sich das aufrecht stehende Kind als Realist. Es hat recht mit der Annahme, eine Welt erschaffen zu haben, die dem entspricht, was seine Muskeln vermögen und was Augen, Nase, Haut und Ohren aufnehmen können. Es hat recht mit der Annahme, daß sein Geist Staubteilchen aufheben und riesige Kissen transportieren kann, daß es seiner aggressiven Handhabung der Welt freien Lauf lassen kann, ohne irgendeinen Teil von ihr zu zerstören. Insofern ist die Hochstimmung des Kleinkindes realistisch, eine äußerst wache Reaktion auf Ereignisse, welche tatsächlich stattfinden.

Selbst seine Vorstellung vom Einssein mit der Welt enthält eine Spur von Wahrheit, weil diese neue Spielart seiner Einbildung Ereignisse wieder aufleben läßt, die einst wirklich geschehen sind. Das Baby, das in den ersten Monaten des Einsseins Halt und Befriedigung erlebt hat, bewahrt körperliche Erinnerungen an Heiterkeit und Einssein. So kann es nun eine Außenwelt schaffen, von der es gehalten wird.

Doch zur Hochstimmung gehören auch Täuschung und Enttäuschung. Obgleich das Muster der zweiten Geburt aus zwei unentwirrbar verflochtenen Fäden gesponnen ist, blieb einer von ihnen fast völlig vom anderen verdeckt. Bestimmend war der angeborene Entfaltungsdrang des Babys, der es aus den Grenzen des Einsseins von Mutter und Säugling hinausstreben und zu einem unabhängigen Körper-Ich werden ließ. Jene entscheidende Notwendigkeit, sich mit dem Getrenntsein von der Mutter abzufinden, gerät kaum in den Blick.

In der Hochstimmung seiner Liebesaffäre mit der Welt kommt das Kind gar nicht auf den Gedanken, es könnte einen Widerspruch geben zwischen dem Einssein und dem Prozeß, der es zu einem separaten und selbständig funktionierenden Ich werden läßt. Es vergißt jene Aspekte des Einsseins, die da sind: Verschmelzen mit dem Nichts, Versinken in Schnee, Ertrinken im leeren Raum und Gepacktwerden vom Babyfänger. Das Baby meint, völlig wach zu sein. Doch muß es noch zum uneingeschränkten Bewußtsein seines Getrenntseins von der leibhaftigen Mutter oder der verborgenen Gefahren absoluten Einsseins erwachen. Würde das Kind der absoluten Seligkeit des Einsseins erliegen, bevor es sich seinen eigenen Raum in der Welt erobert hat, würde es wieder von der Mutter vereinnahmt werden. Seine Kapitulation wäre gleichbedeutend mit dem Ende seiner Existenz. Später – im Zustand der Konstanz – kann es dann wieder die Ekstasen verschmelzenden Einsseins riskieren.

In ein paar Monaten kann ein Geist, der zumindest versuchsweise diese furchterregenden Realitäten erfaßt, seine Vorherrschaft gegenüber dem unschuldigen Körpergeist des fünfzehn Monate alten Kindes beanspruchen. Doch im Augenblick spielt das Körper-Ich seine ganze Macht aus, ist das Kleinkind eins mit der Welt. Gleichzeitig bedient es sich seines Körpers, um sich physisch über die Grenzen des Schoßreiches hinwegzusetzen.

Schon vorher hat das Baby seine Launen gehabt. Zahnen und zu viele »Laß das« stürzten es in eine eisig-abweisende Reizbarkeit, und die Welt wartete mit einem Übermaß an Frustration auf. Oft wurde es rosarot, wenn es sich in der strahlenden Bewunderung seiner Eltern spiegelte, dann zeigte sich auch die Welt in rosa Licht. Doch ist Hochstimmung überwältigender als Reizbarkeit oder Fröhlichkeit.

Maler berichten, was Rot bedeutet und was aus ihm wird, vermischt man es mit Blau oder Gelb. »Wie Orange entsteht durch das Näherziehen des Rot zum Menschen, ebenso entsteht durch das Zurückziehen des Rot durch Blau das *Violett*, welches die Neigung hat, vom Menschen sich weg zu bewegen«, hat Kandinsky gesagt. Auch

Schwarz hat er nicht vergessen. Zum Schwarzen sinkend, so meinte er, bekomme Blau »den Beiklang einer nicht mehr menschlichen Trauer«. Wenn der Geist des Kleinkindes aus seinem scharlachroten Traum von Ruhm erwacht, lernt es die schwarzblau gestimmte Traurigkeit kennen. Sein neues Bewußtsein von dem, was es ist, wird es zu den alltäglichen Farbtönen der Erde zurückführen. Wenn das Kind in dem Lernprozeß, in dessen Verlauf es dazu kommt, der Erde Gerechtigkeit widerfahren zu lassen, ein gewisses Maß an Idealismus und Illusion bewahren kann, hat es das Beste aus den ersten drei Jahren in der neuen Welt gemacht. Es hat das Beste aus ihnen gemacht, was irgendein Sterblicher erhoffen kann.

Die Hochstimmung des Kindes läßt die Rätsel, die die zweite Geburt mit sich bringt, nicht in ihrer ganzen Bedeutung zum Tragen kommen. Ob das Kind die für diesen Lebensabschnitt typische Hochstimmung wirklich vorbehaltlos erlebt, hängt von den Reaktionen der Eltern und den bisherigen Interaktionen des Kindes mit der Welt ab. Wenn es während der Zeit des Einsseins gut genug gehalten wurde, wird es jetzt auch annehmen können, daß die Welt es hält.

Die Freude, welche das physische Fortstreben von der Mutter begleitet, entspringt dem magischen Sicherheitsgefühl, das der Vorstellung zu verdanken ist, die Gegenwart der Mutter sei überall. Hat das Kind das selbständige Spiel in Gegenwart der Mutter nicht als zentrales Erlebnis jener Exploration erfahren, die dem Vermögen zu aufrechter Fortbewegung vorangeht, wird sich die Hochstimmung nicht recht einstellen wollen. Mischt sich die Mutter in die unabhängigen Entdeckungen ihres Säuglings ein oder überläßt sie ihn in dieser ersten Eroberungsphase ganz seinen eigenen Kräften, wird das Kleinkind Schwierigkeiten haben, das ganze Ausmaß jener aus der aufrechten Haltung erwachsenden Großartigkeit zu erleben. Gehen, Laufen, Schauen und Benennen werden weniger frei und weniger ausgelassen sein. Das Kind wird vorsichtiger sein, wird größere Angst haben zu fallen. Es wird zögern, den Dingen Namen zu geben, bis es sich der Bewunderung, in der es sich spiegeln kann, absolut sicher ist. Es wird unabhängiges Funktionieren nicht bis an die Grenzen seiner Fähigkeiten erproben.

Manchmal wird das Kind die Fähigkeit zu aufrechter Fortbewegung und zur Entfernung von der Mutter besitzen, ohne über die emotionalen Voraussetzungen zur Loslösung zu verfügen. Deshalb braucht das Kind, das verfrüht Laufen gelernt hat, stets besondere Aufmerksamkeit. Wenn die Mutter ihm nicht mit ihrer leibhaftigen Gegenwart als Orientierungszeichen zur Verfügung steht, wird ein solches Kind in seinen Körperbewegungen unentschlossen und ziellos bleiben. Es wird ihm an Ziel und Richtung mangeln, bis es sich die Vor- und Zurück-Choreographie von Fortstreben, Auftanken und Rückversicherung in ausreichendem Maße zu eigen gemacht hat.

Andererseits können manche Kinder, die körperlich in der Lage sind, allein zu gehen, sich emotional auch weiterhin an der Mutter festhalten. Unbedingt müssen sie wissen, wo die Mutter ist; sie können nicht loslassen und auf eigenen Beinen gehen. Solche Kinder brauchen auch weiterhin den sicheren Stützpunkt der Heimatbasis und mehr Gewißheit hinsichtlich der Verläßlichkeit von Mutters Gegenwart. Doch übertreibt sie ihre Präsenz, umgibt sie ihr Kind jedesmal, wenn es Anstalten macht, ein paar Schritte zu tun, mit überängstlicher Fürsorge, wird sein Mut schwinden. Die beste Ermutigung für ein Kind, das zögert zu laufen, ist der Spiegel der Bewunderung – das Vertrauen und die Zuversicht in den Augen der Mutter –, der Blick, der sagt: »Was bist du nur für ein herrliches und tüchtiges Kind. Mach nur! Du schaffst es schon!«

Wenn das Kind noch überhaupt kein Verständnis für die Grenzen seiner natürlichen Aggression erworben hat, wird es die plötzliche Zunahme an aggressiver Selbstbehauptung, welche die Begleiterscheinung von aufrechter Fortbewegung ist, als destruktiv empfinden. Die Angst davor, diese Aggression könnte mit ihm durchgehen, überschattet die Freiheit der Ich-Findung. Immer wenn das empfindliche Gleichgewicht zwischen dem Bewußtsein von Getrennsein und der Fähigkeit zu unabhängigem Funktionieren gestört ist, wird die normale Hochgestimmtheit gedämpft.

In der Regel ermutigen Mütter ihre Söhne zum Fortlaufen und Toben. Manchmal bestaunen sie sogar ehrfurchtsvoll, was sie für männliche Kühnheit halten – wenn Jungen etwa über das Gitter des Kinderbetts klettern oder die Frisierkommode erklimmen. Unter Umständen hat eine solche Mutter Schwierigkeiten, für die Sicherheit ihres Sohnes zu sorgen. Häufig hört man von Müttern kleiner Jungen Klagen wie: »Man kann ihn einfach nicht beaufsichtigen.« »Er ist überall.« »Wenn ich Nein sage, hört er nie.« In solchen Klagen klingt mehr als nur ein Anflug von Stolz auf die tolle Unabhän-

gigkeit des Jungen und seine unbändige Bravour mit. Es hat den Anschein, daß die Mutter sich mit Freude von ihrem phantastischen
und heldenhaften Eroberer unterkriegen läßt.

Kleinen Mädchen wird die ganze Großartigkeit der Liebesaffäre
oft vorenthalten. Der Stolz, in dessen Glanze sich der springende
und kletternde Junge sonnt, wird dem kleinen Mädchen, wenn es
springen und klettern möchte, verwehrt. Die meisten Mütter sind
um die körperliche Sicherheit ihrer Töchter besorgt. Sorge und
Zweifel im Gesicht der Mutter mahnen das kleine Mädchen zur Vorsicht. So fällt es ihm schwer, sich in diesem Lebensabschnitt mutig
und ungezwungen zu verhalten. Die Vorstellung, kleine Mädchen
seien zarter als kleine Jungen, ist irrig. Gewöhnlich sind sie sogar
kräftiger, besser koordiniert und geschickter in der Verwendung ihres Körpers.

Mädchen blicken wacher um sich und lernen früher, Wörter zu
verwenden. In der Regel werden Mädchen häufiger geschmust,
unterhält man sich mehr mit ihnen, so daß sie umgänglicher sind und
sich leichter leiten und kontrollieren lassen als kleine Jungen. Da das
Erlebnis des ganzen Körpereinsatzes bei Mädchen nicht so intensiv
ist, sind die Grenzen seines Körper-Ichs weniger ausgeprägt, als sie
es sein könnten. Dazu wird in seiner Persönlichkeit das Element
ohnmächtigen Geschehenlassens nicht hinreichend ausgewogen
durch das Gefühl von Beherrschung und aktivem Tun. Statt sich auf-
zurichten und die Weite des offenen Raums zu durchmessen, klammert sich das kleine Mädchen an die Sicherheit der Erde. Später ist es
häufig nicht darauf vorbereitet, sich dem Aufruhr der Loslösung zu
stellen. Hochstimmung mildert Enttäuschung und Ernüchterung;
und viele kleine Mädchen haben einfach nicht genügend Hochstimmung erlebt.

Der Zustand der Hochstimmung, eine exotische Mischung aus
überwachem Wirklichkeitssinn und wundersamer Illusion, entspricht diesem Abschnitt des menschlichen Lebens. Dieser Zustand
sollte vorherrschen. Die Großartigkeit und körperliche Spannkraft,
die das Kind jetzt erlebt, werden ihm helfen, für den Rest seines Lebens mit den sinnlich erfahrbaren Eigenschaften der Außenwelt in
Fühlung zu bleiben. Es wird optimistisch zu sich selbst stehen. Auch
wenn die Welt es enttäuscht, wird es noch den Versprechen trauen,
die sie ihm auch weiterhin macht.

Gedämpftheit. Selbst in der Zeit erster Eroberung, als der Entdeckungsdrang des Babys noch durch die Sorge um Auftauchen und Verschwinden in Schach gehalten wurde, war es häufig ausgelassener Stimmung. Doch damals genügte eine viertelstündige Trennung von der Mutter, um seine Stimmung zu dämpfen. Jetzt, da es sich aufgerichtet und die leibhaftige Gegenwart der Mutter in der Welt hochmütig vergessen hat, sollte man erwarten, daß Perioden ihrer Abwesenheit seiner hochgemuten Verfassung nichts anzuhaben vermögen. Zwar sind in dieser Phase seine Reaktionen auf eine solche Trennung wirklich weniger heftig als in anderen Stadien der zweiten Geburt, doch wenn das Kleinkind der Möglichkeit gewahr wird, daß seine Mutter länger als ein paar Minuten verschwinden könnte, wird seine Stimmung gedämpft.

Das aufrecht stehende Kleinkind ist nämlich durchaus nicht immer hochgemut und hochgestimmt. Nicht selten bricht sein Dialog mit den Erscheinungsformen der Außenwelt ab. Es vergißt die Eroberung der Welt von Zeit und Raum und wendet Aufmerksamkeit und Konzentration nach innen. Zu einer solchen Unterbrechung der aktiven Beschäftigung mit der wirklichen Welt kommt es am ehesten, wenn dem Kleinkind bewußt wird, daß seine Mutter nicht da ist.

Wenn dem Kleinkind aufgeht, daß die Mutter fort ist, oder, weil sie den Mantel anzieht, es erkennt, daß sie im Begriff ist fortzugehen, wird es möglicherweise ärgerlich protestieren oder ängstlich weinen, als wolle es sie am Fortgehen hindern bzw. sie zur Rückkehr zwingen. Sobald es sich mit der Vorstellung abgefunden hat, daß sie wirklich fort ist und nicht zurückkommt, beruhigt es sich und stellt den Protest ein. Eine Weile mag das Kind sich zu trösten versuchen, indem es sich mit seinen Lieblingsspielzeugen beschäftigt, auf dem Sofa auf und ab springt, auf dem Schaukelpferd schaukelt oder das Buch an sich drückt, aus dem ihm seine Mutter vorgelesen hat, bevor sie es verlassen hat. Doch ohne ihre nahe Gegenwart verlieren die äußeren Formen der Welt ihren Glanz. Das Kind streicht die Segel. Sein gewöhnlich vor Energie berstender Körper verkriecht sich förmlich in Stille und Ruhe. Seine wachen Augen überschattet ein stumpfer, trüber Blick, als würde es sich absichtlich vom jetzt enttäuschenden Gesicht der konkreten Wirklichkeit abwenden, um mit einer Innenwelt in Verbindung zu treten.

In solchen Augenblicken wird deutlich, daß die Gegenwart der

Mutter wesentlichen Anteil an der gehobenen Stimmung des Kleinkindes hatte. Wie bedeutend ihre Rolle für die Choreographie ist, zeigt sich deutlich, wenn sie ganz verschwindet. Das Kleinkind konnte nur solange wähnen, sicher von der Welt gehalten zu werden, wie es bei einem gelegentlichen Blick in die Kulissen die Mutter wahrnahm. Wenn sie fort ist, hat die Tapferkeit des Kleinkindes keinen Bestand.

Nicht, daß es in Abwesenheit der Mutter in Verzweiflung oder Apathie verfiele. Es ist bloß so, daß sich seine Hochstimmung verflüchtigt hat und es, statt wie sonst von seinem Körper rückhaltlosen Gebrauch zu machen, in sich gekehrt erscheint. Am dramatischsten drückt sich die gedämpfte Stimmung des Kleinkindes aus, wenn es sich an der Tür niederläßt, durch die die Mutter verschwunden ist, und dort dahinzuwelken scheint. Ein anderes Kind mag von einem Zimmer ins andere schleichen, Staubteilchen aufheben und sie anstarren. Wieder ein anderes kriecht zur Großmutter aufs Sofa und läßt sich den Nachmittag über mit Geschichten und Plätzchen traktieren. Die Großmutter wird freudig und stolz überrascht sein von der erfreulichen Ruhe, die mit dem Fortgang der Mutter im Hause einkehrt. »Er war ganz lieb, während du weg warst. Er ist nicht ständig herumgeklettert oder hat irgendetwas angestellt, wie er es macht, wenn du da bist. Er hat dich überhaupt nicht vermißt.«

Welche Form die Gedämpftheit auch immer annehmen und wie sie dem zufälligen Beobachter auch immer auffallen mag, stets tut das Kleinkind etwas mehr, als es den Anschein hat, wenn die Mutter den Schauplatz verläßt. Wenn es auch ruhig neben der Großmutter sitzt, schenkt es ihr oder den Geschichten, die sie erzählt, wahrscheinlich keine große Aufmerksamkeit. Kaum blickt es die Bilder im Buch an. Ebensowenig ist das Kind an dem Nachmittag wirklich in Anspruch genommen von seiner Fähigkeit, Staubteilchen aufheben zu können. Selbst das an der Tür dahinwelkende Baby, das in Abwesenheit der Mutter »überhaupt nichts« zu tun scheint, ist innerlich durchaus beschäftigt.

Jedes dieser Kinder ist aktiv bemüht, das emotionale Gleichgewicht zu bewahren. Keines kapituliert passiv vor seiner Enttäuschung. Und keines ist hilflos. In sich gekehrt und mit nach innen gekrümmten Körpern, suchen sie nach einer Innenwelt, die jenen vollkommenen Ich-Zustand wiederherstellt, der verlorenging, als Mutter durch die Tür ging und verschwand.

Wenn das Kind sich schließlich an der Tür niederläßt oder auf das Sofa kriecht, hat es die Vorstellung der privaten Innenwelt vor Augen, welche es beschworen hat. Es ist bemüht, das Empfinden von Wohlgefühl und Sicherheit festzuhalten, das aus der Kommunikation mit der Innenwelt erwächst. Da das Kind mit fünfzehn Monaten noch immer vor allem Körpergeist ist, sind die Vorstellungen, an denen es festhält, keine Ideen oder klar umrissene Bilder, sondern zumeist heraufdämmernde Erinnerungen an Körperzustände, wie angenehme Entspannungsrhythmen und stolze Grenzen. Das Kind, das an der Tür dahinwelkt, ist vermutlich nicht in der Lage, sich das Gesicht der Mutter zu vergegenwärtigen, es vermag aber die Heiterkeit, Seligkeit, Ganzheit und Harmonie jener Welt des Einsseins zu restaurieren, die ganz erfüllt war mit mütterlicher Gegenwart.

Während die Mutter fort ist, ist das Kleinkind angestrengt bemüht, seine Aufmerksamkeit nach innen zu richten, und das wird gut gehen, solange diesen Bemühungen nichts zuwiderläuft. Jene wohlmeinenden Babysitter und Onkel, die den Anblick eines dahinwelkenden oder teilnahmslosen Kindes nicht ertragen können, werden gewiß alles verderben, wenn sie versuchen, es aufzuheitern oder große Unternehmungen mit ihm zu veranstalten. Dann wird das Kind unter Umständen in Tränen ausbrechen und untröstlich nach der Rückkehr seiner Mutter jammern. Wenn seine Innenwelt gestört wird, kann ein bislang ruhiges Baby außer sich geraten und in verzweifelter Suche nach der Mutter durch das ganze Haus irren. Auf ihre Weise hat Omi recht, wenn sie die gedämpfte Stimmung des Babys mit Erleichterung aufnimmt.

Wenn das Baby sich von der Außenwelt abwendet, um eine Innenwelt wiederzuerschaffen, auf die es sich verlassen kann, bewältigt es Verlust in einer Weise, die Achtung verdient. Es gerät nicht in Panik und rauft sich nicht die Haare. Aber es geht auch nicht vergnügt »zur Tagesordnung über«, als hätte die Mutter keinerlei Bedeutung. Seine getrübte Stimmung zeigte, daß es stark genug ist, um herbeizusehnen, was es vermißt, ohne zu zerfallen, wenn diese verschwindet. Seine Sehnsucht ist ein Zeichen dafür, daß ihm genügend an der leibhaftigen Mutter liegt, um sie als vollkommene Mutter zu beschwören, wenn sie fort ist.

Die Mutter kommt zurück. Das Kind hört den Schlüssel im Schloß. Es springt von der Couch. Freudige Erwartung tritt in seine Augen. Die Tür geht auf. Das Kind wirft einen Blick auf die ausge-

streckten Arme der Mutter und ihr »Was freu ich mich, dich zu sehen«-Gesicht und bricht in Tränen aus. Einige Kinder beginnen, den
ausgestreckten Armen entgegenzulaufen – und drehen dann ab, als
zähle die Mutter überhaupt nicht. »Es ging wunderbar, bis du zur
Tür hereingekommen bist«, berichtet Omi mit einer Mischung aus
Selbstgefälligkeit und Ärger über den jähen und unverständlichen
Stimmungswandel des Babys. Ob das Gesicht der Mutter eine Enttäuschung bedeutet im Vergleich zur idealen mütterlichen Gegenwart, die sich das Kind vorgestellt hatte? Oder ob sich das Kind jetzt,
da die Mutter in Fleisch und Blut zurück ist, sicher genug fühlt, um
einen Teil des Ärgers und der Enttäuschung, die es bei ihrem Verschwinden empfand, zum Ausdruck zu bringen? Jedenfalls wird das
Kind noch ein bißchen weinen, was wohl die Spannung lindern dürfte, die sich bei dem harten Kampf um sein Gleichgewicht aufgestaut
hat, und dann die tröstende Umarmung seiner Mutter akzeptieren.
Vielleicht wird es ihre Rückkehr auch damit feiern, daß es zum Sofa
stürzt und die Kissen durcheinander wirft.

Viele Kinder brauchen ein bißchen mehr emotionales Auftanken,
bevor sie sich fangen und »zur Tagesordnung übergehen« können.
Ein ruhiges Schmusestündchen mit Mama oder eine feine Mahlzeit
von Papa können geeignet sein, das verlorene Gleichgewicht voll-
ends wiederherzustellen. Nach einer gewissen Zeit wird es zu seiner
gewöhnlichen Hochstimmung zurückfinden.

Oft scheuen sich Eltern, von ihrem Baby fortzugehen. Sie halten,
wenn sie gehen, die verzweifelten Proteste an der Tür nicht aus oder
ertragen die Ablehnung nicht, mit der sie bei ihrer Rückkehr empfangen werden. Die Vorstellung, daß ihr vor Leben sprühendes Kind
an der Tür dahinwelken oder mürrisch umhergehen und Staubteilchen anstarren könnte, verdirbt ihnen die Freude an den fern von
ihrem Baby verbrachten Stunden, die sie so nötig haben. Sie realisieren nicht, wie gut das Kind mit diesen kurzen Abwesenheiten fertig
wird. Es ist vielleicht nicht so energiegeladen und quicklebendig wie
sonst, zerbricht aber auch nicht.

Die blaugraue Stimmung im Inneren, welche eine kurze Trennung
von Mutter und Vater begleitet, ist eine gute Vorbereitung auf die
Enttäuschungen der kommenden Monate. Der Neubeginn steht unmittelbar bevor. Dann wird sich das Kind endgültig mit der Tatsache
abzufinden haben, daß es selbst und seine Mutter zwei separate Wesen sind. Wie ihm das »Guckuck-da«-Spiel und die zuversichtlich

fortstrebenden Schritte helfen, die Vorstellung von Getrenntsein zu meistern, so lassen diese gelegentlichen blaugrauen Stimmungen den Eindruck in ihm zurück, Verlust und Trennung bewältigen zu können. Indem das Kind seine Aufmerksamkeit von der Welt äußerer Formen abwendet, beschwört es eine Innenwelt, von der es gehalten wird. Gedämpftheit ist eine Verlust-und-Sehnsucht-Reaktion im kleinen und zeigt an, daß das Kind das Erlebnis eines idealen Mutter-Ichs wieder aufleben lassen kann, wenn die Welt gelegentlich unsanft mit ihm umspringt. Wenn die Trennungsperioden nicht zu lang werden, werden die meisten Kleinkinder ihr Gleichgewicht bewahren können. Jedes Kind hat seine eigene Belastungsgrenze. Für manche ist ein ganzer Nachmittag zuviel. Andere können ein Wochenende ertragen, vorausgesetzt, sie befinden sich in vertrauter Umgebung und es ist jemand da, den sie kennen und dem sie vertrauen.

Die Gedämpftheit dieses Abschnitts ist eine Vorstufe der Enttäuschung, die auf die Liebesaffäre mit der Welt folgt. Wenn ein Baby nie von seiner Mutter getrennt war und deshalb nie die Erfahrung machen konnte, daß es sich in ihrer Abwesenheit selbst trösten kann, wird es, wenn es schließlich aus seinem Garten Eden vertrieben wird, anfälliger für Verzweiflung sein.

Der Fall. Die Gewalt jener Wachstumsprozesse, die ein befruchtetes Ei in ein Neugeborenes verwandeln, würde das Universum sprengen, wenn sich ihre Triebkraft nicht legte. Trotz verminderter Triebkraft ist die Gewalt, die ein Neugeborenes in ein Kleinkind verwandelt, ebenso kraftvoll und heftig. Während der ersten fünfzehn Monate des Lebens in der neuen Welt werden Geist und Körper des Babys von dieser heftigen Gewalt in immer neue Formen gebracht. Stets wird, was das Baby von der Welt außerhalb seiner Körperwände begreift, von der jeweiligen Gestalt seines Körpergeistes abhängen. Die Welt, die sich morgen seinem Blick oder Greifen darbietet, wird etwas anders sein als die Welt von heute, weil sich der Körpergeist mit jedem neuen Tag etwas anders darstellt. In diesem Augenblick ist dröhnendes Grollen innerhalb der Körperwände, im nächsten können es wilde Beben sein, ruhige Spannungs-Entspannungs-Rhythmen oder die Nadelstiche abführbarer Spannung. Jeden Tag taucht das Kind in eine neue Strömung des Daseins ein.

Die äußeren Formen, die während dieser ersten fünfzehn Monate den Geist des Babys berühren, sind ständig im Fluß. Die Welt ist ein unablässiger, wechselnder Strom neuer Empfindungen und neuer Bewegungen, die das Baby zusammenfügt, auseinandernimmt und wieder zusammenfügt. Manchmal zerfällt es selbst für ein paar Tage, während es all diese Eindrücke einzuordnen versucht.

Doch selbst unter diesen Umständen geraten die ungestümen Energien des Wachstumsprozesses nicht außer Kontrolle. Die Gegenwart der Mutter hält die Konturen der sinnlich erfahrbaren Welt und fügt sie zu einem Umkreis der Sicherheit. Die Art und Weise, wie das Baby zusammengehalten wird, bringt es zu der Annahme, daß inmitten all des Fließens Ganzheit und Gesetzmäßigkeit sind. Es vermag sich die Wachstumsenergien zunutze zu machen und so aus einem schlaffen Neugeborenen zu einem aufrecht stehenden Kleinkind zu werden, dessen Sinne und Körperbewegungen schließlich in genau der richtigen Weise zusammenfinden, um die herrlich veränderliche Welt von Lauten, Farben, Bewegungen, Sofas, Tischen und fortgeworfenen Spielzeugen zu verarbeiten und handelnd zu erobern. Mit der Fähigkeit zur aufrechten Haltung wird die Welt der Empfindung wunderbar, und das Kind ist in vollkommener Weise mit ihr verbunden.

Mit dem endgültigen Zusammenschluß von Sinnen und Körperbewegungen, von dem, was sinnlich erfahren wird, und dem, auf das handelnd eingewirkt wird, vermindert sich die ungestüme Triebkraft des Wachstums, die den Geist des Babys auf diesen Gipfel der Vollkommenheit hob.

So erlebt der Geist des Kleinkindes mit etwa fünfzehn bis achtzehn Monaten eine Revolution. Diese dramatischen qualitativen Veränderungen reißen das Kleinkind aus einer Welt von Sinneserfahrung, Bewegung und Handlung und werfen es in eine neue Welt, die es anfangs weder begreifen noch verarbeiten kann. Eine Zeitlang befindet es sich abermals im Zwischenreich.

Das Kleinkind entwickelt einen Geist, der Symbole, Vorstellungen und Begriffe zu schaffen vermag. Dieser Geist ermöglicht dem Kind auch, eine Wortsprache zu erwerben, die es zu Kommunikation mit anderen Menschen verwenden kann. Symbole und Wortbegriffe stoppen die Bewegung der fließenden Sinneseindrücke und verwandeln Laute, visuelle Eindrücke und Bewegungen in statische, versteinerte Bilder.

Bevor dem Kind dieser neue Geist zur Verfügung stand, mußte das Baby eine Schachtel öffnen und schließen, um »Öffnen« und

»Schließen« zu verstehen. Auf der Schwelle zu dieser geistigen Revolution konnte es, wenn es die Schachtel betrachtete, den Begriff von »Öffnen« beschwören, indem es den Mund öffnete. Kurze Zeit später ist es in der Lage, ein inneres Vorstellungsbild von »Schachtel« oder »Öffnen« zu evozieren. Es kann spekulieren über: »in der Schachtel«, »was in der Schachtel ist« und »wie man kriegt, was in der Schachtel ist«. Die äußere Form der Schachtel und die herrlichen Möglichkeiten, die sie bietet, sind jetzt innere Formen, die das Baby handhaben kann, ohne Hände oder Augen zu bewegen. Es braucht keine wirkliche Schachtel zu öffnen und auf kein wirkliches Sofa zu klettern. Mit achtzehn Monaten kann das Kind an Schachteln und Sofas, an Öffnen und Schließen denken, ohne einen Muskel zu bewegen. Natürlich hört es deshalb nicht auf, von seinem Körpergeist Gebrauch zu machen – ebensowenig, wie es vergißt, was dieser Körpergeist es über die Welt äußerer Formen gelehrt hat. Weiterhin entfaltet es seinen Körpergeist und entdeckt neue Anwendungsweisen für ihn.

Doch ganz allmählich wird sein denkender Geist die Oberhand gewinnen. Vorher war eine Schachtel eine Schachtel und ein Sofa ein Sofa. Nun, da das Baby den Umgang mit Vorstellungen beherrscht, lernt es auch, daß eine Vorstellung für die andere stehen kann. Wenn das Baby es will, kann eine Schachtel ein Sofa sein. Mit achtzehn Monaten kann es einen Bauklotz in einer Zigarrenkiste zum Schlafen legen und sich einbilden, es sei ein Kind in seinem Bett. Ein Kipplastwagen auf einer Kugel kann zu einem Baby auf dem Töpfchen werden. Das Kind hält einen Augenblick lang mit Trommeln inne, um sich das Haar mit dem Trommelstock zu kämmen.

Gelegentlich benutzt das Kleinkind den neuen Geist, um zu spielen, es sei Mami. Es kocht auf einem Tisch, der den Kochherd darstellt, und serviert eine Mahlzeit aus Glasperlen in Aschenbechern, die als Schüsseln dienen. Es legt seinen Bären auf dem Sofa schlafen und deckt ihn mit seiner kostbaren Schmusedecke zu. Geebnet wird dem Bären der Weg ins Traumland mit einem Schlaflied. Am folgenden Tag sperrt es ihn ins Badezimmer ein und schreit durch die Tür: »Nein!« und »Du bleibst, wo du bist!« Mit diesem neuen Geist braucht das Baby die Mutter nicht leibhaftig vor Augen zu haben, um ihrem Beispiel folgen zu können. Wenn das Kind handelt, als ob es Mami wäre, wird ihm offensichtlich allmählich bewußt, daß es selbst und die Mutter verschiedene Wesen sind. Wenn es im Spiel die

Mutter ist, ist das Bild der schreienden Mutter *eine* Vorstellung, die Mutter, die ein Schlaflied singt, eine andere. Und es gibt die Vorstellung von einem Ich, das die Mutter ist.

So unschuldig diese ersten Manifestationen des neuen Geistes auch sein mögen, sie sind von weitreichender Bedeutung. Mutter und Baby haben nicht nur je eigene Körpergrenzen, sondern sind im kindlichen Geist jetzt auch als separate Vorstellungen repräsentiert. Die Mutter hat *ihr* Dasein, das Kind *seines*. Sobald die Mutter als eigenständig vorgestellt wird, kann das Kleinkind nur sehr schwer an der Auffassung festhalten, sie sei bloßes Zubehör oder stets präsente Hilfskraft. Ihre Gegenwart in der Welt kann nicht mehr als selbstverständlich vorausgesetzt werden.

Hinfallen und sich an Möbelstücken stoßen, verliert seinen Reiz. Sobald das Kleinkind über Vorstellungsbilder verfügt, sieht es sich bestürzt um, wenn es vor dem Sofa liegt, von dem es gerade gefallen ist. »Wo ist meine Mutter? Warum ist sie nicht da, um mich aufzuheben?« Diese Freveltat löscht zeitweilig die Vorstellung von einer Ja-sagenden Mutter aus.

Wie wird das Kind verkraften, daß es aus dem Stand der Gnade gefallen ist? Wer wird es jetzt halten? Es hat keine Möglichkeit, zu begreifen, daß der neue Geist seine Fähigkeit, sich selbst zu halten und seinen Körper aus eigener Kraft zu lenken, erweitern wird. Zum gegenwärtigen Zeitpunkt erinnern es die Vorteile seines neuen Geistes auch nachdrücklich und unwiderruflich daran, daß seine Mutter ein eigenes Dasein besitzt.

Die Schwierigkeiten reichen noch tiefer. Wenn der denkende Geist erstmalig in Erscheinung tritt, kann er die statische Welt der Symbole und Wörter, die zur Kommunikation mit anderen bestimmt sind, weder verarbeiten, noch sich an sie anpassen. Der meisterliche Held, der eins mit der Welt war, wird jäh überwältigt von dem Gefühl seines Alleinseins in der Welt. Er erwacht zu einer anderen, vielleicht noch erschreckenderen Wirklichkeit. Er ist beileibe kein Eroberer, sondern ein kleines, verletzliches, hilfloses und bedürftiges Selbst. Etwa das nächste halbe Jahr wird das Dasein des Kleinkindes von dem Bemühen bestimmt sein, seinen angeschlagenen Narzißmus wieder hochzupäppeln.

Das Kind ist von den Widersprüchen zwischen Einssein und Getrenntsein endgültig eingeholt worden. Jetzt gibt es keine Möglichkeit mehr, ihnen auszuweichen. Obgleich das Kleinkind die Mutter in ihrer konkreten Wirklichkeit erfaßt, wird es alles in seiner Macht Stehende tun, um sie zu zwingen, wieder zur bloßen Fortsetzung seiner selbst zu werden. Zugleich wird ein zentraler Aspekt seines Neuanfangs das hartnäckige Bestreben sein, in Besitz zu nehmen, was tatsächlich zum Ich gehört. Das Dilemma des Kleinkindes, welches einerseits wünscht, die Mutter wieder als Teil seiner selbst in Besitz zu nehmen, und andererseits fürchtet, der Mutter abzutreten, was rechtmäßig zum Ich gehört, bringt es in Aufruhr. Wenn das Selbst in Erscheinung tritt, wird der Akrobat auf den Erdboden zurückgeholt. Manchmal landet er weich, manchmal unsanft.

Der Neuanfang: Das denkende Kind
(Fünfzehn Monate bis drei Jahre)

Ankunft des Selbst. Die ersten Anzeichen des Neuanfangs lassen sich kaum als Vorboten einer Krise deuten. Ganz im Gegenteil, das Kind sammelt mit fünfzehn Monaten, wenn es seine ersten Erfahrungen mit dem Getrenntsein macht, jene Kräfte, die ihm ermöglichen, den kommenden stürmischen Monaten die Stirn zu bieten. Die bestimmende Veränderung ist ein wiedererwachtes Interesse für die Mutter. Sobald dem Kind die Möglichkeit aufgeht, seine Mutter könnte ein eigenes Dasein führen, wird das Kind plötzlich von dem Wunsch überwältigt, ihr seine Entdeckungen und Errungenschaften mitzuteilen. Ihre konkrete Gegenwart in der Welt gewinnt wieder an Wert. An diesem Wendepunkt wird die Bereitschaft der Mutter, auf das Kind einzugehen, die Wut und Enttäuschung der kommenden Krise lindern.

Während es für das jüngere Kind entscheidend war, die Körperbeherrschung und die Fertigkeit aufrechter Fortbewegung aus eigener Kraft zu trainieren – wodurch es von der Mutter fortgeführt wurde –, werden kommunikatives Sprechen, symbolisches Verstehen und soziale Fertigkeiten, die es jetzt zu erwerben beginnt, zusammen mit der Mutter geübt und vervollkommnet. Ihr Verständnis und ihre Anregung organisieren die neue Funktionsebene des Kindes. Sie reißt nicht die Initiative an sich und ergreift nicht von seinem Geist Besitz. Ihre einfühlsamen Reaktionen bestärken das Kind in dem, was es an sie heranträgt.

Wenn die Mutter ruhig dasitzt und liest, merkt das Kind, daß sie seine Gegenwart über ihre friedliche Beschäftigung vergessen hat. Es trägt seine Kreisel zu ihrem Stuhl. Es zupft an ihrem Rock, damit sie aufschaut, und zeigt ihr, wie man den Kreisel mittels des Stocks in Bewegung setzt. Vor ein paar Monaten hätte es diese Heldentat noch nicht vollbringen können. Dann reicht es der Mutter mit einem gewinnenden Lächeln, über dessen Wirkung es sich genau im klaren ist, den Kreisel, wobei es durch seine Gesten deutlich macht, daß es nun an ihr ist, den Kreisel tanzen zu lassen.

Später dann unternimmt es abermals systematische Anstrengungen, die Mutter von ihrem Buch abzulenken. Mehrfach macht sich das Kind zu seiner Spielzeugkiste auf. Nacheinander stapelt es im Schoß der Mutter den Teddybären, das Märchenbuch, zusammengeknüllte Zellophanhüllen, einen Ball, ein Brett mit Pflöcken und einen Satz Bauklötze. Wenn es sich vergewissert hat, daß diese wundervollen Geschenke ihr Interesse finden, zieht es aus dem Haufen das Märchenbuch hervor und beginnt, die Mutter mit seiner neu entdeckten Fähigkeit, das Bild von Klötzen zu erkennen, zu unterhalten und zu locken. Es sagt »Klotz« und zeigt erst auf das Bild eines Klotzes, dann auf den wirklichen Klotz in ihrem Schoß. Hat es Erfolg mit seinem Versuch, räumt es das Spielzeug systematisch vom Schoß der Mutter ab. Mit dem Spielzeug verschwindet das Buch, in dem sie gelesen hat. Es klettert an ihre Seite und beginnt, ihr vorzulesen, indem es die anderen im Buch abgebildeten Gegenstände benennt. Es plappert ihr eine Geschichte vor. Wenn es fertig ist, beginnt es von vorn. Das kann sich drei oder vier Male wiederholen. Dann blickt es ihr in die Augen, um sich in ihrer Bewunderung zu spiegeln.

Eine andere beliebte Methode, die Mutter von ihren persönlichen Beschäftigungen und ihrem privaten Dasein abzulenken, ist das Ballwegwerfen. Ganz gleich, was sie im Augenblick tut, das Kind erwartet zuversichtlich, daß diese Handlung seine Mutter dazu bringt, den Ball zurückzuwerfen. Das Kind ist unermüdlich in seiner Begeisterung. Es könnte das Spiel ewig fortsetzen. Der Mutter erscheint es tatsächlich ewig, dem Kind aber bei weitem nicht lange genug.

Noch vor kurzem hat das Kind sein ganzes Gefühl in die Aktivität um ihrer selbst willen investiert. Ihm war völlig gleichgültig, ob jemand Notiz von ihm nahm, es beobachtete oder sich an seinem Spiel beteiligte. Jetzt sind die Welt und ihre Schätze nur bedeutungsvoll, wenn es sie mit jemandem – vor allem mit der Mutter – teilen kann. Jedesmal, wenn sich die Mutter ihm anschließt oder auf seine Aufforderung eingeht, kann es sich bis zu einem gewissen Grade der Erkenntnis verschließen, daß es allein in der Welt, eine eigenständige Person ist, von der erwartet wird, daß sie auf eigenen Füßen steht und alles aus eigener Kraft verrichtet.

Die Lust an der Gemeinsamkeit mit der Mutter wird verallgemeinert zu einer Form von Interesse an anderen Menschen. Mit sechzehn Monaten ist das Kind freundlich. Vertrauensvoll geht es zu Erwachsenen, die es kennt, und fordert sie auf, mit ihm zu spielen. Es vermag Aufmerksamkeit als Ersatz für die Gemeinsamkeit mit der Mutter zu akzeptieren. Freundschaften schließt das Kleinkind, indem es andere Kinder oder Erwachsene nachahmt.

Das Kind ist vorsichtig. Aber wie andere zu sein, ist ein relativ sicheres Verfahren, sich ihnen zu nähern. Wenn das andere Kind einen Turm aus Bauklötzen errichtet, wird ein zweiter Turm aus Klötzen, den unser Kleinkind daneben errichtet, zu einer Freundschaftsgeste. Die soziale Grußgeste der erhobenen Hand, begleitet von einem »Hallo!«, wird wichtiger als das »Tschüß!«, das charakteristisch war für das Wegkrabbeln und Weggehen während der Liebesaffäre. Menschen gegenüber, die das Kind nicht kennt, offenbart es seinen Konflikt zwischen Vorsicht und dem Wunsch, freundlich zu sein, durch ein halbes Lächeln, Kopfsenken und Abwenden des Blickes. Das scheu-verschlossene Lächeln beginnt sich zu zeigen.

Der Erfolg seiner sozialen Öffnung nach außen lindert die Angst des Kindes vor dem Alleinsein in der Welt. Sein Interesse am Zusammensein und an der Kommunikation mit anderen Menschen bedeutet eine weitere Anregung, Wörter anders als früher zu verwenden. Es entdeckt, daß es nur »Keks« oder »runter«, begleitet von einer entsprechenden Bewegung, zu sagen braucht, damit ihm jemand einen Keks gibt oder von einem hohen Stuhl herunterhilft. Es bekommt, was es will, indem es danach fragt. Außerdem erhält es ein Lächeln von den Menschen in seiner Umgebung, wenn es sagt, was es möchte, statt es durch Bewegungen oder Quengeln zum Ausdruck zu bringen. Wörter bedeuten eine neue Art von Macht.

Gelegentlich überrascht das Kleinkind sich und seine gesamte Umgebung damit, daß es in der Freude über ein wiedergefundenes Spielzeug ausruft: »Ich hab Bär!« Die Überraschung ist gerechtfertigt. Nur selten wird man vom Kind mit fünfzehn Monaten das Pronomen »ich« hören. Denn die meisten Kinder verwenden das Wort »ich« durchgehend erst etwa vom dreißigsten Monat an. Dieses Wort zeigt an, daß das Kind die Bedeutung von eigenständiger Identität erfaßt hat. Vorher wird das Kind in der Regel sagen »mein Bär« oder »hab' Bär«. Doch von Zeit zu Zeit entschlüpft ihm das schicksalsschwere Wort »ich« ebenso wie die gleich seltenen Sätze mit Subjekt, Verb und Objekt. Ein häufiger Satz dieser Art ist: »Ich seh' dich!«

Neben den neuen symbolischen Sprachmanifestationen – ein Wort steht für eine andere Sache, dieser Satz ruft jene menschliche Reaktion hervor – entwickelt das Kleinkind das symbolische Spiel, welches damit begann, daß es einen Trommelstock zum Kämmen und eine Zigarrenkiste als Bett für ein Bauklotz-Baby benutzte. Einige solcher komplizierteren Als-ob-Spiele helfen dem Kind, mit seiner Angst vor Hilflosigkeit und Alleinsein fertigzuwerden. Wenn es beispielsweise sieht, wie ein anderes Kind von einer Rutsche fällt und sich dann bestürzt und zornig umsieht, weil die Mutter nicht sofort zur Stelle ist, um es aufzuheben und zu trösten, wird unser Kind sein Stofftier mit auf die Rutsche nehmen, es sorgsam zwischen die Knie betten, es sanft auf die Erde gleiten lassen, es tröstend umarmen und ihm einen dicken Kuß geben. Indem es die tröstliche Gegenwart der Mutter im Als-ob herbeizitiert, tröstet sich das Kind selbst und versichert sich, daß Alleinsein bewältigt werden kann. Wenn es auch von seiner leibhaftigen Mutter nicht völlig Besitz ergreifen kann, hat es doch einen Teil von ihr verinnerlicht. Diese innere Mutter wird bei ihm bleiben und schließlich ein Teil seiner selbst werden. Obgleich die Mutter nicht das Kind ist, kann das Kind wie die Mutter werden. Obgleich die Mutter nicht das Kind ist, trägt dieses ihre tröstliche Gegenwart in seinem Inneren.

An Tagen, da die Mutter sehr von ihren eigenen Gedanken in Anspruch genommen ist, wird das Kind vielleicht in ähnlicher Weise mit seiner Puppe spielen, wie es gewünscht hätte, daß die Mutter mit ihm spielt. Es hält die Puppe an den Händen und dreht sich im Ringelreihen mit ihr. Oder es setzt die Puppe auf das Schaukelpferd und gibt ihm den Schwung zum kühnen Galopp, den es eigentlich von der Mutter erhofft hatte. Wenn es sich dagegen von der Mutter abgelehnt fühlt, weil diese sein Angebot nicht angenommen hat, kann es die Puppe auf den Boden werfen, sie mit einem Fußtritt unter das Sofa befördern und ihr Vorhandensein für ein oder zwei Tage vergessen.

Je mehr sich das Kind des eigenständigen Daseins seiner Mutter bewußt wird, desto stärker werden tatsächliche Trennungen von ihr mit Angst besetzt sein. Wenn die Mutter den Schauplatz verläßt, wird es in der Regel keinen Trost darin finden, ihre beruhigende Gegenwart nachzuahmen, gedämpften Gemütes ihre Gegenwart heraufzubeschwören oder sich gewohnten Beschäftigungen in der Außenwelt zuzuwenden. All sein Trachten ist darauf gerichtet, die alles verschlingende blauschwarz gestimmte Traurigkeit zu vermeiden. Wenn die Mutter das Kind verläßt, läuft es ziellos umher, beschäftigt es sich mit tausend Dingen, beginnt es, mit einem Gegenstand zu spielen, um ihn gleich darauf fallen zu lassen, lehnt es sich an den Babysitter und stößt ihn mürrisch weg. Im Gegensatz zu den äußerst kontrollierten Körperbewegungen in der Zeit der Hochstimmung sind die Aktivitätsausbrüche, die zur Vermeidung von Traurigkeit bestimmt sind, ziellos und unbestimmt. Sie sind ruhelos und manisch, nicht hochgemut.

Mit sechzehn Monaten gehen viele bedeutsame emotionale und intellektuelle Errungenschaften auf das Konto des denkenden Geistes: symbolisches Spiel, symbolischer Sprachgebrauch, der gesteigerte Wunsch und die gestärkte Fähigkeit, mit anderen Menschen in sprachlichen Austausch zu treten, tatsächliche Errungenschaften auf reale Weise mit einer leibhaftigen Mutter gemeinsam zu erleben. Diese Leistungen werden von den Eltern gebührend zur Kenntnis genommen. Und obgleich ihnen die gedämpfte Stimmung und verlangsamte Körperaktivität ihres Kindes nicht entgehen, begrüßen sie diese ersten Manifestationen des Ich-Bewußtseins ihres Kindes gewöhnlich mit Stolz und Freude. In ihren Augen sind das Zeichen dafür, daß ihr Kind auf geradem Wege aus dem Säuglingsalter in das umgängliche Kindesalter hinüberwechselt.

Die Krise. Im Laufe von ein oder zwei Monaten nehmen die Entwicklungsschübe, die aus dem Kind ein eigenständiges, unabhängiges, geselliges, autonomes Geschöpf machen, einen ganz anderen Charakter an. Es fordert die Mutter nicht mehr zu gemeinsamer Beschäftigung auf, sondern versucht, sie unablässig dazu zu zwingen, als Erweiterung seines Selbst zu handeln. Die freundliche Absicht, einen Turm zu bauen, der dem eines anderen Kindes gleicht, wird von dem Wunsch unterwandert, sich die Bauklötze des anderen Kindes anzueignen. Die Trotzphase beginnt. Die Vorschläge und die Fürsorge der Mutter werden abgelehnt. Quengelnde Ausbrüche von »Nein!« und »Mein!« beherrschen das Familiengeschehen. Das Kind erwartet von der Mutter, daß sie überall ist, stößt sie aber fort, wenn sie sich ihm nähert. Die Ruhe, die anfangs auf die Hochstimmung der Liebesaffäre mit der Welt folgte, wird durch heftige Wutanfälle und jähe Stimmungsumschwünge ersetzt.

Choreographie: Anklammern und Fortstoßen, Beschatten und Davonlaufen, Festhalten und Loslassen. Das Kleinkind wird auf den Boden der Tatsachen zurückgeholt. Es wird das Finale seiner zweiten Geburt mit einem neuen Verständnis für die Bedeutung des Raums bestreiten. Obgleich es nicht völlig auf die Liebesaffäre mit den weiten Räumen der physischen Welt verzichten wird, wird es vordringlich damit beschäftigt sein, sich mit der Vorstellung abzufinden, daß der Raum der Mutter nicht sein eigener ist. Es wird völlig in Anspruch genommen sein von der Suche nach einer Distanz, die ihm erlaubt, Teil vom Raum der Mutter zu sein, und ihm gleichzeitig die Unverletzlichkeit des eigenen Raums garantiert. Die leibhaftige Mutter der Loslösung ist ein Partner in diesem Schlußteil der Choreographie. Sie ist Gegenstand von Sehnsucht und Furcht zugleich.

Wie in vorangegangenen Monaten inszeniert das Kind das Drama von Einssein und Getrenntsein im Medium des physischen Raums, indem es sich der Mutter nähert und sich von ihr fortbewegt. Doch jetzt werden die Dilemmata von Einssein und Getrenntsein von einem denkenden Geist gedeutet. Innerer, psychischer Distanz gilt die alles beherrschende Suche des Kindes.

Anfangs sieht sich das Kind nur um und macht sich mit der neuen Situation vertraut. Es unterzieht seine großartige aufrechte Haltung einer Neueinschätzung und entdeckt, wie klein es im Vergleich zu seinen Eltern, den Möbeln im Haus und den Straßen der Stadt ist. Physische Nähe der Mutter läßt sich nicht mehr direkt in Mut und Selbstvertrauen übersetzen. Der Umkreis der Sicherheit, der das Kind einst veranlaßte, seinen Platz in der Welt zu suchen, hat seinen schützenden Zauber verloren. Sicherheit und Ganzheit haben jetzt mehr mit dem verblüffend unzugänglichen Raum zwischen den inneren Bildern des Ich und den inneren Bildern der Mutter zu tun als mit der tatsächlichen physischen Distanz, die sie trennt. Das Kind trachtet danach, seine neue Innenwelt des emotionalen Raums mit seinem Verständnis von der Außenwelt des physischen Raums in Einklang zu bringen.

Wie wir gesehen haben, waren die ersten Harmonisierungsbestrebungen des Kindes heroisch. Es schuf einen Umkreis gemeinsamer Nähe. Es lud die Mutter in diesen Umkreis ein und erhielt so Zutritt zu dem Raum, der ihr gehörte. Mutters Schoß war zwar nicht mehr der sichere Hafen, konnte aber immer noch als Zwischenstation dienen, wo das Kind sie dadurch zu betören suchte, daß es seine Kunstfertigkeit in der Verwendung von Worten demonstrierte, aus Büchern »vorlas«, zu Musik tanzte, einen Ball wegwarf, Bilder kritzelte und Mami nachahmte. Wenn die Mutter auch unendliche Geduld bewies und einfühlsam reagierte, wurde dem Kind doch allmählich klar, daß die Interessen der Mutter nicht mit den eigenen identisch waren.

Je deutlicher das Getrenntsein zutage tritt, desto tiefer wird die Verwirrung des Kindes. Seine Körperbewegungen verlieren ihre anmutige Würde und ihre Zielgerichtetheit, werden unvorhersehbarer und leichtsinnig. Sein Körper ist wie elektrisiert von dem zwingenden Bedürfnis, die jetzt unwiderruflich zutage getretene Trennung rückgängig zu machen. Zugleich raubt ihm das Gefühl der Hilflosigkeit und verlorener Größe die Hoffnung, je das Ich, den Körper und all seine inneren und äußeren Teile in Besitz nehmen zu können. Es verspürt den Drang, sich anzueignen, was ihm gehört, und nicht dem ohnmächtigen Geschehenlassen, dem passiven, nicht-ichhaften Zustand verschmelzenden Einsseins zu erliegen. Schließlich treibt es das Kind hinaus aus der trügerischen Sphäre des Einsseins. Die Vorbereitungszeit ist vorbei. Die zweite Geburt steht unmittelbar bevor.

Der Vorgang ist dem der ersten Geburt nicht unähnlich, wenn die Mutter die Gebärmutter zusammenzieht und entspannt, um das Baby aus ihrem dunklen Schoß ins Licht der neuen Welt zu pressen. Bei der zweiten Geburt obliegt die Mühe der Geburt jedoch dem Kind, während Mutter und Vater ihm mit all ihrem Einfühlungsvermögen und all ihrer emotionalen Zuwendung Beistand leisten. Bei der zweiten Geburt sind die Körperbewegungen des Kindes zwar nicht so vorhersagbar und regelmäßig wie das Zusammenziehen und die Entspannung der Gebärmutter, doch sind die Bewegungen des Sich-Näherns und des Sich-Abwendens analog.

Das Ich-bewußte Kind hält sich an der Mutter fest und läßt sie dann plötzlich los. Es läuft zur Tür, um sie zu begrüßen, und wendet sich dann von ihren einladend geöffneten Armen ab. Es klammert sich an sie an, um das Getrenntsein ungeschehen zu machen, stößt sie dann aber ärgerlich fort, wenn sie auf sein verzweifeltes Klammern mit einer tröstenden Umarmung reagiert. Wenn sie am folgenden Tag jedoch auf sein Anklammern nicht eingeht und nicht mit einer Umarmung antwortet, wird sich das Kind möglicherweise in wütender Enttäuschung gegen sie wenden oder auf ihr Buch einschlagen, es zu Boden werfen und mit einem Fußtritt unter das Sofa befördern.

Es versucht, die Mutter zum Einssein mit ihm zu zwingen. Gibt sie seinem Zwang nach, fürchtet es um seine Individualität. Leistet sie Widerstand und handelt sie nicht so, als seien sie und das Kind Teile einer Wesenheit, wird es mit seinem Alleinsein in der Welt konfrontiert. Selbst geringe Enttäuschung läßt die Sehnsucht nach Einssein und zugleich die Furcht vor Einssein erwachen.

Einige Minuten versucht das Kind vergeblich, ein widerspenstiges Puzzle-Teil an seinen Platz zu zwingen. »Komm!«, ertönt sein gebieterischer Schrei nach der Mutter. Ohne sich damit aufzuhalten, einen Blick auf ihr Gesicht zu werfen oder ihr im mindesten anzuzeigen, daß es sie als konkrete Person erkannt hat, schnappt sich das Kind die Hand der Mutter, als sei sie eine mechanische Erweiterung seines Selbst, die zu dem einzigen Zweck da ist, Puzzle-Teile an den ihnen gebührenden Platz zu legen. Das Kind erwartet, daß die Mutter das Teil einfügt, dabei aber so verfährt, als ob es das selbst getan hätte.

Vielleicht begreift die Mutter nicht, daß von ihr erwartet wird, sich wie eine magische Fortsetzung des Kindes zu verhalten. Statt dessen mag sie meinen, es sei vernünftiger, das Kind selbst machen zu lassen. Schließlich ist es kein hilfloses Baby mehr. Abgesehen davon, ist es noch in der letzten Woche allein mit dem Puzzle fertig geworden. Wütendes Schlagen. So hat sich das Kind die Sache nicht vorgestellt. Es hatte erwartet, seine Mutter würde, ohne daß es ihr gesagt werden müsse, verstehen, was es im Sinn hatte – wie es bei einer magischen Erweiterung des Ichs automatisch der Fall wäre. Wieder hat sie das Kind mißverstanden. Unbarmherzig ist es mit dem Alleinsein konfrontiert.

Nehmen wir an, die Mutter begriffe, daß sie lediglich so zu handeln habe, als seien ihre Hand und die des Kindes eins, und sie ließe also das Puzzle-Teilchen unauffällig an seinen Platz gleiten. Daraufhin würde das Kind sie ansehen und zu weinen beginnen. Denn erschreckender als alle Erinnerungen an Allein- und Getrenntsein ist die geheime Sehnsucht des Kindes, wieder das Baby zu sein, das ohnmächtig geschehen läßt und eins mit der Mutter ist. Indem die Mutter seine Wünsche so vollkommen begriffen hat, hat sie ihm gerade die Hilflosigkeit bestätigt, der zu entkommen das Kind sich vorgenommen hat. Kein Happy-End läßt sich für das Drama ersinnen. Es ist für die Mutter so gut wie unmöglich, ein Kind zufrieden-zustellen, das in den Wehen der zweiten Geburt und von deren viel-schichtigen Dilemmata liegt.

Ein anderer Versuch des Kindes, das Getrenntsein rückgängig zu machen, besteht darin, daß es die Mutter beschattet. Das Kind, welches dieses Verfahren wählt, braucht den Körper der Mutter nicht zu berühren, um sie als Erweiterung seines Selbst zu erleben. Statt dessen überwacht es jede Bewegung von ihr. Nie trifft ihr Verschwinden das Kind unerwartet, nie wendet es die Augen von ihr ab, nie geht sie ihm aus dem Sinn. An manchen Tagen verwandelt es sich regelrecht in einen Schatten; es folgt der Mutter in geringem Abstand und vergißt alles um sich herum über das Bestreben, mit ihr in Verbindung zu bleiben. Wie ein argwöhnischer Liebhaber, der jede Geste und Einzelheit als ein Zeichen für Untreue auslegt, beginnt das Kind bei dem leisesten Verdacht, sie könnte aufstehen und in ein anderes Zimmer gehen, mit ihrer Beschattung. Es steht an ihrem Stuhl, bevor sie sich noch selbst über ihre Absicht fortzugehen im klaren ist. Ferner meint das Kind, da die Grenzen zwischen seinen Wünschen und denen der Mutter noch ungewiß und durchlässig sind, sein Wunsch, sich von der Mutter zu befreien, sei in Wirklichkeit ihr Wunsch, sich von ihm zu befreien. Deshalb wird es sich sogar in den seltenen Augenblicken, da es von einer lustvollen Woge unabhängigen Könnens davongetragen wird, mit Panik im Gesicht umsehen: Die Mutter hat sich nicht vom Fleck gerührt, doch der eigene Wunsch, frei zu sein, hat in dem Kind die Vorstellung hervorgerufen, sie sei verschwunden.

Beschatten verträgt sich schlecht mit den frei hervorgebrachten, selbstbestimmten Aktivitäten, die dem Kind normalerweise den Weg zum eigenen Sein ebnen würden. Insoweit sein Geist vom Beschatten in Anspruch genommen ist, besitzt er weniger Freiheit, sich in die ihm gemäße Richtung zu entwickeln.

Bei einigen Kindern tritt das Beschatten in den Vordergrund. Andere wechseln Beschatten mit der entgegengesetzten Bewegung ab – dem Davonlaufen. Wieder andere bevorzugen vor allem diese Bewegungsrichtung. Davonlaufen ist eine Variante des »Fang-mich«-Spiels. Das geht so: Wenn das Kleinkind sieht, daß die Mutter in das Gespräch mit einer Freundin vertieft ist, stürzt es plötzlich wie wild geworden quer durchs Zimmer. Weder macht es sich die Mühe, die Mutter aufzufordern, ihm zu folgen, noch achtet es auf den Weg oder auf die Möbel, die sich ihm als Hindernis in den Weg stellen. Wahrscheinlich wird es stolpern, fallen oder unsanft mit irgendeinem Möbelstück Bekanntschaft machen. Das Fortstürzen ist leichtsinnig. In seinem Allmachtswahn meint das Kind, es werde schon eingefangen und vor den nachteiligen Folgen seiner kopflosen Körperbewegungen bewahrt werden, ohne daß es die Mutter vorwarnen oder zum Folgen auffordern müsse. Doch sobald es aufgenommen ist, wehrt es sich dagegen, gehalten zu werden. Grimmig stemmt es der Mutter die Arme gegen die Brust. Es wirft den Kopf nach hinten und zwingt die Mutter, es sofort wieder abzusetzen. Und schon stürzt es wieder davon, die Mutter abermals dazu herausfordernd, jene Trennung rückgängig zu machen, die es eben noch verlangt hat. Wieder wird es sich ängstlich wehren, wenn es von der Sicherheit der mütterlichen Arme umschlossen ist. Wieder strebt es fort von ihrem Körper. Diesmal gibt sie auf und läßt das leichtsinnige Kind seiner Wege gehen. Es fällt härter und tut sich wirklich weh. »Warum ist sie nicht da, um mich aufzufangen?«

Anklammern und Fortstoßen, Beschatten und Davonlaufen können selbst die geduldigste Mutter auf die Palme bringen. Leicht kann man das Davonlaufen als Ablehnung verstehen, vor allem, da das Kind, wenn es schließlich eingefangen ist, so ängstlich wirkt. Beschatten wird als Angriff empfunden, als Besitzanspruch eines besessenen Liebhabers, als ständiger Anspruch, der an den Nerven zerrt und die Grenzen des personalen Raums der Mutter mißachtet. Je höher die Mutter jedoch ihr Selbstsein und ihr Recht auf Grenzen achtet, desto mehr Verständnis wird sie für die Vorwärts-Rückwärts-Bewegungen ihres Kindes aufbringen, die zu dessen Selbstsein führen. An den Tagen, wo dieser Angriff sie »verrückt« macht, wird ein Teil ihres Selbst wissen, daß es sich um einen vorübergehenden Irrsinn handelt. Sie ist nicht wirklich zu einer entsetzlichen, vernachlässigenden Mutter geworden.

In manchen Fällen wird die Mutter ihrerseits zum beschattenden Partner. Eine solche Mutter kann die immer deutlicheren Anzeichen dafür, daß ihr Kind sich von ihr löst, nicht ertragen. So wird sie zur Glucke. Sie überwacht jede Bewegung des Kindes; mischt sich in alle seine selbstbestimmten Beschäftigungen mit Verbesserungsvorschlägen ein; legt das frustrierende Puzzle-Teilchen an seinen Platz, bevor das Kind überhaupt feststellen kann, daß es Schwierigkeiten hat; ist nicht bereit, die unzulänglichen Äußerungen des Kindes anzuerkennen, sondern traktiert es ständig mit richtigem Wortgebrauch und korrekter Grammatik. Sie verbietet sich jedes Gespräch und jede Lektüre aus Furcht, das Kind könnte an solcher Vernachlässigung zugrunde gehen. Die beschattende Mutter hat kein Vertrauen in den Entwicklungsdrang, der vom Kind ausgeht.

Das Kind einer beschattenden Mutter stellt häufig all das dar, was die Mutter meint, nie besessen zu haben, aber gerne gehabt hätte: Schönheit, Klugheit, Talent, Anmut, Großzügigkeit. Die beschattende Mutter sonnt sich im Glanze ihres in jeder Hinsicht vollkommenen und überlegenen Kindes. Sie zerbricht, wenn das Kind »Nein« sagt, trotzt, ungezogen ist, alles haben will, gierig ist oder andere ungehörige Verhaltensweisen an den Tag legt. Stets ist sie wachsam – immer auf der Hut, damit ihr Kind keine unvorhergesehenen Richtungen einschlage und sich nicht ihrer Kontrolle entziehe. Wenn solch ein Kind nicht die Möglichkeit zu alternativen Dialogen – mit einem aktiven, starken Vater, mit Nachbarn, Großeltern und Geschwistern – hat, werden Mutter und Kind wie ein besessenes Liebespaar voneinander Besitz ergreifen. Abwechselnd werden sie sich aneinander anklammern und dann fortstoßen, unfähig, die Tatsache ihres Getrenntseins zu ertragen, und erschreckt von der Nähe in ihrer verschmolzenen Identität. Wenn nicht jemand mit einem alternativen Angebot in diesen aufgewühlten Dialog eingreift, wird das Kind seine narzißtischen Strebungen aufgeben, auf sein Recht verzichten, seinen eigenen Raum in der Welt zu entdecken. Allemal wird es die Unruhe anklammernder Liebe den Gefahren des Alleinseins vorziehen.

Eine andere Mutter mag sich verhalten wie ein unbeständiger Mond, der plötzlich hinter den Wolken verschwindet und nicht wieder auftaucht. Absorbiert von ihren privaten Träumen, Ambitionen, Selbstzweifeln und ihrer Verzweiflung, zeigt sie den Aufforderungen und dem Wollen des Kindes die kalte Schulter. Daraufhin verliert es jedes Interesse an ihrem Kommen und Gehen. Sein Wollen wird zum omnipotenten Verlangen nach pausenloser Aufmerksamkeit und Bewunderung. Seine koketten Aufforderungen verstärken sich. Doch jetzt gibt es sich mit jedem bewundernden Gesicht zufrieden.

Gewöhnlich begreift die Mutter jedoch, daß ihr Kind jenes trügerische Gefühl von Großartigkeit verliert, dank dessen es zum machtvollen Eroberer werden könnte. Auch wenn ihre Reaktionen nicht immer den Erwartungen des Kindes entsprechen, hat sie Verständnis für das Gefühl der Demütigung, das folgt, wenn das Kind aus dem Stand der Gnade fällt. So zeigt sie ihm nicht die kalte Schulter. Weder handelt sie rein passiv als magische Fortsetzung des Kindes noch als gequältes Opfer, das in Reaktion auf das beschattende und davonlaufende Kind klammert und fortstößt, festhält und losläßt. Ihre nie ganz vollkommenen Reaktionen beweisen dem Kind, daß es die Liebe seiner Mutter besitzen kann, ohne eine vollkommene, grundgute Fortsetzung ihres Ichs sein zu müssen. Indem die Mutter den ihr rechtmäßig zustehenden Raum nicht preisgibt, gibt sie das Kind frei und bahnt ihm den Weg in den Raum, der ihm rechtmäßig zusteht.

Im Laufe einiger Monate wird sich die stürmische Choreographie der Krise beruhigen und mehr Raum für Entfaltung und Ich-Findung bieten. Am Ende der Krise wird das Kind jene ideale Distanz gefunden haben, nach der es gesucht hat – jene Distanz, die ihm erlaubt, am Raum der Mutter teilzuhaben, gleichzeitig aber für die Unverletztheit des eigenen Raums zu sorgen. Das Kind wird die ideale Distanz verinnerlichen, da ein Teil von ihm wie die Mutter wird, während es im übrigen die Freiheit besitzt, den Raum, der zum Selbst gehört, zu erweitern und zu bereichern.

Eigensinnigkeit und Neinsagen. Ich-Bewußtsein erhöht die Bedeutung von Wünschen. Die Verbindungen zwischen Wunsch und Erfüllung sind weniger direkt. Wurde das Kind vorher an einem Wollen oder Tun gehindert, konnte es jämmerlich zu schreien beginnen. Kurzlebige Verstimmung oder Gereiztheit war unmittelbarer Ausdruck seiner Unzufriedenheit und Frustration. Die Mutter half ihm tröstend über die Spannung seiner unerfüllten Wünsche hinweg und konnte so in Vergessenheit bringen, was das Kind gesucht hatte. Sie konnte es ablenken, ihm eine andere Lösung anbieten, ein Ersatzspielzeug, einen Keks statt der Flasche. Ein bißchen emotionales Auftanken genügte. Die Lust und Befriedigung des Augenblicks löschte die eben noch so heftige Enttäuschung.

In dieser Zeit wurden die Erinnerungen des Kindes von unmittelbaren Lust- und Unlustempfindungen zusammengehalten. Jetzt verknüpft es Nicht-Bekommen mit dem verzweifelten Bestreben, seine persönliche Macht zu erweitern und seine Selbstachtung wiederzuerlangen. Der Widerstreit zwischen Hilflosigkeit und Macht überlagert den Widerstreit zwischen Frustration und Befriedigung. Dem Kind ist weit mehr am Selbstwertgefühl als an konkreter Befriedigung oder Sättigung gelegen.

Mit dem Erwerb von Ich-Bewußtsein verfügt das Kind über Gedächtnisbilder, die stabil und dauerhaft sind. Der Inhalt der Wünsche, die es hegt, und der Belohnungen, die es sucht, wird nicht mehr vergessen. Da sein Geist jetzt überdies mit Symbolen umzugehen versteht, kann eine Erinnerung an Enttäuschung für andere enttäuschende Erinnerungen oder Vorstellungen stehen. Nicht-Bekommen ist ein weiterer Stich in den Ballon von Großartigkeit und Allmacht – eine unübersehbare Erinnerung an Hilflosigkeit und Verletzlichkeit. Mit solchen Frustrationen geht zwar Luft aus dem Ballon verloren, wird aber auch der Geist des Kindes herausgefordert. Es versteht besser, sich zu verschaffen, was es möchte. Es behält sein Ziel im Auge. Es erfindet neue Verfahren, die gewünschten Belohnungen zu bekommen.

Spielen ist eine ernsthafte und befriedigende Arbeit in der frühen Kindheit. Das Kind ist völlig verzweifelt, wenn es bei seiner Spielarbeit gestört wird. Wenn es die Flasche bekommt und ins Bett oder den Laufstall gesetzt wird, während es sich gerade entschlossen hat, ans Pflock-Brett zu gehen und einige Pflöcke einzuschlagen, wird es sich kaum fügen und sein Vorhaben vergessen. Die Flasche wird seinen Geist nicht in gleicher Weise zufriedenstellen wie das Einschlagen von Pflöcken. Es macht seiner Enttäuschung nicht von Anfang an mit Toben und Schreien Luft. Es versucht, nach dem zu verlangen, was es möchte. Es rüttelt an den Stäben seines Laufgitters und schreit: »Mami, raus!« Solche unmißverständlichen und vernünftigen Forderungen werden gewöhnlich gekontert mit Redensarten wie: »Du mußt dich jetzt ausruhen!«, »Bleib dort, während ich Abendessen mache!« oder mit einem schlichten: »Nein!«

Das Kind wird den Umstand, daß es nicht bekommt, was es möchte, fast automatisch mit dem stets gegenwärtigen, nagenden Kummer assoziieren, daß sich die Wünsche der Mutter nicht mit seinen eigenen decken. »Was Mutter will und was ich will, ist nicht dasselbe.« Es setzt sich einen Augenblick hin, um über die Frage nachzudenken. Obgleich wir seine Gedanken nicht lesen können, zeigt die Lösung, die auf diesen Augenblick des Nachdenkens folgt, eindeutig, daß das Kind die Wünsche seiner Mutter in Rechnung stellt. Abermals steht es auf. »Mami, los!« erklärt es aufgeregt – was heißt, daß es aufs Töpfchen möchte. Die Mutter reagiert auf das Signal genauso, wie es sich das vorgestellt hat. Sie hebt es aus dem Bett und folgt ihm entzückt ins Badezimmer. Nachdem das Kind zum Schein ein paar Minuten auf dem Töpfchen verbracht hat, läuft es rasch ins Kinderzimmer, um einige Pflöcke ins Brett zu schlagen.

Diese Täuschung ist kein bloßer Trick, der dazu dient, die Mutter hinters Licht zu führen. Indem das Kind die Frage gelöst hat, wie es die Mutter dazu bekommen kann, zu tun, was es möchte, hat es einen dreifachen Triumph errungen. Es hat die Macht seines autonomen, denkenden Geistes unter Beweis gestellt. Zugleich hat es den Kummer darüber, daß es selbst und Mutter getrennte Wesen sind, vorübergehend gelindert. Vor allem aber hat es die Angst verringert, die aus dem Bewußtsein erwächst, ein hilfloses, ohnmächtig geschehenlassendes Selbst zu sein, das sich dessen ungeachtet allein in der Welt behaupten muß. Wenn es sich gegen den Willen der Mutter zur Wehr setzt, stärkt es sein Selbstwertgefühl und führt sich die Macht der eigenen Individualität vor Augen.

Wie der Eigensinnigkeit, so liegen auch dem pausenlosen Neinsagen des Kindes solche Fragen der Selbstachtung zugrunde. Wenn das Kind mit achtzehn Monaten seinen Kopf bei den letzten Löffeln Brei abwendet, ließ sich diese Bewegung problemlos verstehen als: »Ich will keinen Brei mehr!« Doch selbst in diesem weniger komplizierten Zeitraum entdeckte der Körpergeist des Babys gelegentlich die Analogie zwischen der Nein-Geste des Kopfwendens und dem Verschwinden und Wiederauftauchen im »Guckuck-da«-Spiel. Mit dem Neinsagen deutet sich bereits an, daß sich die Vorstellung von der Loslösung bewältigen läßt. Jetzt, mit achtzehn Monaten, nehmen die Erlebnisse von Getrenntsein und Loslösung allerdings einen anderen Gefühlswert an. Daher die vertiefte Bedeutung von »Nein«. Diese tiefgreifende Veränderung der emotionalen Bedeutung bringt die Themen der zweiten Geburt in einen neuen Zusammenhang.

In der Anfangsphase von Loslösung und Eroberung der unmittelbaren raumzeitlichen Welt löste das Verschwinden der Mutter im Baby oft unbeschreibliche Furcht aus. Trennung von der Mutter bedeutete den Verlust der Zwiesprache, die den Energien und Erregungen Sinn verlieh. Trennung bedeutete Erinnerung an Leere und Zerfallen, manchmal erinnerte sie das Baby auch an seine Ohnmacht. Doch damals fand es Trost in seinen Illusionen und seiner Gedämpftheit. Und wenn die Mutter in dieser Zeit auch an die Widersprüche zwischen Einssein und Getrenntsein erinnerte, schöpfte das Baby aus ihrem Wiederauftauchen, ihrer konkreten Gegenwart in der Welt gewöhnlich den Mut, seine Entdeckungen und Eroberungen fortzusetzen. Damals war der Geist des Babys noch nicht so weit, sich klarzumachen, daß es selbst und die Mutter wirklich eigenständige Wesen mit je eigenen Wünschen und Lebensbereichen waren.

Wenn das Baby mit achtzehn Monaten einen Nachmittag lang von der Mutter getrennt wird, hat es keine Angst, die Kontrolle über sich zu verlieren oder zu zerbrechen. Mittlerweile vermag es sich vorzustellen, wohin die Mutter gehen könnte; es kann sich ihr Gesicht vergegenwärtigen; es kann ihr Gesicht auf dem Foto wiedererkennen und mit ihr sprechen, wenn sie fort ist; es weiß, daß sie nicht völlig von der Welt verschwunden ist und daß sie zurückkommen wird. Es fürchtet nicht, sie zu verlieren, sondern es fürchtet die Demütigung, die es empfindet, wenn sie es auf dem Schauplatz zurückläßt, als hätte sie das Recht, zu kommen und zu gehen, wie es ihr gefällt. »Verlassen werden« versetzt der Selbstachtung einen Schlag, welcher das Ich-bewußte Kind in Wallung bringt. Wenn die Mutter eine Bitte abschlägt, ihren Willen durchsetzt oder ihr Recht behauptet, zu schalten und zu walten, zu kommen und zu gehen, wie es ihr gefällt, so bringt sie ihren Anspruch auf eigenes Dasein auf das krasseste zum Ausdruck. Die physische Trennung von der Mutter ist nicht das Problem, sondern ihr Anspruch auf den Raum, der ihr rechtmäßig zusteht.

Durch Neinsagen sucht das Ich-bewußte Kind wieder die Nähe zur verlorenen Allmacht der Liebesaffäre mit der Welt. In jenem Zustand war es der alles meisternde Eroberer und die Mutter eine bloße Erweiterung seiner Wünsche. »Nein!« löscht das Gefühl von Hilflosigkeit, während es gleichzeitig vor der geheimen Sehnsucht nach Rückkehr ins passive Einssein schützt. Neinsagen ist die Tollkühnheit des Kindes, der falsche Mut, welcher den Wunsch, wieder ein Baby zu sein, verbirgt. Außerdem ist »Nein!« sehr gut geeignet, ein bißchen von der Wut loszuwerden, die es gegen die enttäuschende Mutter der Loslösung empfindet.

Selbst wenn die Mutter Verständnis für die Angst und Verwirrung aufbringt, die dem endlosen Neinsagen ihres Kindes zugrunde liegen, macht es sie an manchen Tagen wahnsinnig. Seine »Neins« erscheinen ihr als kalkulierte Strategie von Trotz und Ablehnung. Sie

sieht schon das kriminelle Schulkind und den gewalttätig rebellieren-
den Jugendlichen vor sich. Da geht ihre stolze Hoffnung in Scher-
ben, ihr Selbstvertrauen als Mutter in die Binsen. In ihrer panischen
Hilflosigkeit greift jetzt sie zu den Waffen, fest entschlossen, alle kri-
minellen und rebellischen Neigungen im Keim zu ersticken. Sie ver-
doppelt das eigene Neinsagen.

Paradoxerweise ist das »Nein« des Kleinkindes eine Vorstufe
seines Jasagens. Es ist ein Zeichen dafür, daß das Kind auf dem besten Weg ist, die Einschränkungen und Verbote der Mutter in eigene
Verhaltensregeln zu verwandeln. Zwischen dem achtzehnten und
vierundzwanzigsten Monat ist das Kind so intensiv wie nie damit beschäftigt, seine Lebenserfahrung neu zu organisieren. Im Augenblick befindet es sich in einer Krise, doch in wenigen Monaten wird
es die emotionale Distanz gefunden haben, die die Grenzen zwischen dem Selbst und dem Anderen festlegen. Neinsagen hilft ihm,
die für seine Bedürfnisse ideale Distanz herauszufinden. Erst wenn
das Kind den eigenen Raum und die eigenen Grenzen gefunden hat,
kann es sich die Regeln des Anderen einverleiben und zu den eigenen
machen.

Selbst jetzt, auf dem Höhepunkt der Krise, spiegelt das »Nein«
des Kindes das »Nein« der Eltern wider. Das Kind ist bestrebt, das
»Nein« seiner Eltern zu verstehen. Nein-sagend handelt das hilflose
Kind, als hätte es die Macht und Autorität seiner Eltern. Je mehr ihre
»Neins« sein Gefühl der Verletzlichkeit steigern, desto mehr muß es
selbst Nein sagen.

In diesen endlosen Machtkämpfen kann sich das Kind keinen Sieg
vorstellen. Es möchte nicht der Allmacht seines Wollens und Neinsagens ausgeliefert werden, da solche Macht es allein in der Welt zu-
rückließe, und Alleinsein ist das Schrecklichste überhaupt. Kein
Kind wird siegreich aus diesen Kämpfen hervorgehen, wenn die An-
maßung seiner »Neins« nicht durch die Vernunft seiner Eltern zu-
rechtgerückt wird.

Der neue, denkende Geist des Kindes ist ein Geist der absoluten
Begriffe. In den Vorstellungen, die das Kind von sich selbst hegt, ist
es entweder ein vollkommenes, alles kontrollierendes, alles besit-
zendes Wesen oder ein grundschlechtes Ungeheuer von Kind, dessen Gier und Aggression die ganze Welt verschlingen kann. Wenn
das Kind die »Neins« seiner Eltern nicht verstehen kann, wird die
zweite Vorstellung vorherrschen. Versteht es sie, wird es auch die er-

ste Vorstellung aufgeben. Es läßt den Gedanken fallen, ein vollkommenes und allmächtiges Kind sein zu müssen, um seine Dämonen in Schach zu halten.

Viele Forderungen des Kleinkindes sind unmäßig und unerfüllbar. Andere bringen den Anspruch auf Dinge zum Ausdruck, die ihm rechtmäßig zustehen – auf seine Gedanken, seine Spielarbeit, seine Träume, die Innenflächen seines Körpers, seine Grenzen und Außenflächen. Wenn die Eltern einige Forderungen ablehnen und andere erfüllen, werden sie dadurch die radikale Alles-oder-Nichts-Auffassung modifizieren können, die ihr Kind von sich und der Welt hegt. Es wird ein Gefühl für die Proportionen seines Ichs gewinnen. Auch wenn es nicht immer bekommen kann, was es möchte, wird es den eigenen Wert zu schätzen wissen. Es wäre für das Kind gleichermaßen verhängnisvoll, all die kleinen Kämpfe zu gewinnen oder sie alle zu verlieren. Wenn ein Kind immer gewinnt, wenn sein »Nein« selten dem »Nein« der Eltern begegnet, wird es mit einer überzogenen Vorstellung von seiner Macht aus der zweiten Geburt hervorgehen. Es wird kein Gefühl für seine Möglichkeiten und Grenzen und das tatsächliche Maß seiner Liebe und Aggression entwickelt haben. Weiterhin wird es wähnen, ein allmächtiger Herrscher zu sein, und nie wissen, wann seine Macht Wirklichkeit und wann sie bloßer Schein gewesen ist. Und bloßer Schein wäre sie. Ein solches Kind wächst in der Annahme auf, Identität und Individualität in dem Augenblick zu verlieren, da es nicht mehr in der Lage ist, alles und jeden zu kontrollieren. Es stellt sein ganzes Leben auf ein Fundament von Strategien und Manipulationen, die verhindern sollen, daß es in eine Situation gerät, in der es kontrolliert und dominiert würde. Jede Frustration und jeder Hinweis auf seine Verletzlichkeit werden als Bedrohung verstanden – als eine Möglichkeit von Erniedrigung. Nur Allmacht kann für Sicherheit und Ganzheit sorgen. Und wie schrecklich ist es, für alles verantwortlich zu sein, wenn man andererseits nicht die Augen davor verschließen kann, wie klein und allein man in Wirklichkeit ist!

Das Kind, das alles bekommt, was es verlangt, ist kein selbstsicheres oder mutiges Kind. Ständig wird es auf seinem Lebensweg von der Angst heimgesucht, man könnte herausfinden, wer es wirklich ist: ein grundschlechtes Ungeheuer von Kind, dessen Gier und wütende Aggression Mutter und Vater verschlingen könnten, Brüder und Schwestern, Freunde, Geliebte und Kinder.

Wenn das Kind zu viele Machtkämpfe verliert, nimmt es aus der zweiten Geburt das prägende Erlebnis von Demütigung und Selbstzweifel mit. Es hat die Lektionen gelernt, die ihm sagen, wo seine Körpergrenzen verlaufen und wie heftig und weitreichend Liebe und Aggression sind, doch es lernt sie auf Kosten gesunder Selbstbehauptung und Individualität. Jedesmal, wenn es nachgibt und sich dem Willen der Eltern beugt, hofft es, in ihren Augen jene Bewunderung zu lesen, die ihm sagt, daß das Kind, das seinen Willen preisgibt, ein gutes Kind ist. Doch da seine Wünsche weiterhin in ihm toben, ohne ein Ziel zu haben, ist es fest von seiner Schlechtigkeit überzeugt. Die triumphierende Zufriedenheit in den Augen der Mutter erscheint dem Kind lediglich als Spiegelbild seiner inneren Schlechtigkeit. Vielleicht ist das Kind wütend, wenn die Mutter seine Wünsche enttäuscht, doch nur kurz vermag es sich vorzustellen, daß in Wirklichkeit sie unrecht hat. Selbst wenn sie sich in eine grundschlechte Mutter verwandelt, ist das Kind davon überzeugt, daß es nichts besseres verdient, daß es unrecht hat, daß seine Schlechtigkeit für diese schlechte und enttäuschende Mami verantwortlich ist.

Wenn ein Kind ständig willfährig ist und nachgibt, wird sein berechtigter Wunsch, sich selbst zu besitzen und Herr seiner selbst zu sein, unterdrückt oder ausgelöscht. Er ist verschüttet. Gelegentlich verbirgt das Kind seinen Protest hinter einer Mauer aus Niedergeschlagenheit und Traurigkeit. In späteren Jahren nehmen viele dieser nachgiebigen Kinder den Kampf mit Energie wieder auf. Sie stehlen, machen ins Bett, spielen den Clown, klagen über Vernachlässigung – mit all dem bringen sie ihre Unzufriedenheit mit sich selbst und ihre bittere Enttäuschung zum Ausdruck. Manche bleiben gehemmt und niedergeschlagen. Sie verbergen ihre Lust und ihre Wut und verzichten vollständig auf die Freude und die Wünsche, die ihnen rechtmäßig zustünden. Manchmal versuchen sie, vom Glück anderer zu zehren. Sie treten ihre Geliebten an Brüder und Schwestern ab, sie wagen es nicht, sich Kinder anzuschaffen, kümmern sich aber um die Kinder anderer, unterrichten sie, umgeben sie mit Fürsorge und machen sie zu ihren Jüngern.

Da sie wissen, daß unter ihrer aufopfernden Güte das Ungeheuer von Kind lauert, dessen Gier und wütende Aggression Mütter und Väter, Schwestern und Brüder, Freunde, Liebhaber und Kinder verschlingen kann, werden sie im Laufe ihres Lebens ständig von der Angst heimgesucht, als die erkannt zu werden, die sie wirklich sind.

Zorn, Traurigkeit und Wutanfälle. Emotionen treten auf, wenn das Kind die Vorstellung entwickelt, daß seine Körperempfindungen und Erregungen mit der Existenz des Anderen zu tun haben. Bis zum Dämmern des Getrenntseins von Selbst und Anderem werden deshalb Herzklopfen, Blutwallung und Schwingungen auf den inneren Körperwänden selten zum Gefühl des Zerbrechens, zu unbeschreiblicher Angst, rasender Wut, heftigen Ausbrüchen, Spannungsabfuhr, Aufwallungen der Begeisterungen oder der Freude. Es handelt sich noch nicht um Emotionen, sondern einfach um Erregungszustände, die nichts mit Anteilnahme und Interesse an anderen Menschen zu tun haben. Ein Zustand der Körpererregung geht in den anderen über. Die rosarote Aufwallung der Freude ist rasch vergessen, wenn sich das unfreundliche Grau der Reizbarkeit in den Vordergrund schiebt.

Das verbesserte Gedächtnis des symbolschaffenden Geistes ist wesentlich an der Verwandlung von Herzklopfen und Adrenalinschub in wirkliche menschliche Gefühle beteiligt. Der Alltag wird komplizierter, wenn der kindliche Geist fähig wird, etwas, das die Mutter gesagt oder getan hat, mit den Erregungen und Besänftigungen in seinem Körper zu assoziieren. Das Leben und die Beziehungen zu anderen Menschen werden noch reicher und menschlicher, wenn das Kind im Gedächtnis behält die Assoziation zwischen dem, was in seinem Körper geschieht, und dem, wodurch es selbst oder der Andere die Erregung hervorgerufen hat.

Während der Wutanfall kaum mehr als die irrwitzige Hoffnung ist, die Dinge dadurch zu bessern, daß man alles und jeden in der Welt vernichtet, gehört zum Gefühl des Zorns, daß sich das Kind darüber Gedanken macht, wer verantwortlich sein, wer die Veränderung bewirkt haben könnte. Ein zorniges Kind ist nicht auf Zerstörung aus; es möchte sein Los verändern und das Unrecht aus der Welt schaffen, das ihm seiner Meinung nach zugefügt worden ist. Bei dem Versuch, sich mit der Vorstellung abzufinden, daß sich seine Wünsche nicht mit denen der Mutter decken, muß es dem Kind so vorkommen, als sei die Mutter der Ursprung all der schlimmen Dinge, die ihm plötzlich zuzustoßen beginnen. Deshalb ist es zornig auf sie, seine Seele voller zorniger Gedanken, die nicht weichen wollen.

Zornige Gedanken können so gut wie jede konkrete Handlung zu Herzklopfen und Adrenalinausschüttung führen. So ist das Kind gelegentlich zornig auf die Mutter aufgrund von Dingen, die sie gestern getan hat oder die sie seiner Meinung nach noch tun wird. Es genügt aber auch, daß sie sich einfach weiterhin so verhält, als könne sie kommen und gehen, wie es ihr gefällt.

Teilweise drückt das Kind seinen Zorn aus, indem es versucht, die Mutter zu zwingen, so zu handeln, als sei sie eine bloße Fortsetzung seines Selbst. Nicht selten spielt es den gebieterischen Tyrannen gerade in Augenblicken, da es sich am hilflosesten fühlt. Obgleich seine Vorwürfe gegen die Mutter völlig ungerechtfertigt sind, hat es absolut recht, wenn es sich ärgert und versucht, sie zu verändern. Die Mutter hat die Macht, die Dinge in Ordnung zu bringen. Dürfte es noch nicht einmal zornig auf sie sein, müßte es annehmen, völlig hilflos zu sein.

Während das Kind beobachtet, wie die Mutter auf seine Ausbrüche reagiert, entdeckt es eine andere Seite seiner Grenzen. Zum Neuanfang gehört ein erweitertes Verständnis für die inneren und äußeren Dimensionen seines Körper-Ichs. Es mißt den emotionalen Raum aus, der ihm in der Welt gehört. Durch Gesichtsausdruck, Worte und Gesten der Mutter bekommt das Kind ein Gefühl dafür, daß auch heftiger Zorn seine Grenzen hat. Zorn kann einige Aspekte der Welt verändern. An anderen Aspekten läßt sich nicht rütteln. Sein Zorn mag noch so heftig werden, er darf nicht die Menschen vernichten, die es für das Überleben und seine Ganzheit braucht. Es ist dabei zu erkennen, welche der von ihm beanspruchten Rechte ihm zustehen und welche der Ungerechtigkeiten und Unbilden des Lebens es als unabänderlich hinzunehmen hat. Schließlich wird ihm klar werden, daß die Mutter, auf die es im Augenblick so zornig ist, dieselbe Mutter ist, die tröstet und beruhigt – dieselbe Mutter, die es manchmal ebenso leidenschaftlich liebt, wie es sie jetzt haßt. Sein Zorn kann ihre Ganzheit nicht zerstören.

Zorn ist eine Protestgebärde. Er repräsentiert die Hoffnung des Kindes, daß die Zukunft anders als die Gegenwart sein werde. Ein anderes Zeichen für die unverbrüchliche Hoffnung des Kindes ist seine Traurigkeit. Hier werden die Enttäuschungen der Gegenwart durch die Sehnsucht nach einer besseren Vergangenheit gelindert. Dabei ist tiefe Traurigkeit viel zu schmerzlich für das Kleinkind. Tiefe Traurigkeit würde die *klare* Erkenntnis einschließen, daß der Andere ganz und gar nicht mit der Vorstellung übereinstimmt, die man von ihm hegt. Deshalb laufen Kinder, wenn möglich, buchstäblich vor ihrer Traurigkeit davon, indem sie besonders aktiv und lebhaft werden. Zorn ist eine andere Form, Traurigkeit zu vermeiden.

Doch von Zeit zu Zeit lassen sich Anflüge von Traurigkeit nicht vermeiden. Die Enttäuschung, die aus der Erkenntnis erwächst, daß man nicht der allmächtige Beherrscher des Universums ist, und der Abstieg von den Illusionen der Liebesaffäre zur Ernüchterung des Ich-Bewußtseins ist zu schmerzlich, als daß er ganz ausgelöscht werden könnte. Während der Krise und noch Monate danach werden sich unvermeidlich Augenblicke der Niedergeschlagenheit und Mutlosigkeit einstellen. Selbst an Tagen, da alles gut zu laufen scheint und die Welt sich allen anderen von ihrer liebenswürdigsten Seite zeigt, bleibt das Kind ohne Freude und Begeisterung. Sein Gesicht ist ausdruckslos, seine Bewegungen sind teilnahmslos. Der Blick ist abwesend und erinnert an die gedämpfte Stimmung früherer Zeiten. Der Kontrast zwischen der gegenwärtigen Situation und der früheren ist zu kraß, als daß das Kind ihm ausweichen könnte. Es sehnt sich nach der Vergangenheit; vielleicht findet sich in seiner Erinnerung noch ein Hauch von jener verlorenen Erfahrung des idealen Mutter-Ichs. Wenn jetzt Gedächtnis und die Notwendigkeit, die eigenen Körperzustände mit den Handlungen einer leibhaftigen Mutter zu verknüpfen, das Leben komplizierter machen, mischt sich Bedauern in die Sehnsucht. Die trübe, nach innen gekehrte Gefühlsstimmung – die abgeschwächte Form von der blaugrauen Traurigkeit des Kleinkindes – hilft ihm, die Unzulänglichkeiten der Gegenwart mit der Vollkommenheit der Vergangenheit zu versöhnen und einen kleinen Teil seiner Ernüchterung zu bewältigen.

Eltern tun sich schwer, die Traurigkeit ihres Kindes auszuhalten. Sie lassen sich von seiner Traurigkeit und Mutlosigkeit anstecken. Für manche Eltern ist das ein so schmerzliches Erlebnis, daß sie die mutigen Versuche ihres Kindes, sich der Ernüchterung zu stellen, unterbrechen, indem sie es zum Lächeln oder Spielen bewegen. Dadurch wird Traurigkeit zu einem weiteren Beweis für seine fundamentale Schlechtigkeit. Es vermutet, daß es glücklich erscheinen muß, um seine Eltern nicht ständig zu enttäuschen. »Als-ob«-Fröhlichkeit und falsche Hochstimmung verbergen die Traurigkeit. Im Kern des Wesens dauert die Traurigkeit fort, während das Kind nach außen hin mit schelmischen Augen, geblähten Backen, offenem Mund und entblößten Zähnen Fröhlichkeit demonstriert. Das falsche Lächeln hat seinen Auftritt. Verloren sind die Hoffnungen, dem Alleinsein und der Unzulänglichkeit einen Sinn zu geben, und das Recht auf die eigenen Gefühle.

Manchmal ist das Kleinkind dem Protest, der in ihm wütet, nicht gewachsen. Es hat einen Wutanfall. Mit dem Wutanfall macht es deutlich, daß es zu weiteren Verhandlungen nicht bereit ist. Statt die Schlacht verloren zu geben, findet es einen Weg zu gewinnen.

Die Wutanfälle dieser Phase ähneln dem heftigen Wüten des Säuglingsalters. Als das Kind mit achtzehn Monaten Anstalten machte, die Welt und alles, was sie enthielt, zu zerstören, hatte sein vorwitziger Protest das Ziel, Gutsein und Ganzheit wiederherzustellen. War der Sturm vorüber, brachten Ruhe und Heiterkeit wieder Wärme und neuen Mut in seinen Körper. Die Heftigkeit eines Wutanfalls kann auch den Frieden wiederherstellen. Aber jetzt wird Gewalt assoziiert mit Ideen, Erinnerungen und Vorstellungen vom Selbst, mit Vorstellungen von Mutter und Vater und mit Erinnerungen an das Alleinsein in der Welt.

Im inneren Kampf seines Wutanfalls werden einige der Verknüpfungen, die seinem Leben gerade emotionale Bedeutung zu verleihen begannen, vorübergehend ausgeklinkt. Nur die Gegenwart gibt es noch. Vorher und Nachher schwinden. Zeit ist jetzt und immer. Doch im Wutanfall des durchschnittlichen Kleinkindes bleibt ein Element emotionaler Bezogenheit erhalten. Solch ein Anfall nimmt eine Mittelstellung zwischen ungezielter Wut und echtem Gefühl ein. Wie ungerichtete Wut bahnt ein solcher Ausbruch die Abfuhr aufgestauter Spannungen. Doch ist der Wutanfall verknüpft mit den Phantasien, die der eigenen Person gelten, und mit Gedanken, die sich auf das Ziel der Wut richten. Das Kind wähnt, es würde mit diesem Gewaltakt eine allmächtige Ursache von Frustration vernichten. Nur wenige Augenblicke zuvor war es nahe daran, all seine Selbstachtung zu verlieren. Jetzt ist es von schrankenloser Allmacht.

Während sich das Kind zu Boden wirft, schreit, strampelt, mit Armen und Beinen um sich schlägt, hegt ein Teil seiner selbst den verzweifelten Wunsch, das Ganze zu beenden. Verschwommen kommt ihm zu Bewußtsein, wie aberwitzig sein Vorgehen ist. Wenn es sich von dem Anfall erholt, vergißt es völlig, daß es wieder einmal zu dem Ungeheuer geworden ist, für das es sich gelegentlich hält. Doch es kann und wird nicht Schluß machen, bevor es nicht alle Spannung los ist – bevor es nicht das Gefühl von Verletzlichkeit und Hilflosigkeit verloren hat.

Wenn der Wutanfall vorbei ist, zieht Friede in das Kind ein. Es hat sein Dasein wieder in Besitz genommen. Nachdem es sich vergewissert hat, daß der Feind gar nicht so gefährlich und daß es selbst gar nicht so schwach und hilflos ist, ist es bereit, zu vergeben und sich vergeben zu lassen. Die Eltern, denen die Heftigkeit des Wutanfalls noch frisch im Gedächtnis ist, können das freundliche Entgegenkommen nur schwer als echten Akt der Liebe akzeptieren. Sie vermuten, daß sie das Kind auch fernerhin zu Heftigkeit ermutigen, wenn sie einfach vergeben und vergessen. Demütigung und Angst lösten den Ausbruch aus. Jetzt braucht das Kind eine liebevolle Umarmung und ein bißchen Trost. Neue Erniedrigung durch Bestrafung würde den Kreislauf von Spannung und Abfuhrbedürfnis erneut in Gang setzen.

Da der Wutanfall häufig eine Reaktion auf ein nur allzu fälliges »Nein!« oder »Laß das!« der Eltern zu sein scheint, reagieren sie auf den Ausbruch mit Ärger, vielleicht auch mit Beschämung und Demütigung, wenn der Wutanfall in der Öffentlichkeit stattfindet – im Supermarkt oder auf dem Spielplatz, wo alle Welt ihn miterleben kann. Der Anblick eines wütenden Kleinkindes weckt in den Eltern Erinnerungen an die eigene Kindheit, als ein »Nein!« oder »Laß das!« zu bedeuten schien »Du bist ein schlechtes, schmutziges und häßliches Ungeheuer von Kind«. Der Ärger oder die Beschämung der Eltern verdecken häufig, daß sie im Mitgefühl mit der Wut ihres Kindes sich auflösen und zerbrechen. Wenn das Kind einen Wutanfall hat, rechnet es damit, daß seine Eltern seinen Ausbruch unbeschadet überstehen. Wenn sich auch das Kind bei seinem Wutanfall in der Illusion wiegt, den allmächtigen Verursacher aller Frustrationen bestrafen zu können, möchte es seine konkreten Eltern nicht wirklich vernichten. Auch hat es letztlich nicht den Wunsch, sich als allmächtiges Ungeheuerkind zu fühlen. Mögen die Eltern auch manchmal noch so frustrierend und »schlecht« erscheinen, so sind es doch letztlich sie, die dem Kind Sicherheit bieten. Wenn sie zerfallen, ist es allein. Eltern brauchen ihre Macht nicht dadurch zu beweisen, daß sie der Wut ihres Kindes mit gleicher Münze heimzahlen. Als stark empfindet ein Kind seine Eltern, wenn es das Gefühl hat, daß es von ihnen verstanden wird. Häufig bedeuten seine freundlichen Gesten, daß es wieder zu Verhandlungen bereit ist. Unter Umständen ist es jetzt sogar bereit, sich mit dem schrecklichen »Nein« abzufinden, das seinen Wutanfall ausgelöst zu haben scheint.

Das »Nein« der Eltern mag den Ausbruch ausgelöst haben, doch sein Ursprung sind die Belastungen der zweiten Geburt mit den ihr innewohnenden Frustrationen und Enttäuschungen und mit ihrem schrecklichen Gefühl von Alleinsein. In dieser Zeit läßt die Fähigkeit des Kindes nach, mit den einfachen und alltäglichen Dingen des Lebens fertigzuwerden. Erschöpfung wird noch weiter an dieser Fähigkeit zehren. Generell hat das Kind Schwierigkeiten, seine neue Innenwelt aus Phantasien, Wünschen und Gedanken mit den neuen Anforderungen der Wünsche und Ansprüche anderer Menschen in Einklang zu bringen. Die Belastung, die die Harmonisierung von innerer und äußerer Wirklichkeit mit sich bringt, läßt sich zu diesem Zeitpunkt nicht so leicht durch Illusionen lindern wie in der Vergangenheit oder auch in Zukunft nach Beendigung der Krise. Der Rückzug in die Sicherheit der Schmusedecke oder in friedliches Träumen wird die Belastung dieser schwierigen Monate kaum verringern.

Das Potential für Wutanfälle ist während der Krise größer als in irgendeinem anderen Abschnitt der Kindheit. Man sollte sich auf solche Ausbrüche gefaßt machen, vor allem bei Kindern, die nervös und reizbar sind. Gemeinsamkeit mit den Eltern, Anklammern und Fortstoßen, Zorn, Starrsinn, Neinsagen, Eigennutz und gelegentliche Traurigkeit schützen das Kind vor Wutanfällen. Doch von Zeit zu Zeit werden die Spannungen unerträglich. Dann trägt ein Wutausbruch zur Reinigung der Atmosphäre und Wiederherstellung des Friedens bei.

Mädchen und Jungen, Mütter und Väter. Schon vor der Geburt wirken Geschlechtshormone auf das Nervensystem ein und schaffen geschlechtsspezifische Prädispositionen der Wahrnehmung und Reaktion auf die Welt. Beispielsweise lassen sich von Geburt an Geschlechtsunterschiede in der motorischen Reaktionsbereitschaft beobachten. Mädchen sind motorisch weniger aktiv, reagieren aber sensibler auf Körperkontakt und Berührungsreize. Mit sechs Monaten sprechen Mädchen deutlicher auf menschliche Gesichter an. Nach dem ersten Lebensjahr werden Jungen mit visuell-räumlichen Aufgaben besser fertig; ihr Spiel ist aggressiver und motorischer ausgerichtet als das von Mädchen. Noch deutlicher treten die Überlegenheit ihrer räumlichen Fähigkeit und ihre größere Aggressivität in der Adoleszenz zutage. Es wird die Auffassung vertreten, räumliche Fähigkeit und Aggression seien geschlechtsgebundene männliche Züge.

Angeborene geschlechtsspezifische Prädispositionen sind die Grundlage sexueller Geschlechtsidentität. Dennoch sind unterschiedliche Elternreaktionen entschieden stärker als biologische Faktoren, da Eltern fast unvermeidlich bestimmte Arten des Lernens bei ihren Töchtern und andere Arten bei ihren Söhnen unterstützen. Von Anfang an, von dem Augenblick an, da Eltern sich über das Geschlecht ihres Kindes klar sind, verhalten sie sich auf fast unmerkliche Weise anders, je nachdem, ob sie es mit einem Mädchen oder einem Jungen zu tun haben. Zwar weisen Jungen und Mädchen die Merkmale von Mutter wie Vater auf, doch wird sich das Mädchen vor allem mit der Mutter und der Junge vor allem mit dem Vater identifizieren. Diese Identifikation führt zu einer weiteren Verstärkung der biologischen und erlernten geschlechtsspezifischen Prädispositionen.

Die angeborenen Züge männlicher und weiblicher Neugeborener führen auch dazu, daß sie Gegenstand unterschiedlicher Phantasien werden und daß man sie auf unterschiedliche Weise hält. In den ersten fünf Monaten werden Jungen in der Regel häufiger aufrecht gehalten als Mädchen. Liegt das daran, daß sich Jungen versteifen und nach oben und außen drängen, während Mädchen anschmiegsamer sind? Oder liegt es daran, daß Mütter Jungen von Anfang an zu aufrechter Haltung ermutigen? In der Regel werden Jungen während der ersten drei Lebensmonate häufiger als Mädchen hochgenommen. Weil sie reizbarer und unruhiger sind? Nach fünf Monaten werden Mädchen häufiger hochgenommen, geschmust und angesprochen, während Jungen mehr ermutigt werden, die Umwelt zu erkunden. Gewiß gibt es unzählige unterschiedliche Reaktionen auf Jungen und Mädchen im Säuglingsalter. Doch ist die Frage, welche Reaktionen das Kind beim Elternteil und welche Reaktionen der Elternteil beim Kind auslöst, noch nicht beantwortet, weder hinsichtlich der Geschlechtsunterschiede noch hinsichtlich irgendeines anderen Merkmals, das ein Kind von einem anderen unterscheidet.

Trotzdem reagieren Mädchen und Jungen mit dem Erwachen des Ich-Bewußtseins in dezidiert weiblicher oder männlicher Form auf die Welt, auf sich, auf Mutter, Vater, andere Menschen und auf die Ereignisse der zweiten Geburt.

Nachdrücklich werden die Reaktionen beeinflußt von der Entdeckung der anatomischen Geschlechtsunterschiede – einer Entdeckung, die zeitlich meist mit der Erkenntnis des Getrenntseins zusammenfällt. Obgleich das Mädchen keineswegs über Begriffe wie Männlichkeit oder Weiblichkeit verfügt, wird seine Entdeckung, daß es nicht besitzt, was andere besitzen, der urbildhaften Ernüchterung, die sich an die Hochstimmung der Liebesaffäre anschließt, eine besondere Dimension hinzufügen.

Die Reaktion des Mädchens auf die Entdeckung, daß der Vater, der Bruder oder der kleine Junge von nebenan einen Penis besitzt, sie dagegen nicht, wird ihre Kämpfe mit der Mutter, das Schieben und Zerren, Anklammern und Fortstoßen neuen Belastungen aussetzen. Die Fähigkeit, mit Symbolen umzugehen, wird diesen Umstand zum Gegenstand konfuser und irriger psychologischer Ausdeutungen machen. Das Mädchen wird ihr »Nichthaben« mit der Enttäuschung über die Mutter assoziieren.

Das Mädchen mag schon vorher den Penis des Vaters bemerkt haben, aber seine Beobachtungen werden keine besondere Anteilnahme und Neugier auslösen, bevor nicht die Aufmerksamkeit auf die erregenden Möglichkeiten der eigenen Genitalien gelenkt worden ist. Das Mädchen entdeckt den Geschlechtsunterschied, wenn es *erstmals* die Lustgefühle genitaler Reizung entdeckt. Aus den genitalen Manipulationen des zehn bis zwölf Monate alten Mädchens, bei denen es vor allem um Exploration und Suche nach Körpergrenzen ging, ist jetzt, mit sechzehn Monaten, eine gezielte lustsuchende Aktivität geworden. Mit seinem neuen Bewußtsein vom Selbst und vom Anderen verknüpft das Mädchen seine Frustration wie seine Freude mit jemandem, der dafür verantwortlich sein könnte. Wie die personengebundenen Emotionen der Freude, des Zorns und der Traurigkeit kann lustsuchende genitale Erregung mit anderen Menschen assoziiert werden. Wenn das Ich-bewußte Mädchen ihre Schamlippen reibt und preßt, richtet es seinen zärtlichen, erotisch gefärbten Blick auf andere, besonders auf die Mutter. Diese äußeren Manifestationen erotischer Liebe werden bald in innere erotische Phantasien verwandelt, von denen Selbstbefriedigung fortan regelmäßig begleitet wird. Dadurch, daß genitale Lust allmählich die Verknüpfungen zwischen lustvollen Empfindungen des Ichs und erotischen Beziehungen zum Anderen besetzt, gewinnt solche Lust psychische Bedeutung.

Diese veränderte Erfahrung der eigenen Genitalien ist der Grund für die Verwandlung der schon immer vorhandenen anatomischen »Fakten« in eine Entdeckung von psychischer Relevanz. Wenn das

Mädchen mit fünfzehn oder sechzehn Monaten die Lustmöglichkeiten der eigenen Genitalien entdeckt, sieht es sich veranlaßt, auf die Genitalien anderer zu achten und diesem Bewußtsein Bedeutung zuzuschreiben. Mit siebzehn Monaten ist es dem Mädchen meist gelungen, sich Zutritt zum Badezimmer zu verschaffen, um den Vater in Ruhe beim Urinieren oder Duschen zu beobachten. Das gelingt den Kindern heute fast in allen Familien – selbst in den konservativsten. Nicht selten auch baden Mädchen und Jungen gemeinsam, oder sie entdecken ihre Unterschiede beim Wickeln und auf der Toilette. Mit siebzehn Monaten begegnet das Kind dem Penis des Vaters mit großer Neugier. Aus dieser Neugier wird rasch die aktive Untersuchung der genitalen Unterschiede von Mädchen und Jungen, Vätern und Müttern, Mutter und Selbst, von Pferden, Hunden, Katzen, Gorillas im Zoo, Kühen auf Bauernhöfen. Ungeduldig und neugierig werden die Puppen ausgezogen. Wenn das Mädchen die Summe aus seinen Beobachtungen zieht, unterläuft ihm ein Denkfehler. Die Ernüchterung des Getrenntseins wird irgendwie mit dem Nichthaben eines wichtigen Körperteils gleichgesetzt.

Mädchen machen kein Hehl aus ihrem Kummer über diese Entdeckung. Sie versehen sich, ihr Spielzeug und Möbelstücke mit Pflasterstreifen. Sie stellen sich an mit blauen Flecken und Kratzern. Das Interesse an manueller Erkundung und lustsuchender Reizung ihrer Genitalien verlieren die meisten Mädchen bald. Manche verlagern ihr Interesse von den Genitalien auf den Bauchnabel, an dem sie jetzt ständig herumreiben. Sie fragen: »Warum hat Papa zwei Bauchnabel?« Bald zeigt sich eine Vorliebe für die indirekte Reizung der Genitalien: So läßt sich genitale Erregung hervorrufen, indem man auf dem Schaukelpferd reitet, sich rittlings auf die Beine von Vater oder Mutter setzt oder sich an Möbelstücken reibt. Die Vermeidung von Reizung durch direkte Berührung der Genitalien und die Vorliebe für eine Reizung durch indirekten Druck werden häufig überdauernde Züge weiblicher Erotik.

In dieser komplexen Reaktion läßt sich kein Anhaltspunkt dafür entdecken, daß das kleine Mädchen mit Neid auf den Penis reagiert, den es nicht hat. Neid ist eine viel zu komplexe Reaktion für ein so kleines Kind. Das »Nichthaben« eines Körperteils wird vielmehr assoziiert mit der durchgängigen Erfahrung von Enttäuschung, von Nichthaben, Nichtbekommen, »Mein«-Sein und Habenwollen, was andere haben – Erscheinungen, die typisch sind für die Krise der zweiten Geburt. Der Zorn des kleinen Mädchens auf die Mutter kann sogar die Vorstellung wecken, die Mutter habe einen Penis, den sie ihm absichtlich vorenthalte und nicht aushändige. Da das Mädchen auf die Fakten des anatomischen Unterschieds durch die Entdeckung der eigenen genitalen Lust stößt und nicht umgekehrt, wie man ursprünglich angenommen hat, kann die Entdeckung schließlich einem spezifisch weiblichen Daseinsmodus einverleibt werden, wenn das kleine Mädchen in den Besitz dessen kommt, was ihr rechtmäßig gehört – ihres Körpers, einschließlich der Darmtätigkeit und des inneren Erlebens seiner Genitalien, seines denkenden Geistes, seines Spiels, seines Phantasielebens und seines unabhängigen Selbstseins. Entscheidend dafür, daß das Mädchen schließlich seine Weiblichkeit und seine Selbstliebe akzeptiert, ist die Frage, wie die Beziehung zur Mutter gelöst wird.

Alle Kleinkinder werden sich die Schuld an den Unzulänglichkeiten geben, die sie an sich wahrnehmen. Während der Krise neigen sie jedoch auch dazu, die Mutter für alle Ernüchterungen und Enttäuschungen verantwortlich zu machen. Sie assoziieren das Getrenntsein von der Mutter mit ihrer Demütigung, Verletzlichkeit, Hilflosigkeit, mit ihrem Nichtbekommen und Nichthaben. Bei kleinen Mädchen sind solche Assoziationen ausgeprägter als bei kleinen Jungen. Sie werden verschärft durch die Entdeckung der vermeintlichen anatomischen Benachteiligung. Folglich vergrößert sich auch der Ärger gegen die Mutter und die Enttäuschung mit ihr.

Die Choreographie von Vor und Zurück, Anklammern und Fortstoßen, Beschatten und Davonlaufen ist bei Müttern und Töchtern gewöhnlich ausgeprägter als bei Müttern und Söhnen. Infolge seines gelegentlichen Zorns kann das kleine Mädchen wieder das Gefühl erleben, die Mutter verschwinde über den Rand der Welt, wenn sie fortgehe. Es scheint die Mutter nicht zu erkennen, wenn sie zurückkommt. Häufig »vergißt« es auch, wie das Gesicht der Mutter aussieht, wenn es ein Foto von ihr sieht. Solche Zornreaktionen sind kurzlebig.

Unvermeidlich wird sich das kleine Mädchen Vorwürfe machen, weil es solche schlechten, zerstörerischen Gefühle gegenüber der Mutter hegt. Sehnsuchtsvoll wendet es sich der Mutter zu – bestrebt, den Schaden wiedergutzumachen, den es seiner Meinung nach mit seinen zornigen Gefühlen angerichtet hat. Doch zärtliches Zusammensein mit der Mutter weckt die Angst vor dem Verschmelzen und dem Verlust dessen, was zum Selbst gehört. So stößt das Mädchen die Mutter nur Sekunden, nachdem es Versöhnung und Trost bei ihr gesucht hat, zornig von sich. Es ist unfähig, sich dem Trost der bereitwillig geöffneten Arme zu überlassen. Der Zwang, den das Mädchen auf die Mutter ausübt, enthält auch die Forderung, die Mutter möge ihre Schulden begleichen. Sie soll zurückgeben, was sie fortgenommen und vorenthalten hat, sie soll den anatomischen Mangel des kleinen Mädchens beheben.

Trotz Zwang und Ansprüchen sehnt sich das Mädchen auch weiterhin nach den tröstlichen Armen der Mutter. Doch Mutter kann nichts recht machen; morgens sucht sie das falsche Polohemd heraus, sie macht den falschen Nachtisch, kauft den falschen Brei, legt das Puzzle-Teilchen zu korrekt hin, zieht das Mädchen zu schnell an, zu langsam, hält es zu fest, nicht fest genug.

Die Krise der zweiten Geburt birgt auch zahlreiche verborgene Gefahren für die künftige Beziehung von Mutter und Tochter und für das Frauenbild des Mädchens. Das Mädchen kann die Krise dadurch lösen, daß es ein Schatten der Mutter bleibt. Es stärkt sein Selbwertgefühl, indem es zu einem sich selbst verleugnenden Spiegel der Mutter wird. Es vermag die Mutter nicht als reale Mutter mit begrenzter Macht zu sehen, sondern wird ihr ganzes Leben versuchen, teilzunehmen an dem, was es für die Allmacht der Mutter hält. Es verzichtet auf eigene Macht. Im anderen Extremfall kann es aus Angst und Furcht vor dem Verschmelzen alle Zuneigung und Zärtlichkeit in der Beziehung zur Mutter und allen anderen Frauen vermeiden. Es wird seine Enttäuschung, eine Frau sein zu müssen, deutlich zum Ausdruck bringen. Es wird zur Frau, indem es Fraulichkeit, Mutterschaft und Zärtlichkeit gering schätzt. In seinen späteren Beziehungen zu Männern wird es diese behandeln, als wären sie enttäuschende Mütter, die ihre Schuld nie begleichen, und einen nach dem anderen ablehnen, wenn er ihm nicht gibt, was es verlangt. Das kleine Mädchen kann sich auch verzweifelt dem Vater zuwenden, nicht als männlicher Figur, die ebenso heftig geliebt und verehrt wird wie die Mutter, sondern als Zuflucht vor der schmerzlichen und enttäuschenden Beziehung zur Mutter. So bleibt es ein hilfloses Kindmädchen, das vor der abgewehrten, aber gefährlichen Mutter beim allmächtigen, penisbewehrten Vater Schutz sucht. Im schlimmsten Fall ergreifen Mutter und Kind wie besessene Liebhaber voneinander Besitz, abwechselnd einander umklammernd und sich in wütender Ablehnung trennend. Sie umgeben sich mit einer stählernen Mauer, die jede Möglichkeit zu alternativem Dialog – vor allem mit dem Vater – ausschließt. Niemand wagt, sich in ihre leidenschaftliche Zwiesprache einzumischen.

Im günstigsten Fall wird dem kleinen Mädchen zu Bewußtsein kommen, daß die Mutter es weder besitzen noch beherrschen möchte. Ein Mädchen, das von der eigenen Individualität Besitz ergreift, wird seine Mutter später wahrnehmen, wie sie wirklich ist – nicht als gefährliches, mißgünstiges, schädliches, allmächtiges Geschöpf. Dann hat das Mädchen die Freiheit, der Mutter ähnlich zu werden, ohne zu fürchten, daß es in diesem Prozeß der Mutter das eigene Selbst preisgeben muß. Das Mädchen wird die tatsächliche Macht der Mutter bewundern und in ihr die Stärke und Macht erblicken, welche es eines Tages selbst erwerben wird. Zärtlichkeit mit der Mutter und anderen Frauen wird wieder möglich werden. Das Mädchen wird sich in Zeiten der Bedürftigkeit und des Kummers den tröstlichen Gesten der Mutter anvertrauen und nicht fürchten, daß sie seine Verletzlichkeit ausnützt, um wieder von ihm Besitz zu ergreifen und es zu beherrschen. Etwas älter, mag das Kind die Mutter und ihre reale Macht in der Welt beneiden und sie real nachzuahmen versuchen. Es mag nach Macht streben, muß aber nicht unbedingt neidisch auf die Macht von Männern sein. Es wird sich dem Vater nicht als Zufluchtsort für ängstliche kleine Mädchen zuwenden, sondern als männlichem Gegenstück, das es zum Ziel seines erotischen weiblichen Verlangens machen kann.

Eines Tages möchte es vielleicht selbst ein Kind haben, nicht weil das Baby in seiner Phantasie zum Penis wird, den es nie gehabt hat, sondern weil es sich die Zärtlichkeit und Kraft seiner Mutter angeeignet und die Möglichkeiten der Mutterschaft schätzen gelernt hat. Ob die Krise der zweiten Geburt diese Lösung findet oder nicht, ist weniger eine Frage weiblichen Schicksals als eine der Reaktionen, die es bei der Mutter, seinem Vater und in seinem Winkel der Welt findet.

Jungen drohen andere Gefahren. In der Regel reagieren sie auch anders auf die Erkenntnis der Loslösung. Durch die ausgeprägteren motorischen Neigungen von Jungen und die entsprechende Tendenz von Müttern, ihre Söhne zu aufrechter und freier Körperbewegung zu ermutigen, kommt es zu einem auffälligen Unterschied – der Fortdauer von Hochstimmung und lebhafter Körperbewegung bei

Jungen. Die Freude, die der Junge daran findet, zu laufen, zu springen und die Freiheit seines Körpers zu behaupten, schwächt seine Reaktion auf das Getrenntsein ab.

Das Tempo und die Richtung der Choreographie von Mutter und Sohn stehen zweifellos in Beziehung zur länger andauernden motorischen Neigung des Jungen. Gewiß kann ein Junge im Laufen und Springen innehalten, um die Mutter zu beschatten und sie bei jeder Bewegung und Geste zu beobachten. Bei manchen Jungen kann das Herumlaufen sogar völlig in Vergessenheit geraten; sie werden buchstäblich zum Schatten ihrer Mutter und bleiben ihr atemlos auf den Fersen, wenn sie von einem Zimmer ins andere geht. Doch bleibt die charakteristische Choreographie von Jungen das leichtsinnige Davonstürzen. Jungen sind viel entschlossener, dem Babyfänger zu entgehen.

Während das Mädchen dazu neigt, sich abwechselnd anzuklammern und loszureißen, verhält sich der Junge in der Krise der zweiten Geburt, als hätte er keine Wahl, als müsse er sich um jeden Preis aus der Gefangenschaft des Einsseins befreien. Er stürzt fort und erwartet, eingefangen zu werden, versucht aber mit aller Kraft, sich aus der Mutter Armen zu befreien, sobald sie ihn erwischt hat. Der Junge hätte gerne eine allgegenwärtige Mutter, die ihn automatisch rettet, wenn er seinen Körper leichtsinnig durch den Raum schleudert, die ihn aber nicht umarmt, sich nicht an ihn anklammert, keinen Besitz von seinem Körper ergreift und ihn nicht in die Leere des Einsseins stürzt. Die Gefahr, mit der Mutter zu verschmelzen, ist die größte Angst des Jungen. Für den Fall, daß er sich den Armen der Mutter überläßt, fürchtet er nicht nur den Verlust seiner Identität als eines eigenständigen Selbst, sondern auch den Verlust seiner Männlichkeit – seiner gerade erwachenden Geschlechtsidentität.

Wenn der Kampf um die Loslösung von der Mutter allzu anstrengend wird, was entweder daran liegen kann, daß die Mutter nicht bereit ist, ihren Besitzanspruch auf den Jungen aufzugeben, oder daran, daß keine idealisierbare Vaterfigur zur Hand ist, mag dem Jungen keine andere Wahl bleiben, als sich auszuliefern. Er wird zum Muttersöhnchen, zum Spiegelbild der Mama.

Der Sohn einer besitzergreifenden Mutter fährt etwas besser, wenn er einen Vater hat, mit dem er sich verbünden kann. Trotzdem mag sich sein Bild von Männlichkeit auf die Geringschätzung von Frauen und die Furcht vor ihnen gründen. Die Frau wird wahrgenommen als gefährliche Männerfängerin, deren ganzes Trachten auf Ergreifen, Vereinnahmen, Inbesitznehmen und Verschlingen gerichtet ist. Im entscheidenden Augenblick erotischer Hingabe werden sich solche Männer rasch freimachen, statt sich länger der Umschlingung des Einsseins auszusetzen. Während der Mann fortrückt, um die Grenzen seines männlichen Selbstseins wieder instandzusetzen, rückt die Frau näher, in der Hoffnung, den Gleichklang der Leidenschaft und das Verschmelzen zu verlängern. Die Choreographie der zweiten Geburt lebt fort im Kampf der Geschlechter: Die Frau wird abermals enttäuscht, während der Mann davon in Anspruch genommen ist, sich aus Umschlingung und Beherrschung zu befreien.

Väter spielen eine entscheidende Rolle in der Krise der zweiten Geburt. Selbst vor der Krise wenden sich Söhne wie Töchter dem Vater zu, weil sie eine Alternative zu den heftigen Leidenschaften des Mutter-Säugling-Dialogs suchen. Die besondere Anregung, die mit dem Vater assoziiert wird, läßt sich bereits im Alter von sechs Monaten beobachten. Wenn Säuglinge Trost und Beruhigung brauchen, wenden sie sich fast unvermeidlich der Mutter zu. Wenn es jedoch darum geht, zu toben und zu balgen, wird der Vater favorisiert. Er ist die Zentrifugalkraft, die Mutter und Kind aus dem Umkreis des Einsseins hinauszieht. Während der Krise sind seine Reaktionen auf die Tochter bzw. den Sohn und die Frau von *entscheidender* Bedeutung. Jetzt wird der Vater zur *männlichen* Alternative der *weiblichen* Mutter.

Mit achtzehn Monaten vermag das Kind die Bedeutung und Konsequenzen der Geschlechtsunterschiede nicht zu erfassen. Dazu braucht es ein ganzes Leben. Dennoch besitzen Männlichkeit und Weiblichkeit eine *gewisse* Bedeutung für das Kind, dessen Ich-Bewußtsein erwacht und dessen erotische Strebungen sich auf andere Menschen richten. Es besitzt auch genügend geistige Fähigkeiten, um Geschlechtskategorien aufzustellen und Mutter und Vater als Elemente verschiedener allgemeiner Kategorien zu erkennen. Darüber hinaus hat das Kind begonnen, erinnerbare Erfahrungen zu sammeln, die diesen Erkenntnissen entsprechen. Weiblichkeit ist verknüpft mit der Befriedigung von Körperbedürfnissen, mit Wohlbefinden und Trost; Männlichkeit mit der Lust an motorischer Erregung und Risiko. Außerdem wird das Geschlechtsszenarium der Familie das Mädchen veranlassen, sich in die Kategorie des Vaters einzuordnen. Die Anstöße dazu sind unmerklich, aber allgegenwärtig. Jedes Kind spürt, was ihm an Lust verboten und erlaubt ist und welche Formen der Spiegelung und Nachahmung gebilligt und mißbilligt werden. Verstärkt wird die kognitive Fähigkeit, andere Menschen zu kategorisieren und sich selbst in Geschlechtskategorien einzuordnen, durch die erotischen Strebungen des Kindes. Mit zwei Jahren hat das Kind gewöhnlich ein Empfinden dafür, welcher Elternteil Gegenstand welcher erotischen Strebungen zu sein hat.

Die Rolle des Vaters bleibt während der ganzen Kindheit entscheidend für das Bemühen des Kindes, zwischen Selbst und Mutter, Mutter und Anderem, Weiblichkeit und Männlichkeit zu differenzieren, sie ist jedoch von besonderer Wichtigkeit während der ersten drei Jahre, in denen Differenzierung das zentrale Geschehen des Lebens ist. Wenn auch das Fehlen des Vaters in den ersten drei Jahren für beide Geschlechter von Nachteil ist, so schadet es doch Jungen mehr als Mädchen.

Für den Jungen ist wesentlich, daß er seine Identität von der der Mutter abgrenzt. Die entscheidende Bewegung von der Mutter fort setzt bei Jungen früher ein als bei Mädchen. Gegen Ende des ersten Lebensjahres lassen Jungen bereits Anzeichen dafür erkennen, daß sie in Spiel und Körperbewegungen den Vater widerspiegeln. Zu Beginn des zweiten Jahres zeigen viele eine entschiedene Vorliebe für den Vater. Doch in Familien ohne Vater, in Familien, wo die Mutter einen passiven oder unterwürfigen Vater beherrscht oder wo der Vater abwesend und fern ist, hat der Junge große Schwierigkeiten, sich aus der spiegelbildlichen Eins-zu-eins-Beziehung mit der Mutter zu befreien. Einigen gelingt es nie. Sie mögen sich zwar später auf geistigem oder künstlerischem Gebiet behaupten oder sogar tapfere Soldaten und Sportler werden, doch bedeuten ihre Leistungen häufig eine spiegelbildliche Identifikation mit den besitzergreifenden Wünschen der Mutter oder den fortwährenden Kampf um Identitätsabgrenzung gegenüber Weiblichkeit.

Für den Jungen ist der Vater die Nicht-Mutter-Figur, die ist wie er selbst. Wenn auch enttäuscht, weil er seine infantile Allmacht und Größe aufgeben muß, kann der Junge doch danach streben, wie der Vater zu werden und dessen Macht zu erlangen. Dann wird er in der Lage sein, um die Mutter zu werben und deren Zärtlichkeit zu empfangen, ohne befürchten zu müssen, daß sie ihn vereinnahmen, demütigen oder besitzen wird. Der Junge verläßt sich auf die Gegenwart des Vaters in seinem Leben.

Das Mädchen entfernt sich nicht mit gleicher Entschlossenheit von der Mutter. Seine ausschließliche Bindung an sie dauert länger. Selbst wenn der Vater vorhanden ist, wird das Mädchen auch weiterhin ein Spiegelbild der Mutter bleiben. In der Regel reagiert das Mädchen auf den Vater nicht mit Nachahmung von dessen Verhalten. Für das Mädchen ist der Vater die faszinierendste Person außerhalb der Mutter-Säuglings-Sphäre. Mit acht Monaten wirft es dem Vater Blicke zu, die durchaus als Koketterie verstanden werden können. Seine Koketterie ist eine Mischung aus Furcht vor Fremden, Neugier und Sehnsucht. Mädchen haben größere Furcht vor Fremden als Jungen und reagieren sensibler auf Unterschiede und Diskrepanzen aller Art. Das Mädchen im Säuglingsalter wird auch in Familien, wo die Eltern sich alle Aufgaben der Kinderpflege von Anfang an geteilt haben, mit dem Vater kokettieren.

Die Bindung an den Vater erleichtert dem Mädchen die Enttäuschung seines Neuanfangs. Allmählich wird es herausgelockt aus der ausschließlichen Spiegelbildbeziehung zur Mutter. Er ist die Ergänzung für die Weiblichkeit des Mädchens. Die Gegenwart des Vaters lindert das Hin und Her im Konflikt mit der Mutter. Wenn das Mädchen seine besitzergreifenden Strebungen auf den Vater richtet, kann es wieder Zärtlichkeit und Trost bei der Mutter suchen. Ärger und Enttäuschung verlieren sich, wenn es spürt, wie sehr es vom Vater geschätzt wird. Es blüht auf im Licht von dessen liebender Bewunderung. Wenn das Selbstsein des Mädchens in der komplementären Beziehung zum Vater bestätigt wird, fürchtet es nicht mehr, sich zu verlieren, indem es wird wie die Mutter. Mit einem Vater in seinem Leben kann das Mädchen die Möglichkeiten weiblicher Identitäten außerhalb der ausschließlichen Beziehung zur Mutter erfahren. Weiblich sein heißt nicht, Mami zu sein.

Aber die Gegenwart des Vaters ist nicht genug. Der Vater muß eine *aktive* Rolle in der Choreographie von Mutter und Tochter, Mutter und Sohn übernehmen. Manche Väter neigen dazu, sich der Unruhe zu entziehen, ihr auszuweichen. Ihnen mißfällt der Lärm, den die erneute Abhängigkeit des Kindes und sein endloses Verlangen nach Aufmerksamkeit verursachen. Sie schlagen die Hände über dem Kopf zusammen und überlassen das Feld der Mutter. Vor allem kommt es nicht selten vor, daß der Vater der Mutter Vorwürfe macht, weil sie auf das inkonsequente und konfuse Verhalten des

Kindes ebenso inkonsequent und konfus reagiert. Wenn er sich entzieht, betrachtet er den Kampf von olympischen Höhen aus und hat nur Verachtung übrig für die Rohheit der ungezügelten Leidenschaften gewöhnlicher Mütter und gewöhnlicher Jungen und Mädchen.

Nach einem harten Tag »dort draußen in der wirklichen Welt« mag der Vater sich bereitwillig als mächtige, grundgute Alternative zur frustrierenden und enttäuschenden grundschlechten Mutter anbieten. Der Vater kann leicht die Rolle des schützenden Zufluchtsortes für erschreckte kleine Mädchen annehmen und den Sohn darin bestärken, Frauen gering zu schätzen und Männer zu unterstützen. Der Vater mag sich einfach außerstande sehen, Einfühlungsvermögen für seine Frau aufzubringen. In ihren gelegentlich heftigen und inkonsequenten Reaktionen auf den Trotz des Kindes wird er vielleicht den Aberwitz der eigenen Mutter wiederentdecken. Möglicherweise ist er der Sohn einer beschattenden Mutter, die ihn abwechselnd ins Einssein lockte und mit ihren tyrannischen Besitzansprüchen terrorisierte. Dann wird er Schwierigkeiten haben, zu begreifen, daß die neue Form von Aberwitz ihren Ursprung im inneren Aufruhr des Kindes und nicht in der Tyrannei und den Besitzansprüchen der Mutter hat. Oder der Vater hat eine Mutter gehabt, die seiner Sehnsucht nach Bewunderung, in der er sich hätte spiegeln können, und nach einer Möglichkeit zu emotionalem Auftanken die kalte Schulter gezeigt hat, eine Mutter, die nicht zugegen war, um seiner angsteinflößenden Allmacht Grenzen zu setzen. Für einen solchen Vater – der von seinen Kindern erwartet, daß sie eine vollkommene Wiedergabe dessen sind, was er einst war, was er ist oder was er gerne wäre – bleiben die nicht immer vollkommenen Reaktionen seiner Frau so wie das leidenschaftliche Anklammern und Davonlaufen seines Kindes absolut unverständlich. Ein Vater ohne Einfühlungsvermögen hält es für völlig logisch, in seiner Frau die Schurkin zu sehen. Wie für jedermann offensichtlich, reagiert das Kind auf ihn völlig vernünftig und führt sich verrückt nur bei der Mutter auf.

Das sind schlimme Monate für die Mutter, wahrscheinlich die schwierigsten der ganzen Mutterschaft. Manchmal wird sie vom Kind als Bedrohung wahrgenommen, und sie findet diese Auffassung von sich im mißbilligenden Blick ihres Mannes bestätigt. Da jeder Mensch in seinem Inneren Dämonen beherbergt, welche nur zu gerne in Erscheinung treten, kann die Mutter leicht zu dem teuflischen

Geschöpf werden, das alle Welt in ihr zu erblicken meint, wenn ihre ganz normalen Ausbrüche von Angst und Ärger nicht als das verstanden werden, was sie sind, nämlich eine Reaktion auf das widersprüchliche und befremdende Krisenverhalten ihres Kindes.

Mit passivem Zurückziehen oder überkritischer, arroganter Haltung gegenüber der Mutter erreicht der Vater beim Kind, daß es in der Mutter nur um so länger das gefährliche Geschöpf erblickt.

Versteht der Vater, was es heißt, eine Frau und Mutter zu sein, reicht seine Vorstellung von Mutterschaft über die Illusion von einem madonnen- und engelhaften Einsseins hinaus, bleibt er mit den Dilemmata von Einssein und Getrenntsein im eigenen Inneren in Fühlung, so wird er keine Angst haben, seiner Frau und seinem Kind in diesen schlimmen Monaten mit männlicher Zärtlichkeit zu begegnen.

Anspruch auf den Körper. Jede Phase der zweiten Geburt leistet ihren besonderen Beitrag zu den beiden wichtigsten Ursprüngen des Körper-Ichs – den Rhythmen von Spannung und Entspannung im Inneren und den Grenzen, die der neuen Welt zugekehrt sind. Die Wachstumsprozesse im Inneren des Kindes haben ihrerseits Richtung und Antrieb der Choreographie von Mutter und Kind bestimmt. Die schmiegsamen und sich versteifenden Körperhaltungen des Schoßkindes bereiteten es auf das Ausgreifen und Fortkrabbeln der Loslösung und der ersten Eroberungen vor. Es konnte dem Entfaltungsdrang nachgeben, der es mit der nötigen Energie versorgte, um mit Händen, Augen, Brust, Knien und Handflächen nach der neuen Welt auszugreifen, weil das unsichtbare Band die Verbindung zur Sicherheit des Heimatstützpunktes aufrechterhielt. Die unwiderstehlichen Wachstumsströme verwandelten schließlich das waagerecht krabbelnde Baby, das vom Zusammenspiel der Knie und Handflächen, der Augen und Hände lebte, in ein aufrecht fortgehendes Kind, das im Vollgefühl der Macht seines Körper-Ichs kühn gegen die Kanten der Welt prallen und sich durch die Weite eines freundlich gesonnenen Raums schnellen konnte. Es begann zu begreifen, daß sein Verständnis für die Welt des Raums in irgendeiner Beziehung zu den Positionen und Bewegungen des eigenen Körpers im Raum stand. Der aufrecht stehende Eroberer befestigte die Grenzen seines Körpers, spürte ihn als Objekt im Raum und fügte zu Spannung und Entspannung, Mut und Selbstvertrauen, Flattern und

Beben im Kern seines Körper-Ichs die triumphierende Hochstimmung hinzu.

Mit einem denkenden Geist gewinnt das Kind eine neue Körperwahrnehmung. Zur neuen Wahrnehmungsweise tragen die Wachstumsprozesse bei, welche die zuvor verschwommenen Rhythmen und Schwingungen im Kern seines Körpers in den deutlich und klar umgrenzten Drang verwandeln, der von Blase, Darm und Genitalien ausgeht. Das Kleinkind stellt fest, daß es den Drang kontrollieren kann, den eine volle Blase oder ein voller Darm verursachen. Es lernt auch, daß es sich intensive Lust verschaffen kann, indem es seine Genitalien stimuliert. Drang und Erregung von so klar umgrenzter Form fügen den Phantasien, Gedanken und sinnlichen Ich-Erfahrungen des Kindes eine bedeutsame Dimension hinzu.

Der denkende Geist verleiht dem Kind jedoch nicht sogleich das Vermögen, die Unterschiede zwischen innerem Drang oder Beben und den nach außen gezogenen Grenzen zu verstehen. Statt die Dinge zu klären, brockt die symbolische Fähigkeit dem unreifen denkenden Geist häufig nur neue Schwierigkeiten ein. Lange Zeit – mit Sicherheit einige Monate, manchmal auch viele Jahre lang – verwechselt das Kind seine Körperprodukte, etwa Urin und Kot, aber auch Tränen und Nasenschleim, mit Körperteilen wie Armen und Beinen. Wenn bestimmte Teile des Körpers abfallen, entleert werden oder verschwinden können, kann mit Armen und Beinen vielleicht das gleiche passieren. Manchmal wird inneres Angstbeben als Harndrang erlebt – oder umgekehrt. Das stock- oder ballähnliche Aussehen von Kot wird oft mit Penis, Hodensack oder Bauchnabel verwechselt. Der Drang vom Darm greift nicht selten auf die Genitalregionen über und verstärkt so die Verwechslung, die im kindlichen Geist zwischen Kot und Genitalien vorliegt. Mit der Symbolfunktion und einem Geist, der ein Ereignis mit einem anderen zu assoziieren vermag, kann ein Teil des Körpers für einen anderen, ein innerer Körperdrang für einen anderen Teil oder Drang des Körpers stehen. Die vage Erkenntnis, daß der geschwollene Bauch einer Schwangeren in irgendeiner Beziehung zu »ein Baby da drinnen haben« steht, kann die Empfindung von Darmdrang leicht in das Gefühl verwandeln, »ein Baby da drinnen zu haben«.

Das Kind fragt sich, welche Teile seines Körpers abfallen oder verschwinden können und welche bleiben. Das Ich-bewußte Kind setzt sich in seinen Phantasien und Als-ob-Spielen mit diesem Problem auseinander. Manchmal sind seine Auseinandersetzungen ganz direkt. So kann es zum Beispiel vor einem Spiegel stehen und ein Spielzeug um das andere zu Boden fallen lassen, während es seinen Körper prüfend mustert. Arme, Beine und Bauchnabel fallen nicht ab und zu Boden wie Bauklötze oder Puppen. Doch das ist für ein so tiefgreifendes Problem gewiß eine unzulängliche Lösung.

Kurz nach Beginn der Loslösung von der Mutter wollte das Kind seinen Körper selbst besitzen. Es wünschte sich ein aktives, kein passives Verhältnis zu seinem Körper. So ist jetzt das Festhalten und Loslassen der Produkte, die aus seinem Körperinneren kommen, eine Fortsetzung der grundlegenden Mutter-Kind-Choreographie von Anklammern und Fortstoßen, Beschatten und Davonlaufen, Festhalten und Loslassen.

Mit den neuen, drängenden Gefühlen in seinem Körperinneren wächst der Wunsch des Kindes, seinen Körper zu besitzen. Es ist verzweifelt. Gelegentlich hat es den Anschein, als ob sein gesamtes Selbstsein davon abhinge, den Besitzanspruch auf den eigenen Körper durchzusetzen, und jetzt schließt dieser Anspruch auch die Körperprodukte ein, einschließlich der Darmtätigkeit – jene Produkte, für die jedermann plötzlich so viel Interesse aufbringt. Wird das Kind der Kontrolle über den Inhalt seines Körpers beraubt, erschrickt es ebenso, wie wenn es die Kontrolle über sein Streben nach Selbstsein verliert. Nicht bestimmen zu können, wie und wann es Urin und Stuhl läßt, heißt entschieden, einen zentralen Aspekt des Ichs zu verlieren.

Das Kind braucht einige Monate, bevor es sicher weiß, daß seine Darmtätigkeit ihm gehört, daß es keinen Teil von sich und kein in seinem Inneren entstandenes Baby verloren hat, daß es seiner Eingeweide nicht verlustig gegangen ist, wenn der Druck im Inneren gewichen ist. Dem Druck nicht nachzugeben, ist angenehm, weil er das Gefühl hervorruft, innerlich angefüllt zu sein. Manche Kinder verhalten ihren Stuhl tagelang und nehmen lieber Verstopfung und schmerzhafte Darmtätigkeit in Kauf als die Angst, ausgeleert zu werden und einen kostbaren Teil des Selbst zu verlieren.

Je fester das Kind davon überzeugt ist, daß sein Körper tatsächlich ihm und niemandem sonst gehört, desto leichter wird es ihm fallen, seinen Stuhl zur rechten Zeit und am rechten Ort zu lassen. Dann heißt Loslassen, daß es dem geheimnisvollen Drang in seinem Inneren in gewissem Umfang Herr geworden ist. Obendrein hat es noch die Befriedigung, Mutter und Vater eine Freude zu bereiten, während es gleichzeitig etwas tut, das es tun möchte.

Das verzweifelte Bemühen des Kleinkindes, alle Teile seines Körpers in Besitz zu nehmen, verträgt sich nicht mit dem Gefühl, Objekt von Handlungen anderer zu sein. Es haßt es, nach seinem Geschäft angezogen, gewickelt oder abgewischt zu werden. Jede Einbuße an Macht oder persönlichem Besitz erschreckt und ärgert es. Andererseits wird die Gewißheit, daß sein Körper ihm gehört, die Lust am schrankenlosen Körpereinsatz wieder wachrufen. Es wird seine wagemutigen Erkundungen der physisch-räumlichen Welt wieder aufnehmen und keine Scheu haben, seinen Körper dazu zu verwenden, seine Ideen und Phantasien vorzuführen und darzustellen. Stolz auf das Eigentumsrecht an seinem Körper hilft dem Kind, die Tatsache seines Getrenntseins zu akzeptieren. Es gewinnt die Vorstellung, es könne möglicherweise auf eigenen Füßen stehen und gut zurechtkommen.

Eine beschattende Mutter hat kein Vertrauen in den Drang ihres Kindes, sich aus eigener Kraft zu entwickeln und von seinem Körper Gebrauch zu machen. Sie meint, sie müsse Darmtätigkeit und Genitalien wie den Rest des Kindes besitzen – wie seine Wörter, Phantasien, Vorstellungen, Spiele und Leistungen. Zwar kann eine solche Mutter die Sauberkeitserziehung ihres Kindes »an einem Tag« oder in ein paar Wochen erledigen, doch wird es dann gewiß nie das Gefühl haben, daß seine Darmtätigkeit ihm gehört. Vermutlich wird es von der Phantasie heimgesucht, daß seine Arme, Beine, Genitalien und selbst seine Phantasien von Mutter und Vater kontrolliert und beherrscht werden.

Lösung: Angst vor Liebesverlust ersetzt Angst vor Mutterverlust. Durch Neinsagen, Starrsinn, Haben- und Behaltenwollen, Zorn, gelegentliche Fast-Verzweiflung und durch Anspruch auf den eigenen Körper hütet sich das Kind davor, sich dem Anderen auszuliefern. Es muß erst die komplizierte Bedeutung von »Mein« und »Dein« verarbeitet haben, bevor es sich die Erfahrung von »Ich« und »Du« ganz zu eigen machen kann.

Die Krise wird abklingen. Doch muß man sich auch weiterhin auf Wutanfälle, Besitzgier, Starrsinn, Neinsagen, Trennungsreaktionen und Kämpfe um das Eigentumsrecht an Körper und Geist gefaßt machen. Solch Krisenverhalten wird an Häufigkeit und Heftigkeit abnehmen, wenn das Kind allmählich neue Lösungen für Wahrung der Unverletzlichkeit und der Grenzen seines Selbst findet.

Die niederschmetternden Ernüchterungen der Krisenzeit werden nicht durch neue Allmachtsillusionen ersetzt, sondern durch immer realistischere Formen der Selbsteinschätzungen und der Bewertungen von Macht und Wert anderer Menschen. Im Idealfall bewahrt das Kind seine Fähigkeit zur Illusion, während Allmachtsillusionen jedoch ihren Einfluß auf seine Auseinandersetzungen mit der konkreten Welt verlieren.

Je besser die Lösungen funktionieren, desto mehr verschlingen und beeinflussen sich die beiden Themen der zweiten Geburt. Der Entfaltungsdrang im Kind ist – wie schon immer – der Ursprung der aggressiven Triebkraft, welche das Kind unablässig dazu treibt, seine eigene Daseinssphäre in der Welt zu suchen. Das unsichtbare Band zwischen Mutter und Kind versorgt das Kind auch weiterhin mit dem Mut, aus seinem Streben nach Meisterung und Getrenntsein das Beste zu machen. Wenn das Kind auf die Haltbarkeit und Dehnbarkeit des Bandes vertraut, wird es weniger fürchten, seine aggressiven Strebungen könnten das Band zerreißen. Insofern ist die psychische Geburt von der physischen Geburt grundsätzlich verschieden. Während physische Geburt das Reißen von Verbindungen bedeutet, stärkt die psychische Geburt die Beziehung von Liebe und Bindung zwischen einem Kind und seinen Eltern. Je näher das Kind der idealen Distanz kommt und je sicherer es sich des eigenen Raums in der Welt wird, desto mehr werden oppositionelles Neinsagen und Starrsinn verdrängt von Jasagen und vom Wunsch, den Eltern zu gefallen. Indem es sich den Wünschen der Eltern fügt, findet es Zugang zu deren Raum. Nach wie vor wird es sie als mächtige Wesen empfinden, wird aber bei dem Versuch, seine Selbstachtung zu bewahren, die Widersprüche zwischen ihren und seinen Wünschen nicht als unüberwindliche Hindernisse erleben. Je weniger dem Kind die Probleme des Getrenntseins zu schaffen machen, desto besser kann es seine aggressiven Energien dazu benutzen, die Gefühle, Phantasien, die Sprache, das Gedächtnis, die Urteilsfähigkeit und die Lernfähigkeit zu erwerben, welche ihm ermöglichen, den Eltern zu gefallen und ihre Liebe und Billigung zu gewinnen.

Mit der psychischen Geburt wird die Angst vor dem tatsächlichen Verlust der Mutter durch die Angst ersetzt, die Liebe der Mutter oder des Vaters zu verlieren. Ob das Selbst als gut und zusammenhaltend erfahren wird, hängt jetzt nicht mehr von der konkreten Gegenwart eines Elternteils in der Welt ab, sondern von der billigenden oder mißbilligenden Gegenwart des Elternteils in den Phantasien und Gedanken des Kindes. Wenn es sich auch noch viele Jahre lang nach den konkreten »Jas« und »Neins«, »Tu dies« und »Laß das«, Äußerungen der Bewunderung und des Tadels, nach Erlaubnis und Verbot richten wird, wird das Kind diese konkreten Gegebenheiten doch allmählich in seinen persönlichen und besonderen Stil der Auseinandersetzung mit der Welt übersetzen.

Der Glaube des Kindes an seine Allmacht legt sich rasch nach der zweiten Geburt. An die Allmacht der Eltern glaubt es jedoch auch weiterhin, vor allem wenn es meint, etwas getan zu haben, das diese mißbilligen könnten. Noch einige Jahre lang wird diese Lebensauffassung, die grundsätzlich nach dem Prinzip von »alles oder nichts«,» grundschlecht oder grundgut« verfährt, ihren verfälschenden Einfluß geltend machen, wenn das Kind zu verstehen sucht, was es hört und sieht, was es tut und unterläßt. Wenn es sich schlecht vorkommt, meint es, ein grundschlechtes Ungeheuer von Kind zu sein, glaubt es, die Eltern hätten die Macht, es völlig zu vernichten. Es kann sich genauso verhalten, wie sie es von ihm erwarten – sogar besser, als sie es sich je erträumt hätten –, trotzdem kann ein zorniger Gedanke, ein aggressiver Akt der Selbstbehauptung im Kind die Vorstellung erwecken, es sei schlecht.

Wenn das Kind zornige Gedanken hegt »oder schlimme Dinge tut«, hat es keine Möglichkeit, einzuschätzen, wie schlecht es gewesen ist oder wie weit die Vergeltungsmacht der Eltern reicht. Deshalb ist es nicht ungewöhnlich, daß Zwei- oder Dreijährige plötzlich Angst vor Faschingsmasken, Tieren, Geschirrspülern und Staubsaugern zeigen. Diese unheimlich aussehenden und klingenden Dinge können plötzlich für die angsteinflößende Bestrafungsmacht der Eltern stehen. Wenn die Eltern sich streiten, hört sich ihr ganz normales Schreien häufig wie das Gekreisch und Gebrumm schrecklicher Ungeheuer an, die gewiß wegen der Schlechtigkeit im Inneren des Kindes solche Laute von sich geben. Umgeben von den wütenden Lauten vernichtender Bestrafung, wird das Kind von seiner Hilflosigkeit überwältigt. So gibt es am folgenden Tag vor, eine kreischende Hexe oder ein brummendes Ungeheuer zu sein. Verhält man sich wie das Ungeheuer, das vielleicht hinter einem her ist, ist man auf dem besten Wege, ebenso mächtig wie dieses zu werden und das Gefühl der eigenen Hilflosigkeit zu verringern.

Mit der zweiten Geburt ergreift das Kind von seinem Raum in der Welt Besitz. Aber es ist noch immer ein sehr kleiner Raum. Und obgleich es ein eigenständiges Selbst mit einer Identität ist, die nur ihm gehört, ist das Kind im Vergleich zu den Eltern nach wie vor ein hilfloses und abhängiges Wesen. Um den Eltern zu gefallen, muß es auf einige seiner am tiefsten sitzenden Wünsche verzichten. Das macht es in der Überzeugung, es werde, wenn es ihnen gefalle, eines Tages die unendliche Stärke und Macht erlangen, die es ihnen unterstellt. Es macht das, weil es befürchtet, es werde, wenn es ihre Liebe verliere, wieder zum demütigenden Alleinsein in der Welt verurteilt sein. So tut es anfangs die Dinge, die die Eltern seiner Meinung nach von ihm erwarten, ohne zu verstehen, *warum* sie es erwarten. Die zahllosen Warum-Fragen des Dreijährigen zeigen, wie er sich bemüht zu verstehen.

Allmählich wird das Kind begreifen, daß seine Eltern auch nur Menschen sind. Selbstvertrauen, Mut, Körperfreude, Stolz auf die eigenen Leistungen und das Gefühl, auf reale Weise zu den realen Geschäften des menschlichen Lebens beizutragen, helfen dem Kind, ein realistischeres Bild von den Eltern zu gewinnen. Doch immer, wenn ein Kind in demütigende Abhängigkeit gebracht wird, wird sein normaler und natürlicher Wunsch zu gefallen von der Angst vor dem Alleinsein vergiftet werden. Es wird dann ebenso mächtig und gefährlich sein wollen wie seine allmächtigen Unterdrücker. Wenn das Kind lange genug unterdrückt wird, kann es sein Leben lang ein Kind bleiben. Und selbst nachdem der Mensch sein eigenständiges Selbstsein erworben hat, kann er jederzeit wieder in die Situation des hilflosen Kindes zurückversetzt werden.

Schluß: Die Lebensform

In jedem Erwachsenen lebt das hilflose Kind fort, das Angst vor dem Alleinsein hat. Wenn die sozialen Lebensverhältnisse widrig und unmenschlich sind, ist der Erwachsene in der Welt allein wie ein hilfloses Kind. Selbst wenn vollkommene Babys und vollkommene Mütter möglich wären, würde sich nichts daran ändern.

Mütter, die ihren Kindern mit normaler Liebe und Hingabe begegnen, können nicht in einer Gesellschaft gedeihen, die sie zur demütigenden Erkenntnis zwingt, hilflos und abhängig zu sein. Wie das hilflose Kind, das ebenso mächtig und gefährlich zu sein versucht wie seine allmächtigen Unterdrücker, wird sich eine unterdrückte Frau vor der Demütigung und dem Schrecken des Alleinseins dadurch zu schützen suchen, daß sie ebenso gefährlich und tyrannisch wird wie ihre Unterdrücker. Bei dem Versuch, zu werden, wie ihre Unterdrücker sind, wird sich die Frau als Zielscheibe ihrer tyrannischen Tendenzen diejenigen Menschen aussuchen, die schwächer, hilfloser, abhängiger und verletzlicher sind als sie. Der Haß und der Neid einer Frau auf ihre männlichen Unterdrücker wird sich in ihrem Verhalten als Mutter widerspiegeln.

Das männliche Kind wird wegen seiner männlichen Vollkommenheit angebetet werden, jedoch in besitzergreifender Weise. Auch als Erwachsener wird ein solches Kind nie ganz sicher sein, seinen Geist oder Körper wirklich zu besitzen. Es wird das Gefühl haben, von seiner neidisch-anbetenden Mutter enteignet worden zu sein. Der Kreislauf weiblicher Unterdrückung wird verstärkt, wenn die Mutter sich von der Tochter abwendet, weil diese nicht die Eigenschaften verkörpert, welche die Mutter gern gehabt hätte, aber nie erworben hat. Wenn sich jedoch die Tochter um die ersehnten Eigenschaften bemüht, wird die Mutter einen solchen Ehrgeiz unmerklich zu vereiteln wissen. Emanzipierte Frauen, welchen es gelungen ist, den üblichen Fallen von Ehe und Mutterschaft auszuweichen, offenbaren ihre Identifikation mit dem Unterdrücker durch ihre hochmütige Verachtung für häusliche Frauen.

Auch ein Mann wird sich mit seinen Unterdrückern identifizieren. Wenn er als Kind unter einer besitzergreifenden und tyrannischen Mutter gelitten hat, wird er Frauen tyrannisieren und beherrschen. Sie sind für ihn gefährliche Männerfänger. Die Demütigung der gefährlichen Frau wirkt als Schutzschirm, der ihm den Blick auf die eigene Verletzlichkeit und Hilflosigkeit verstellt. In Gesellschaften, in denen politische Unterdrückung herrschte, haben gewöhnlich die Frauen am meisten Unterdrückung und Demütigung zu erleiden gehabt. Folter und die tägliche Drohung, vernichtet zu werden, sind das Los der Männer, die unter der Herrschaft des Schahs von Persien und seiner unbarmherzigen SAVAK leben. Im Iran wird die Frau vom Mann mit Vorliebe als sexueller Gebrauchsgegenstand behandelt, geschlagen, als Sklavin benutzt und verstoßen.

Ich habe gesagt, daß Frauen in Gesellschaften von Jägern und Sammlern nicht unterdrückt wurden, weil sich die Lebensformen natürlich ergaben und der Beitrag der Frauen dem der Männer gleichrangig war. Die Frauenarbeit war wesentlich für das physische Überleben der Stammesgruppe. Doch beruht diese Vorstellung auf Vermutungen, die anhand der wenigen überlebenden Gesellschaften von Jägern und Sammlern gewonnen wurden. Fest steht, daß Frauen auf die eine oder andere Weise seit 10 000 Jahren unterdrückt wurden, seit nämlich seßhafte, ackerbautreibende Gesellschaften die Lebensform von Sammlern und Jägern zu verdrängen begannen.

Seither hat es Zeitalter gegeben, in denen Frauen durch Verherrlichung unterdrückt wurden, und Zeitalter, in denen sie verachtet und verunglimpft wurden. Gewöhnlich war es eine Mischung von beidem. Doch erst mit dem Aufkommen der kapitalistischen Bourgeoisie, die den familiären Bereich von den gesellschaftlichen, wirtschaftlichen und politischen Bereichen abgespalten hat, hat die männliche Unterdrückung ihre heutige Gestalt gewonnen.

Mit dem Beginn der industriellen Produktion in großem Maßstab wurde die Arbeit, die bislang den Mittelpunkt des Familienlebens gebildet hatte, zur unpersönlichen Lohnarbeit. In Reaktion auf die rauhe Unpersönlichkeit der Maschinentechnologie zog sich die Familie auf sich selbst zurück. Sie wurde zum Zufluchtsort, wo die Menschen Schutz vor den entwürdigenden Verhältnissen des realen Lebens fanden. Die totale Häuslichkeit der Frau und ihre Isolierung von der Arbeitswelt der Männer wurde zur beschlossenen Sache, als Frauen an die Familie gefesselt wurden, um den Kindern jene humanen Werte zu vermitteln, die die Gesellschaft sonst nirgends mehr vertrat. Im Schutzraum der Kleinfamilie stand das Individuum an erster Stelle. Allmählich setzten sich die Wertvorstellungen des Individualismus durch: Eigeninteresse, Selbstdarstellung, Selbstverwirklichung, Selbstbewußtsein, persönliche Erfüllung und Unabhängigkeit. Es ist noch gar nicht so lange her, daß diese Werte mehr galten als Verantwortung oder Engagement für die Gesellschaft und die Welt im großen.

Da Mütter die Quelle alles Positiven in der Welt waren, wurden sie idealisiert und vor der entwürdigenden Sexualität der Männer beschützt. Mit der Sexualität ging man zu Prostituierten. In der Familie blieb sie ein Geheimnis, deren Mysterien es vor Frau und Kindern geheimzuhalten galt. Die viktorianische Familie, die man sich als ein »in einer unzulänglichen Welt aufgeschlagenes Zelt« vorstellte, wurde zur Brutstätte von Rivalität, Neid, Gier, Eifersucht, Selbstquälerei und Schuldgefühlen.

Je unmenschlicher die Gesellschaft wurde, desto mehr Wert legte man in der Familie auf Selbstverwirklichung und Individualität. Wenn auch das Kind schließlich dem Staat ausgehändigt wurde, damit er ihm eine Erziehung verpasse, die es auf die ihn erwartenden Unfreiheiten vorbereiten sollte, so zog die Familie ihren Schutzraum nur um so enger. Was ursprünglich ein Zelt war, das man zum Schutz gegen eine herzlose Welt aufschlug, wurde zu einer Festung aus Enge und Zwang, als man die Rechte der einzelnen Familienmitglieder gegenüber jedem anderen Familienmitglied abgrenzte. Der Graben zwischen dem guten familiären Bereich und der schlechten Außenwelt wurde breiter. Es vertieften sich die Widersprüche zwischen der familiären Begünstigung von Individualität und den emotional verkrüppelnden Fesseln, welche Mutter, Vater und Kinder aneinander banden.

Statt Zuneigung und Loyalität zu fördern, hat die intensive Nähe familiären Zusammenlebens nur noch mehr Spielarten von Isolierung und Alleinsein in der Welt hervorgebracht. In weniger als einem Jahrhundert wurden Individualismus und Engagement für das Gemeinwohl zu unvereinbaren Gegensätzen. Zum Glauben an Selbstverwirklichung erzogen, hat sich der Jugendliche heutzutage mit einer herben Enttäuschung abzufinden, wenn er seine ersten

Schritte in die Erwachsenenwelt hinaus tut. Aber Witz und Zynismus machen die Illusionen zunichte, die die Welt verbessern könnten. Wozu sind Illusionen in einer festgefügten, lieblosen, undurchschaubaren Welt nütze?

In der aufgeklärten und optimistischen Gesellschaft unserer Tage wird den Frauen sexuelle Erfüllung nicht mehr als Geheimnis vorenthalten. Sie wird als eines ihrer Grundrechte anerkannt. Die dramatischen Kämpfe zwischen den Geschlechtern ersetzen jene Form von Tyrannei, wie sie von der SAVAK praktiziert wird. Sexuelle Unterdrückung nimmt einen eher persönlichen Charakter an; die Demütigung und Isolierung, die sie schafft, ist individueller – und gegenseitig.

Ein Szenarium beschäftigt sich mit der Frau, die ihre sexuelle Unerfülltheit dem unvollkommenen, davonlaufenden, beneideten, beherrschenden Mann zum Vorwurf macht. Die nagende, unerfüllte Sehnsucht der Frau findet ihren Ausdruck im zänkischen, klagenden, quälenden, boshaften Dialog mit dem Mann. Sie beneidet ihn um seine Macht in der Welt und haßt ihn, weil sie das Gefühl hat, in liebloser, selbstsüchtiger Weise gedemütigt zu werden. Doch ist ein Mann, der seiner Arbeit entfremdet ist oder der andere Männer beherrscht und manipuliert, tatsächlich genauso machtlos wie seine Frau. Nur von Zeit zu Zeit lebt er in dem Wahn, Macht und Überlegenheit zu besitzen. Jene Männer, die in gottähnlicher Position andere kontrollieren, und die Männer, die kontrolliert werden, sind sich untereinander ebenso entfremdet wie ihren Frauen und Kindern.

Mit vierzig oder fünfzig erwacht der Mann aus seinem Wahn und entdeckt seine Ohnmacht. Er wird seinen Fall aus dem Stand der Gnade dem Unterdrücker in die Schuhe schieben, der am besten greifbar ist – und je schwächer der angebliche Unterdrücker ist, um so besser. Er blickt seine ständig zankende und klagende Frau an, und ihm wird plötzlich klar, daß er die besten Jahre seines Lebens mit eben jenem Unterdrücker vergeudet hat, vor dem er als Kind davongelaufen ist. Feindselig stehen sich Mann und Frau gegenüber und machen sich gegenseitig ihr vertanes Leben zum Vorwurf. Die Prophezeiung vom Alleinsein ist in Erfüllung gegangen.

Wo bietet sich dann die Hoffnung auf Partnerschaft, in denen Konstanz herrscht – Zuneigung, Loyalität, Kameradschaft, Bewunderung, Verständnis? Wo man sich hinwendet, gewinnt man den

Eindruck, daß sich persönliche und gesellschaftliche Verhältnisse verschworen haben, um alle Versuche, Einssein und Getrenntsein zu versöhnen, zunichte zu machen. Macht jedes Baby seine ersten Erfahrungen mit der neuen Welt in einer Partnerschaft mit einer unterdrückten Unterdrückerin? Ist seine Illusion von Harmonie und Ganzheit bloß eine Riesenenttäuschung? Und ist sein Kampf um den eigenen Raum in der Welt bloß eine andere Spielart derselben Riesenenttäuschung?

Wir haben gehört, daß die Konstanz noch nicht aus der Welt verschwunden ist. Sie wirkt in unseren Erbanlagen, im Gleichgewicht, das wir zwischen unserem Verlangen nach Bindung und Anschluß und unserem Drang nach Erkundung und Eroberung herstellen. Wir haben gehört, daß solches Gleichgewicht nicht von Geburt an unwandelbar gegeben ist und daß uns eine relativ günstige Lebensform die Gelegenheit bieten wird, die Probleme unserer zweiten Geburt zu verarbeiten.

Lebensformen sind gekommen und gegangen. Kulturen sind zu triumphalem Ruhm aufgestiegen, nur um unter dem Gewicht ihrer grandiosen Allmacht zusammenzubrechen. Bevor sie untergingen, haben sie die Versöhnung zwischen Einssein und Getrenntsein um irgendein Element bereichert. Sie überlebten so lange, bis ihre unzulänglichen Versöhnungsversuche in Unterdrückung erstickt wurden.

Wir wissen, daß der menschliche Dialog Eiszeitkatastrophe, Menschenraub und Massenvernichtung überlebt hat. Wir wissen, daß die Zhun/twasi – oder das »wahre Volk« – ihr Leben mit Jagen und Sammeln bestreiten, wie sie es schon immer getan haben. In ihrer Loyalität gegenüber Individuum und Gruppe und ihrer kenntnisreichen Achtung vor den tierischen und pflanzlichen Arten, mit denen sie in ihrer ökologischen Nische zu tun haben, haben die Zhun/twasi eine Lebensform bewahrt, in der einige unserer Möglichkeiten zum Gutsein beispielhaft vor Augen geführt werden.

Die Zhun/twa-Frau trägt ihren Teil zum Lebensunterhalt bei. Die Früchte und Beeren, die sie sammelt, machen mindestens 50 Prozent der Nahrung der Zhun/twasi aus. Sie ist an den politischen und wirtschaftlichen Entscheidungen beteiligt und genießt den gleichen gesellschaftlichen Status wie der Mann. Obgleich Töchter Spiegelbilder ihrer Mütter und Söhne Spiegelbilder ihrer Väter sind, sind die

Sozialisationsunterschiede von Jungen und Mädchen minimal. Der Mann kooperiert als Jäger mit anderen Männern. Jeder Mann kennt und schätzt die besonderen Fertigkeiten seiner Jagdgenossen. Was den Raumsinn und die Muskelkraft der männlichen Zhun/twasi angeht, so sind sie in dieser Hinsicht den meisten anderen Männern auf der Erde überlegen. Dennoch verhalten sich Zhun/twa-Männer Frauen, Kindern und anderen Männern gegenüber nicht aggressiv. Wenn es zum Streit kommt, gehen sich die Beteiligten aus dem Wege und schließen sich sogar eher einem anderen Stamm an, als zuzulassen, daß private Abneigung eine Lebensform stört, in der jeder sich auf die Loyalität der anderen verlassen können muß.

Von kühnen Jagdabenteuern abgesehen, unterbinden die Zhun/twasi jede Aggression. Einjährige graben mit Grabstöcken und mahlen mit Stößel und Mörser. Man ermutigt sie, große Insekten zu jagen und sie zu beißen. Zur spielerischen Rauferei älterer Kinder gehört das Schlagen mit einem Stock, vor allem wenn ein Kind das Tier spielt und ein anderes seinen Verfolger. Kinder schlagen kleinere Tiere wie Fliegen, Insekten und Eidechsen. Später werden sie so auf ihre Beute einschlagen, um sie ins Netz zu treiben oder um sie zu töten, nachdem sie sie mit vergifteten Speeren verwundet haben.

Die Wut des zweijährigen Zhun/twa richtet sich nicht gegen sich selbst. Er schlägt auf den Erdboden oder wirft Stöcke und Kieselsteine nach der Mutter. Er schlägt mit seinen kleinen Fäusten auf ihren Körper ein. Heiter wehrt die Mutter die Schläge ab, wohl wissend, daß sich der Sturm bald gelegt haben wird. Sie ist nicht ärgerlich oder nachtragend. Sie schüchtert das Kind nicht ein, indem sie ihm zürnt oder ihm den Zorn des Vaters androht. Autoritäres Verhalten wird von Erwachsenen beiderlei Geschlechts vermieden. Der Zhun/twa-Vater hat ein gelassenes Verhältnis zu seinen Kindern. Er erwartet, daß sie ihm folgen, verlangt aber keinen zeremoniellen Respekt und keine Ehrerbietung von ihnen.

Doch wissen wir auch, daß 1977 nur noch weniger als 5 Prozent der Zhun/twasi vom Jagen und Sammeln lebten. Die anderen sind seßhaft und leben als Halbsiedler in der Nähe der Ortschaften von Bantuhirten und europäischen Farmern. Anthropologen bezeichnen die neuen Zhun/twasi als Ackerbaugesellschaft und nennen sie !Kung, nicht mehr Zhun/twasi oder das »wahre Volk«. Die seßhaften !Kung-Gesellschaften zeichnen sich aus durch rigide Auffassung der Geschlechtsrollen, weitgehend unterschiedliche Sozialisation von Jungen und Mädchen, konkurrenzorientierte Lohnarbeit der Männer, Privatheit der Familien, welche herrschsüchtige Aggressivität der Männer gegenüber den Frauen und konkurrierende Machtstrategien beider Elternteile bei der Kindererziehung zu begünstigen scheint.

Schon nach zwei Generationen hat die dramatische Veränderung der Lebensform das Alter der ersten Menstruation und der ersten Schwangerschaft herabgesetzt und den Abstand zwischen den Schwangerschaften verringert. Jäger und Sammler glauben, daß der Fötus von einer Mischung aus Samen und Menstruationsblut gebildet wird, weshalb sie den Geschlechtsverkehr während der Menstruation vermeiden. Die Mutter stillt das Kind drei oder vier Jahre lang und empfängt selten in diesem Zeitraum. Seßhafte !Kung stillen ihre Kinder ein oder zwei Jahre früher ab. Und wie bei anderen seßhaften und Ackerbau treibenden Völkern besteht ihre Nahrung überwiegend aus Milchprodukten und Getreide. Man hat die früher einsetzende Menstruation der !Kung mit dem vermehrten Körperfett in Verbindung gebracht. Die Bevölkerung der !Kung nimmt rasch zu. Mit dem Alter steigt der Blutdruck der !Kung. Mangel an Eisen und Vitamin B ist nicht selten. Jäger und Sammler werden sechzig und gelegentlich achtzig Jahre alt, ohne unter den üblichen Alterskrankheiten zu leiden. Die alten Menschen der !Kung weisen bereits die Degenerationskrankheiten auf, die typisch für ältere Menschen in zivilisierten Gesellschaften sind.

Einige Jäger und Sammler haben weniger Glück gehabt als die seßhaften !Kung. Die Ik, einst Teuso genannt, wurden zur exemplarischen Verkörperung unseres menschlichen Hangs zu Gier, Neid, Mißtrauen und Alleinsein in der Welt. Einst streiften die Teuso durch das Kidepotal, das im Südosten vom Morungolegebirge, im Norden vom Didingagebirge und im Westen von den Niangeas begrenzt wird. Anfang der vierziger Jahre wurde ihnen die Hügelkette zwischen Kenia und Uganda sowie der Mount Morungole zugewiesen – die natürliche Grenze zwischen Uganda, dem Sudan und Kenia.

Wenngleich das Gebiet, in dem sie früher gelebt hatten, weder besonders fruchtbar noch leicht passierbar war, gab es stets genug zu essen. Die Teuso kannten ihr Land. Sie konnten sich frei bewegen und ihren Aufenthaltsort nach dem jahreszeitlichen Angebot von

Wildbret und Früchten bestimmen. Ihr Leben war in der für Kulturen von Jägern und Sammlern typischen Weise durch Loyalität in Familie und Gemeinschaft bestimmt. In ihrer Bewegungsfreiheit auf diese Hügelkette eingeschränkt und aus ihren traditionellen Jagdgründen vertrieben, waren die Ik rasch dem Verhungern nahe. Fortan stand die Lebensform der Ik unter dem Gesetz, daß jeder für sich selbst zu sorgen habe.

Die Ik verloren alle Hoffnung, allen Glauben an die Gegenseitigkeit von Liebe und Familie. Sie taten sich nur noch aus Eigeninteresse zusammen. Ihre sexuellen, ehelichen und Gruppenzusammenschlüsse nahmen einen vorläufigen und lieblosen Charakter an. Für Zuneigung und Vertrauen war kein Platz mehr. Die Blicke der Menschen wichen einander aus. Ein Ik mochte die Hände eines anderen betrachten, der Holz schnitzte, nie aber blickte er ihm mit Bewunderung in die Augen. Schnitt sich der andere jedoch beim Schnitzen, so lachte unser Ik fröhlich auf.

Bis zum dritten Lebensjahr wurde der Ik-Säugling von einer halbverhungerten, mißlaunigen Mutter gestillt. Das Stillen wurde mechanisch besorgt. Wenn die Mutter umherging, trug sie das Kind in einer Schlinge am Körper, setzte es aber sofort ab, wenn sie länger an einem Ort verweilte. Sie setzte es ab und kümmerte sich nicht mehr um es, manchmal einen ganzen Nachmittag lang. Es wird berichtet, daß so manche Ik-Mutter ihr Kind absichtlich an einem Ort ließ, wo es sehr gut einem Raubtier zum Opfer fallen konnte, und daß mehr als ein Baby von Leoparden gefressen wurde. Die Ik-Frauen, einschließlich der Mutter, die das mitbekam, warteten, bis der Leopard sein Mahl beendet hatte. Sie wußten, daß er sich bald schlafen legen und leicht zu fangen sein würde. Daraufhin wurde der Leopard getötet, gekocht und gegessen – ganz und gar, einschließlich des Babys.

Mit drei Jahren wurden Ik-Kinder entwöhnt, ausgesetzt und sich selbst überlassen. Sie waren erleichtert, wenn man sie aussetzte. Sie schliefen in behelfsmäßigen Unterkünften auf der nackten Erde und zogen in altersgleichen Banden umher. Sie lebten von Aas und schützten einander gegen ältere Banden, die den jüngeren häufig den Tagesfang abjagten.

In weniger als drei Generationen nahmen die Ik eine neue Lebensform an. Sie hatten einen Maßstab für Gutsein und auch ein Wort dafür. *Marang* hieß »gut«; *marangik* war das Wort für »Nahrung« oder »Besitz von Nahrung«. Ein »guter Mann« war ein *iakw anama-*

rang oder »der Mann mit einem vollen Magen«. Habenwollen war zu ihrer Lebensform geworden.

Die älteren Ik, die sich noch an die gute alte Zeit erinnern mochten, waren nicht überrascht, wenn ihnen von Söhnen, Töchtern und Enkeln Nahrungskrumen zwischen den Zähnen und unter der Zunge hervorgeholt wurden. Schließlich setzten sie sie aus, bevor sie Dinge wie Zuneigung und Achtung lernen konnten. Und wenn sie starben, sang niemand ihr Lob, zerriß niemand seine Kleider um ihretwillen.

Zwischen dem entsetzlich gefristeten Dasein der Ik und der edlen Lebensform der Zhun/twasi-Buschleute liegen die zahllosen Existenzweisen der Ackerbaugesellschaften, die auf das Zeitalter der Sammler und Jäger folgten und unseren noch jungen industriellen und nachindustriellen Gesellschaften vorangingen. Im Laufe vieler Generationen entwickelte jede Gesellschaft eine besondere Form der Beziehung zwischen dem Kind und der Familie, eine besondere Form des Gleichgewichts zwischen körperlichem Verlangen und emotionalen Wünschen auf der einen Seite und dem Verlangen nach menschlicher Bindung und Anschluß auf der anderen Seite. Viele dieser traditionellen Gesellschaften gibt es nicht mehr. Die noch erhaltenen wurden allmählich von unserer heutigen Lebensweise zerstört.

Die Balinesen sind ein friedliches und anmutiges Volk. Sie haben ihre Leidenschaften unter Kontrolle. Sie sind unbeschwert und ausgeglichen. In ihrem alltäglichen Verhalten kommt weder Feindseligkeit noch Aggressivität zum Ausdruck. Doch heißt es, daß Balinesen dazu neigen, ihren Groll in sich hineinzufressen und insgeheim zu nähren. Die Leidenschaft der Männer ist der Hahnenkampf. Die Frauen sind Klatschbasen. Männer wie Frauen zeigen einen leeren Gesichtsausdruck, ihr Blick ist »abwesend« – unbestimmt schauen sie aneinander vorbei.

Die normale Stimmung der Balinesen ist ein introvertierter Zustand, in dem die Geschehnisse in der Außenwelt nicht zu vollem Bewußtsein gelangen.

Die nach innen gekehrte Stimmung der Balinesen zeigt sich auch in ihrem Hang, in Trancezustände zu verfallen. Allerdings verlieren sie sich nicht vollständig in solchen Zuständen. Wenn sie in Trance geraten, ist ihr Blick noch abwesender als gewöhnlich, aber sie handeln wie kleine Kinder unter dem Einfluß von Wutanfällen, sie schreien nach Vater und Mutter und verlangen, auf der Stelle zufriedengestellt zu werden. Sie kreischen, daß sie nicht eher Ruhe geben würden, bevor man nicht ihre Wünsche erfüllt habe. Normalerweise ist solch gewaltsames Verhalten absolut tabu. Mit drei oder vier Jahren haben balinesische Kinder den typischen abwesenden Blick angenommen und alle heftigen Anwandlungen wie Wutanfälle, Zorn, Eigensinn und Kummer abgelegt. Sie sind friedlich geworden.

Wenn die balinesische Mutter ihr Baby stillt, ist sie in ihre graublaue, introvertierte Stimmung versunken. Sie ist abwesend. Bald nachdem das Baby laufen kann, wenn es sich zu behaupten beginnt und von den Eltern verlangt, seinen Wünschen mit Aufmerksamkeit zu begegnen, wird es von der unzugänglichen Mutter gefoppt. Sie lockt es, sich ihr zu nähern. Wenn es kommt, wendet sie sich spöttisch ab. Diese Aufeinanderfolge von Aufforderung und Demütigung ist mehr, als das Kind ertragen kann. Es bekommt einen Wutanfall. Obwohl auf solche Weisen die Annäherungsversuche des balinesischen Kindes ständig frustriert werden, kann es diese Choreographie von Annäherung, Mißachtung und Wut ein oder zwei Jahre beibehalten. Schließlich verliert es den Glauben, daß Wünsche je erfüllt werden.

Doch geht die Choreographie nicht ganz verloren. Immer wieder zeigt sie sich in Hahnenkampf, Klatschen, Trance und in den wunderbaren Trancetänzen, für die die Balinesen in der ganzen zivilisierten Welt bewundert werden.

Der Trancetanz *Barong*, der sich von Dorf zu Dorf unterscheidet und der persönlichen Improvisation viel Raum läßt, wird gewöhnlich getanzt, wenn die Drohung der Götter von einem Dorf abgewendet worden ist. Der Tanz ist dann ein festliches Ereignis. Gelegentlich findet er auch statt, wenn die Götter drohen. Dann dient er der Versöhnung, soll er das Unglück abwenden.

Obgleich der Tanz nach der männlichen Gottheit in Drachen- und Löwengestalt *Barong* heißt, ist die wichtigste Figur *Rangda*, die dämonische weibliche Gottheit. Die anderen Figuren sind *Barongs* Anhänger, die ihn im Kampf gegen *Rangda* unterstützen. *Barongs* Anhänger sind unmaskiert. Sie tragen Alltagskleidung und Schwerter, welche *Kris* heißen. *Barong* und *Rangda* sind maskiert und tragen die aufwendigen Kostüme, die Gottheiten geziemen. *Barong* ist mit einer riesigen Drachen-Löwenmaske versehen, die den ganzen

Körper des Darstellers verdeckt. Wenngleich *Barong* furchteinflößend aussieht, wird er in der Regel mit den Zügen einer ergötzlichen, freundlichen, liebenswerten Schutzmacht ausgestattet. Auch *Rangdas* Maske ist furchterregend: mit riesigen, hervortretenden, starrblickenden Augen, mit einer zungenähnlichen Ausstülpung des Mundes, die bis zu den Knien herabhängt, und einer wilden weißen Haarmähne, die über Schultern und Rücken fällt. *Rangda* ist abweisend und schrecklich.

Rangda erscheint im Tempeltor. Die Anhänger von *Barong* gehen zum Angriff über. Sie wendet sich ab und lockt sie so, sich ihr mit ihren *Kris* zu nähern. Plötzlich wendet sie sich ihnen zu, sie mit ihren hervortretenden Augen fixierend. Viele Male wiederholt sich diese Szene, bis schließlich die Anhänger von *Barong* den Zauberkräften von *Rangda* verfallen sind. Daraufhin überkommt sie der rituelle Trancetanz. Ihre Augen sind geschlossen oder blickleer; die Trancetänzer sehen sich an, ohne etwas »zu sehen«. Sie schreien wie Kinder, die wütend nach etwas verlangen; sie werfen sich auf den Boden, weinen und kreischen; sie flehen, daß man sich um sie kümmere. Wenn die Raserei ihrer Trance dem Höhepunkt zusteuert, stehen sie auf und wenden ihre *Kris* gegen sich selbst, wobei sie so heftig auf ihre Brust einstechen, daß aus dem Spiel oft genug Ernst wird und sie sich erhebliche Verletzungen zufügen.

Zum Schluß werden die Trancetänzer von *Barong* gerettet. Sie werden in dem schützenden Hafen seiner furchterregenden Maske geborgen und wieder zum Leben erweckt. *Rangda* wird verschont. Die Götter sind zufrieden. In das Dorf kehrt wieder Friede ein.

In der normalen Familie bleibt das Kind so lange an den Haushalt gebunden, bis es seine Reife dadurch ankündigt, daß es sich allmählich aus den intensiven Gefühlsbanden seiner Kindheit löst. Aber von dem erstgeborenen Sohn einer aristokratischen Radschput-Familie in Indien wurde erwartet, daß er mit neun oder zehn Jahren den ausgedehnten Familienverband verließ und erst zurückkehrte, wenn er die geistigen und gesellschaftlichen Voraussetzungen erworben hatte, die Familie zu leiten. Er schloß sich dann mit seiner Braut, gewöhnlich einer Frau, die er nie zuvor gesehen hatte, der Mutter an, die eine dominierende Rolle in der Familie spielte. Häufig waren dem Sohn auch die Ergebenheit und Treue, die er ihr schuldig war, wichtiger als die zärtliche Liebe zu seiner Frau.

Dabei verstand er es, die liebevolle Beziehung zu seiner Frau und sein Identitätsgefühl mit den Verpflichtungen gegenüber dem Familienkollektiv zu vereinbaren, das bis zu fünfhundert Mitglieder umfassen konnte: Bedienstete, Schreiber, Tanten, Onkel, Schwiegerväter, Schwiegermütter, Brüder, Schwestern und viele Kinder. Als Erwachsener fand der Radschput-Adlige gewöhnlich eine Möglichkeit, seine Identität gegenüber anderen wichtigen Menschen in seinem täglichen Dasein abzugrenzen. Obgleich seine Bindungen diffus waren und sich auf viele Menschen verteilten, war er durch seine Verpflichtungen mit allen verbunden. Seine Leidenschaften und Verlangen waren heftig und vielfältig.

Die indischen Radschput waren Krieger, die den ungehemmten Ausdruck ihrer Leidenschaften schätzten. Sie aßen Fleisch, tranken Alkohol und hielten sich Konkubinen und Tanzmädchen. Sie legten Wert auf Mut und Ehre und suchten diese Werte allen Familienmitgliedern einzupflanzen. Wurde ein Radschput-Krieger besiegt, erwartete man von seinen Frauen, daß sie ihre Treue durch *johur*, das Selbstopfer, bezeugten, statt sich in die Schmach der Gefangenschaft zu fügen.

Im Gegensatz zu den kriegerischen Radschputs war die Lebensform der gebildeten und die Dichtkunst pflegenden Brahmanen darauf angelegt, alle Leidenschaft zu überwinden. In ihrem Streben nach Reinheit wollten sie sich vom Verlangen befreien. Warmes Essen und Fleisch waren tabu. Gleiches galt für Sexualität, Zorn und Kummer. Wer rein war, wurde zum *bramachaya*, zum zweimal Geborenen, dessen Heiterkeit und Ganzheit mit Reduzierung des Selbst und Rückzug vom gefährlichen und vergiftenden anderen erkauft war.

In traditionellen japanischen Gesellschaften galt das Erwachsenenalter als Straße zum hohen Alter, in dem man die Freude der Jugend wiederfinden würde. Die japanische Auffassung vom Säuglingsalter war geprägt von der Einstellung zur Lebensform des Erwachsenen. Danach entwickelte das ideale Kind seine Individualität durch komplexe Wechselbeziehungen zu anderen Mitgliedern der erweiterten Familiengruppe. So würde es – wie man meinte – ein Erwachsener werden, der schließlich über die geistigen Voraussetzungen verfügen würde, sich über die Grenzen des Ichs hinwegzusetzen. Damit würde er dann der Idealvorstellung des hohen Alters entsprechen, dessen

Kennzeichen eine vollkommene Mischung aus *ki* und *kororo* war.

Die Eigenschaften *ki* und *kororo* (deren Ursprung im alten China liegt) definierten die japanische Lebensweise. *Kororo* ist das Herz, der Kern, das Wesen, das umfassende geistige Lebensverständnis. *Kororo* wird in der Brust lokalisiert, womit zum Ausdruck kommt, daß wesentliche Erkenntnis mehr als bloße Kognition ist. *Ki* äußert sich in den wachen und lebhaften Reaktionen auf die Erscheinungsformen der Außenwelt. *Ki* ist die Haltung, in der sich die Beziehung des Menschen zum praktischen, vernünftigen, greif- und spürbaren Alltag ausdrückt. Eine wache, disziplinierte Haltung ist Zeichen für eine ordentlich und gut geführte Alltagsexistenz.

Die geistigen Einsichten und universellen Wahrheiten von *kororo* werden durch die Pflichten und Rituale des Alltags bewirkt. Das *kororo* eines Gedichts, sein Wesen läßt sich nicht von der Lebenskraft des Dichters trennen, der es schuf. Durch *ki* wird das Heilige mit dem Profanen verknüpft. *Ki* ist das Verbindungsglied zwischen dem erdgebundenen Ich und der ewigen Wahrheit, die in seinem Kern beschlossen liegt.

Das moderne Christentum, das sich auf eine komplexe Mischung aus jüdischer, griechischer und römischer Überlieferung gründet, hegt eine weniger harmonische Auffassung von der Reife. Der ideale Christ verkörpert zwei schwer miteinander zu vereinbarende Eigenschaften: *Männlichkeit* und *Erwachsensein*. Der Begriff der Männlichkeit stammt aus der klassischen Antike. Ihr Ideal ist, das Leben nach den Grundsätzen des Absoluten und Statischen auszurichten. Das Wort »Erwachsener« kommt von »wachsen«. Erwachsensein ist also der Endpunkt eines Prozesses des Werdens, zu dem auch die Kindheit gehört. Männlichkeit ist der Erwerb absoluter und vollkommener Rationalität. Anders als Erwachsensein, das beiden Geschlechtern zugestanden wird, kann Männlichkeit nur Männern zuteil werden.

Betrachtet man die Kindheit vom Standpunkt der Männlichkeit aus, so ist sie ein chaotischer und widerspenstiger Zustand, den es zu unterdrücken gilt. Die Ideale der Männlichkeit sind verantwortlich für die christliche Unterdrückung von Sexualität, das Mißtrauen gegen Spontaneität, die Schuldgefühle, welche die Neigung zu niederen Dingen begleiten, und für die totale Trennung von Mann und Kind.

Die biblische Konzeption von Erwachsensein legt dagegen Wert auf das Kind, das in jedem Mann und in jeder Frau lebt. Gott schuf das Universum aus dem Chaos, aber er schuf Himmel wie Erde. Der furchtlose, gottgleiche Mensch fiel auf die ungewisse Erde, weil er zu fragen und zu erkennen wagte. Die Lebensform des christlichen Erwachsenen sieht vor, daß er die Herausforderungen des menschlichen Lebens annimmt. Der Erwachsene muß das Risiko suchen, um sich entfalten zu können. Der ideale Christ ist ein Pilgerfahrer, ein Wanderer, der ins Unbekannte aufbricht.

Vom Standpunkt des Erwachsenen gesehen, ist ein Mensch, der sich für den göttlichen Mittelpunkt der Welt hält, für ein gottgleiches Geschöpf, das sich nicht zu entwickeln und zu verändern braucht, närrischer als ein Narr und kindischer als ein Kind. Das Kind streckt die Hände vertrauensvoll nach dem Leben aus. Sein Vertrauen ist der Prototyp des Glaubens. Der erwachsene Christ muß erst seine vorgebliche Männlichkeit unter Beweis stellen, bevor er sich Glaube und Frömmigkeit zu eigen machen kann.

Bereits im Mutterleib, bevor das Baby noch seinen ersten Atemzug in der neuen Welt getan hat, ist es eingetaucht in eine »Lebensform«, die den Verlauf der zweiten Geburt und die spätere Möglichkeit zur Konstanz entscheidend beeinflußt. Und wenngleich jede Mutter ihrem Baby mit einer besonderen Bereitschaft zum Bemuttern und einer besonderen psychischen Vergangenheit begegnet, ist ihre Form des Mutterseins nie ganz die »ihre«. Auch in einer denkbar individualistischen Gesellschaft ist die Mutter festgelegt durch ihre Biologie, die sozialen Wertvorstellungen, mit denen sie aufgewachsen ist, und den Wert, den die Gesellschaft ihrer Rolle als Mutter beimißt.

Trotzdem werden sich Mutter und Kind, wie jede Gesellschaft ihre besondere Form findet, in besonderer und persönlicher Weise aufeinander zubewegen und voneinander fortstreben – worin begründet ist, daß jede neue Generation von der Hoffnung bewegt wird, die Verhältnisse zum Besseren verändern zu können. Obwohl unsere Vorstellungen von Vollkommenheit und der »rechten Form« unendlich vielfältig sind, hat es den Anschein, daß wir unsere Dämonen mit der ganzen Menschheit teilen. Viele Generationen sind erforderlich, um eine »rechte Form« auszuarbeiten. Aber in einer einzigen Generation kann eine Kultur vom Erdboden hinweggefegt werden. Eine vornehme Lebensform kann verschwinden, nichts zurücklassend als dämonische und antihumane Verhaltensweisen.

Manche Menschen behaupten, die dämonischen Tendenzen hätten triumphiert, unsere Möglichkeiten zu Humanität und Gutsein würden von der Erde getilgt werden. Sie sagen, nur das Engagement für das Gemeinwohl hätte uns retten können. Die Verwandlung von infantilem Habenwollen und Individualität in Besitzgier, Neid, Habsucht und ungezügelte Machtentfaltung habe das Interesse am Gemeinwohl vernichtet. Die Vergiftung unserer Erde sei so weit fortgeschritten, daß die Zeiger der Schicksalsuhr jetzt durch nichts mehr aufgehalten werden könnten. Wir ignorieren oder leugnen solche pessimistischen Einschätzungen unserer Situation. Oder wir tun sie ab als Zeichen für Desillusionierung und Zynismus, oder wir schicken uns in unser Verhängnis.

Die Jugend nimmt solche Urteile ernst. Viele junge Leute sind bemüht, sich auf irgendeine Weise für das Gemeinwohl einzusetzen. Andere dagegen betrachten mit hochmütiger Verachtung den desolaten Zustand des Planeten, den wir ihnen hinterlassen. Selbstgerecht lehnen sie alles ab, was er besitzt. Sie sagen, man müsse die Erde und sogar das Sonnensystem, in dem sie kreise, aufgeben. Sie glauben, das menschliche Leben werde in einem anderen Sonnensystem neu beginnen und überdauern. Den unendlichen Raum und die Möglichkeiten unendlicher neuer Welten vor Augen, werden sie den endlichen Welten, die aus der innigen Sphäre des menschlichen Dialogs hervorgehen können, keinen Glauben schenken. Zu ihrer *Star-Trek*-Mystik gehört, daß sie den menschlichen Verpflichtungen persönlicher Bindungen am tiefsten mißtrauen. Sie verstehen sich auch nicht einfach als Pilgerfahrer oder kühne Bezwinger des Mount Everest, sondern als allmächtige Eroberer des Universums. Bedingungslos und ohne sich durch die Gefahren schrecken zu lassen, die sie erwarten könnten, wenn sie sich über die Grenzen der Erde hinaus und in ihr heiliges Paradies hineinkatapultieren, verschreiben sie sich ihrem Jenseits.

Seine dritte Reise in die neue Welt brach Kolumbus plötzlich ab. Er floh zurück nach Haiti, zurück zum Heimatstützpunkt. Es heißt, er sei beim Anblick der strudelnd herabstürzenden Wassermassen des Orinoko vom Gefühl überwältigt worden, dem Garten Eden entgegenzufahren. Er habe geglaubt, der Strom fließe vom höchsten Punkt der Erde herab. Er meinte, er sei am Fuße des heiligen Berges, des Paradieses mit seinen verbotenen Geheimnissen, angekommen. In einem Brief an Ferdinand und Isabella beschrieb er seine Angst vor einer Fortsetzung der Fahrt. Sein Schrecken davor, das Paradies zu betreten, wurde noch durch einen anderen Schrecken gesteigert. Wäre es wirklich das Paradies gewesen, hätten sich damit die Erwartungen aller Autoritäten der alten Welt als irrig erwiesen. Kolumbus war bei seinen Reisen von der Annahme ausgegangen, daß die Welt rund sei wie eine »pelota muy redonda«. Als nun vor seinem geistigen Auge der Heilige Berg aufragte, stellte Kolumbus sich die Erde auf der einen Seite birnenförmig vor – »en la forma de una pera« – mit einem Stil, der zum Himmel aufwuchs. Er dachte sich diese Seite wie eine Brust mit der Warze – »una teta de mujer«. Hätte er seinen Weg fortgesetzt, wäre er allein gewesen. Er hätte die Karten und Theorien der alten Welt zerstört, wo alle gelehrten Autoritäten versichert hatten, die Welt sei eine vollkommene Kugel. So zögerte Kolumbus.

Nur ganz außergewöhnliche Menschen können die Isolation ertragen, die sich einstellt, wenn sie eine neue Welt entdecken, welche die alte auf den Kopf stellen könnte. Denn das Paradies einer neuen Welt – mag es rund oder birnenförmig sein, ein schwarzes Loch von Nichtsein, eine umflatterte, dicht bedeckte Bank der Galapagos-Inseln oder unser von Verboten, Wünschen und Strafen umflattertes Unbewußtes – ist immer eine Welt voll schrecklicher Erinnerung an unser Alleinsein, ein Zeichen dafür, daß wir allem Vertrauten entgleiten: unseren Orientierungszeichen, unseren Sicherheitsankern. Deshalb schaffen die meisten von uns – mit den gewöhnlichen menschlichen Fähigkeiten, die sie nun einmal besitzen – neue Welten auf gewöhnlichere Weise.

Wie Kolumbus machen auch wir Halt an der Grenze zu unserer neuen Welt. Wir zögern. Wir kehren zum Stützpunkt zurück. Wir zeichnen neue Karten. Wir versuchen die alte Geometrie mit der neuen Rechnungsart zu vereinbaren, die im Augenblick noch Vision ist. Mit klopfendem Herzen und bebender Angst legen wir unsere Route fest.

Eine Frau und ein Mann, die auf die Geburt ihres Babys warten, leben auf, wenn sie sich vorstellen, wie sie eine neue Welt in diesem neuen, ihnen gehörenden Menschen erschaffen werden. Er wird frei von ihren Schwächen und denen ihrer Eltern sein. Sehr häufig aber überwältigt sie nach der Geburt die Erkenntnis, welch schreckliche

Verantwortung es bedeutet, sich um ein reales Baby zu kümmern, das so verletzlich, so hilflos und so abhängig ist. In ihrer Enttäuschung meinen die Eltern, sie müßten einfach eine Enttäuschung für das Kind sein, müßten es mit ihren Dämonen, ihrer Schlechtigkeit und ihren persönlichen Schwächen plagen.

Es scheint so, als könnten wir uns noch so sehr bemühen, gut zu sein, ohne daß es uns gelänge, unsere Dämonen zu verbannen. Doch wenn wir uns klarmachen, daß absolutes Gutsein ebenso gefährlich ist wie absolutes Bösesein, lassen sich unsere Dämonen verwandeln, verwandeln in gewöhnliche menschliche Leidenschaften durch die gewöhnliche Zuneigung, die ein Mensch für den anderen empfindet. Als nicht ganz vollkommene Eltern geben wir unseren Kindern gerade genug von der Seligkeit des Einsseins, daß sie die vitalen Rhythmen des Getrenntseins entdecken können. Wir fördern den Mut ihres angeborenen Drangs, nach der Welt auszugreifen. Und wenn ihnen das Leben Gelegenheit bietet, die Themen ihrer zweiten Geburt zu verwandeln, werden sie sie gut zu nutzen verstehen. Ihre Illusionen werden ein Gegengewicht finden in der Erinnerung daran, wie kostbar ihnen die Erde in ihrer alltäglichen Gestalt war. Ihre Reisen werden sie nicht so weit fortführen, daß sie ihr Orientierungszeichen aus den Augen verlieren. Wenn sie von ihren eigenen Räumen in der Welt Besitz ergreifen, werden sie in ihrer Beziehung zur Erde Konstanz beweisen und sie vor skrupelloser Habsucht beschützen.

Bei Abschluß der zweiten Geburt befindet sich das Kind erst auf dem Wege zur Konstanz. Obgleich es ein erstes Verständnis für die Bedeutung von »Mein« und »Dein«, »Ich« und »Du« entwickelt haben wird, werden die komplexen Dilemmata von Einssein und Getrenntsein es den Rest seines Lebens begleiten. Die Krise wird abklingen. Die Versöhnung zeigt sich erst in Ansätzen.

Anmerkungen

In den Anmerkungen bringe ich meine Dankesschuld gegenüber Margaret Mahler zum Ausdruck, die als erste die Geschichte von Einssein und Getrenntsein in den Blick gerückt hat. Gäbe es nicht Mahlers Arbeiten über die Bedeutung der symbiotischen Ursprünge menschlicher Existenz und ihre Entdeckung des Prozesses von Loslösung und Selbstwerdung, hätte das vorliegende Buch nicht geschrieben werden können.

In den Anmerkungen gebe ich auch darüber Auskunft, wie sehr ich den vielen Psychoanalytikern, Kinderpsychologen, Anthropologen und Philosophen verpflichtet bin, deren Theorien und Beobachtungen mir halfen, die Bedeutung von Mahlers Arbeit in ihrem ganzen Ausmaß zu belegen und vor Augen zu führen. Da mein Hauptanliegen war, den *Geist* der inneren psychischen Kräfte zu vermitteln, von denen man meint, sie bestimmten die psychische Geburt des menschlichen Säuglings, wollte ich den Erzählfluß nicht unterbrechen, um auf die Kontroversen über einzelne Aspekte der von mir skizzierten Entwicklung von Säugling und Kind einzugehen. Sie werden in den Anmerkungen ausgeführt.

Ferner gibt es zahlreiche Passagen, wo sich der Leser wahrscheinlich fragen wird: »Woher wissen wir das?« Gewöhnlich werden in den Anmerkungen die Studien genannt, die diese Passagen belegen. Meist beruhen sie auf der Evidenz von Experimenten oder Beobachtungen. Andere sind in erster Linie theoretisch. In diesen Fällen gründet sich die Evidenz auf Schlußfolgerungen.

Vor allem führe ich in den Anmerkungen einige der lebendigen Zeugen für meine Darstellung eines *prototypischen* Prozesses an. Wer bereits weiß, was es heißt, ein Baby oder ein Elternteil zu sein, wird sich in den Hauptteilen der Erzählung erkennen. Dessen ungeachtet könnte unmöglich irgendein Kind, irgendein Vater oder irgendeine Mutter bei der zweiten Geburt dem von mir beschriebenen

Prototyp in allen Einzelheiten entsprechen.

Aus all diesen Gründen halte ich die Anmerkungen für eine wesentliche Ergänzung der eigentlichen Darstellung, nicht nur als eine Bibliographie oder eine Zusammenstellung von Literaturverweisen, wie sie wissenschaftlicher Tradition entsprechen. Deshalb seien die Anmerkungen dem Leser nachdrücklich ans Herz gelegt.

1 Konstanz: Innerer Zusammenhalt – Versöhnung von Einssein und Getrenntsein

Die meisten Gedanken dieses Kapitels haben ihren Ursprung in meinem Artikel »Object Constancy in the Light of Piaget's Vertical Décalage« (*Bulletin of the Menninger Clinic*, Bd. 36, 1972). Dieser Artikel und dieses Kapitel stehen unter dem Einfluß der Schriften von M. Mahler, F. Pine und A. Bergman, insbesondere *The Psychological Birth of the Human Infant* (New York: Basic Books, 1967) – deutsch: *Die psychische Geburt des Menschen. Symbiose und Individuation*. (Frankfurt a. M.: S. Fischer 1978), sowie der Arbeiten von Jean Piaget. Wichtigste Quelle unter den Schriften Piagets waren: Sechs psychologische Studien (in: *Theorien und Methoden* der modernen Erziehung, Wien: Molden, 1972); *Nachahmung, Spiel und Traum* (Stuttgart: Klett, 1975); und *Psychologie der Intelligenz* (Zürich: Rascher, 1948; 5. Aufl. Olten: Walter, 1972).

Den Terminus »Objektkonstanz« hat Heinz Hartmann 1952 eingeführt, und zwar in seinem Artikel »The Mutual Influences of Ego and Id« (in: *Essays on Ego Psychology*, New York: International Universities Press, 1964; deutsch: Ich-Psychologie. Studien zur psychoanalytischen Theorie, Stuttgart: Klett, 1972.) Fast zwei Jahrzehnte lang blieb Hartmanns Formulierung von der Objektkonstanz bei Psychoanalytikern anerkannt. Allerdings waren sie sich über die Bedeutung dieses Phänomens und den Zeitpunkt seines Auftretens in der Entwicklung ganz und gar nicht einig. Ein verbreiteter Irrtum war es, den psychoanalytischen Terminus »Objektkonstanz«, der eine emotionale Variable bezeichnet, mit Piagets »Objektpermanenz«, einer kognitiven Variable, zu verwechseln. In dem genannten Artikel aus dem Jahre 1972 habe ich gesagt:

»In diesem Artikel wird ein Konzept von Objektkonstanz – desgleichen von Gedächtnis – vorgeschlagen, das sich in seinem Aufbau nach verschiedenen Organisationsstufen richtet. Dabei muß Objektkonstanz in aufeinanderfolgenden Entwicklungsphasen in jeweils komplexerer und integrierterer Form immer wieder neu erworben werden. Der Erwachsene trägt also eine Hierarchie von Objektkonstanz-Stufen in sich, woraus folgt, daß Objektkonstanz keine Entwicklungsphase ist, sondern eine Begleiterscheinung der wichtigen Entwicklungsschritte, die der Mensch im Laufe seines Lebens in seinen Objektbeziehungen vollzieht. Mit diesem Ansatz möchte der Artikel auch dem Dialog zwischen Psychoanalyse und Piaget eine andere Richtung geben als bisher.« (S. 323)

Ungeachtet dieser Feststellung teile ich Mahlers Auffassung, derzufolge emotionale Konstanz ein Aspekt der vierten Phase von Loslösung und Individuation darstellt. Wie Mahler, Pine und Bergman deutlich machen, hat das normale dreijährige Kind erst einen gewissen *Grad* von Objektkonstanz erreicht – die Phase ist zeitlich unbegrenzt; Individualität wie Objektkonstanz werden im Laufe des ganzen Lebens bereichert. Reife Objektkonstanz heißt, daß ein Liebesobjekt »nicht abgelehnt oder ausgetauscht wird, wenn es keine Befriedigung mehr zu bieten hat ...« (S. 110).

Auf die Konsequenzen des Übergangs von einer autoritären zu einer individualistischen Familienstruktur sind viele Autoren eingegangen. Ich habe mich auf Therese Benedeks Artikel »Fatherhood and Parenting« bezogen, der erschienen ist in: *Parenthood: Its Psychology and Psychopathology*, herausgegeben von E. James Anthony und Therese Benedek (Boston: Little, Brown and Company, 1970).

Bei der Beschreibung der Spaltung habe ich mich in erster Linie an den Schriften von Otto Kernberg orientiert, besonders an seinem Aufsatz »Borderline Personality Organization« (*Journal of the American Psychoanalytic Association*, Bd. 15, 1967).

Mahler beschreibt die »Spaltung« beim Kleinkind wie folgt:

»Ein Abwehrmechanismus, der sich häufig in der Phase der Wiederannäherung findet (sobald ein gewisses Maß von Ich-Entwicklung vorliegt); das Kind hat Schwierigkeiten, zugleich Liebe und Haß gegenüber ein und demselben Menschen zu empfinden. Liebe und Haß bleiben unvermischt; die Mutter wird abwechselnd als gut und schlecht erlebt. Eine andere Möglichkeit ist, daß die abwesende Mutter als grundgut empfunden wird, während andere grundschlecht werden. Das Kleinkind kann also Aggression auf die Nicht-Mutter-Welt verschieben, während es die Liebe zur abwesenden, herbeigesehnten Mutter übertreibt (Überidealisierung). Bei der

Rückkehr zerstört die Mutter das Idealbild. So ist die Wiedervereinigung mit ihr oft schmerzlich, da die synthetische Funktion des Kleinkinds die Spaltung noch nicht kitten kann. In den meisten Fällen wird mit fortschreitender Entwicklung des Ich die allmähliche Synthese von ›grundgut‹ und ›grundschlecht‹ möglich.« (S. 292f.)*

Der Gegensatz zwischen anklammernder Liebe und narzißtischer Liebe ist einem Aufsatz von Sigmund Freud aus dem Jahre 1914 entnommen: »Zur Einführung des Narzißmus« (G.W., Bd. 10, S. 137). Freud schildet zwei Formen der Liebe, die er als *Anlehnungstypus* und *narzißtischer Typus* bezeichnet. Interessanterweise meinte Freud, die narzißtische Form sei typisch für Frauen und der Anlehnungstypus kennzeichnend für Männer. Zahlreiche Forscher, einschließlich meiner selbst, würden die Situation heute umgekehrt sehen. Trotzdem tritt kein Liebestypus in reiner Form auf. Einer ist stärker betont als der andere, jeder Mensch findet sein besonderes Gleichgewicht zwischen beiden. Selbst wer eine Spaltung herbeiführt, repräsentiert nicht den einen oder den anderen Typus in reiner Form. An späterer Stelle des Buches erörtere ich die Unterschiede zwischen beschattender Liebe (dem anklammernden, besitzergreifenden Typus) und davonlaufender Liebe (dem distanzierten, narzißtischen Typus). Abermals gilt, daß beide Typen nicht in reiner Form vorgefunden werden. Ich habe die Metaphern von Beschatten und Davonlaufen so ausgeweitet, um die Spannweite außerordentlich komplexer Fragen zu vermitteln.

Der Begriff vom wirklichen Kind und vom Phantasiekind stammt aus Therese Benedeks Artikel »The Family as a Psychologic Field« in *Parenthood.*

Die Formulierung »Liebesaffäre mit der Welt« ist einem Aufsatz von Phyllis Greenacre entnommen: The Childhood of the Artist: Libidinal Phase Development and Giftedness« *(The Psychoanalytic Study of the Child,* Bd. XII, New York: International Universities Press, 1957). Die meisten Gedanken über die Beziehung des Künstlers zur Welt und über seine besondere Gestimmtheit sind Greenacres Aufsatz verpflichtet. Allerdings hat Mahler als erste den Triumph und den Überschwang des aufrecht stehenden Kleinkindes als Liebesaffäre mit der Welt gekennzeichnet. Vergleiche auch die Anmerkungen zu Kapitel 5, vor allem zu Lewin und Balint.

---

* Alle Mahler-Zitate stammen aus *The Psychological Birth of the Human Infant* (New York: Basic Books, 1967).

Die *Nature Morte* ist meine Auslegung eines Stillebens von Cézanne (um 1895).

Die Geschichte von Gabriel ist meine Wiedergabe der »Toten«, der letzten Erzählung aus den *Dubliners* von James Joyce. Man hat die Vermutung geäußert, Gabriel Conroy sei, was James Joyce geworden wäre, wenn er in Irland geblieben wäre – kein Künstler im Schwebezustand, sondern ein gewöhnlicher Mensch, gelähmt von den Routinen eines gewöhnlichen Lebens.

Eine Mahnung zur Vorsicht: Obgleich ich in diesem Kapitel mehrfach darauf hingewiesen habe, sei es noch einmal betont. Im Leben des Erwachsenen sehen wir nur die Abbilder, hören wir nur die Echos der zweiten Geburt. Es ist wichtig, daß der Erwachsene mit dem Kind, das er in sich trägt, in Fühlung bleibt; doch kann und darf erwachsenes Verhalten nie auf seine Kindheitsursprünge zurückgeführt werden. Wir finden im Erwachsenen die vielschichtigen Aspekte von Säuglingsalter, Kindheit, Adoleszenz und späterem Leben. Die zugrunde liegende Bedeutung des Erwachsenenlebens ist vielfältig determiniert und umschließt auch die Beziehung der Gegenwart. Gleiches gilt von kindlichem und adoleszentem Verhalten. Nur insoweit die Choreographie und die Rhythmen der zweiten Geburt allen Menschen gemeinsam sind, läßt sich sagen, daß diese Ereignisse auch wirklich stattgefunden haben. Wie sie stattfinden, wird jeweils persönlichen und besonderen Bedingungen unterliegen, und auch wie sie im späteren Leben neu verstanden und wiedererlebt werden, wird von solchen persönlichen Bedingungen abhängen. Entsprechend handelt es sich um Metaphern, wenn ich von »Losreißen« und »Rückkehr zum Heimatstützpunkt« schreibe. Die Choreographie kann sich im Geist abspielen – was auch meist der Fall ist. Der Mensch muß den Heimatstützpunkt nicht wirklich verlassen und zu ihm zurückkehren, um die emotionalen Erlebnisse der zweiten Geburt zu haben. Es ließe sich sogar fast sagen, daß Ich-Entfaltung und Selbstverwirklichung nur im Geist geschehen können. Vielleicht ist es symptomatisch für unsere Zeit, daß die Menschen sich gezwungen fühlen, die Themen ihrer zweiten Geburt zu agieren, statt sie innerlich zu erleben. Deswegen diese Mahnung zur Vorsicht.

Die Anfänge: Im Zwischenreich

In der psychoanalytischen Literatur hat man die ersten vier bis sechs

Wochen des menschlichen Lebens als die *normale* autistische Phase bezeichnet. Manche Kritiker waren der Meinung, der Ausdruck »autistisch« sei schlecht gewählt als Bezeichnung für einen normalen Entwicklungsschritt, da er zu leicht mit der extremen Pathologie des autistischen Kindes in Verbindung gebracht werde. Der Terminus bezeichnet jedoch die ganz normale Insichgekehrtheit des Neugeborenen. Hören wir, wie Mahler, Pine und Bergman diese Phase beschreiben:

»Während der ersten Wochen extrauterinen Lebens, in denen das Neugeborene oder der Säugling als nahezu rein biologischer Organismus erscheint, sind seine Instinktreaktionen von Reflex und Thalamus bestimmt ... Die Libidosituation ist vorwiegend viszeral, ohne Unterscheidung zwischen innen und außen, belebt und unbelebt.« (S. 290)

Mit unserer wachsenden Kenntnis von den ersten Lebenswochen und -monaten erkannten Mahler und ihre Mitarbeiter, daß die normale autistische und symbiotische Situation relativ ist:

»Obgleich das Kennzeichen der autistischen Phase ist, daß eine Besetzung durch externe Stimuli so gut wie ganz ausbleibt, heißt das nicht, daß gar keine Reaktionen auf externe Stimuli erfolgen können. Neben anderen haben Wolff (1959) und Fantz (1960) eine solche Reaktionsbereitschaft beim Säugling eindeutig nachgewiesen. Wolff beschreibt darüber hinaus die flüchtigen Zustände ›wacher Inaktivität‹, in denen solche Reaktionen am wahrscheinlichsten sind. Diese flüchtige Bereitschaft, auf externe Stimuli zu reagieren, sorgt für die Kontinuität zwischen der normalen autistischen Phase und späteren Phasen.« (S. 43)

In den letzten fünfzehn Jahren hat die Methodologie der Säuglingsforschung eine Revolution erlebt. Da beim Säugling die Koordination von motorischer Aktivität und Verhalten anfangs nicht weit genug entwickelt ist, um zuverlässige Information darüber zu geben, worauf er seine Aufmerksamkeit richtet oder was er wahrnimmt, neigten Wissenschaftler vor dieser methodologischen Revolution zu der Annahme, es sei unmöglich, die Wahrnehmung des Säuglings zu untersuchen. Anfang der sechziger Jahre begannen einige Wissenschaftler jedoch eine Reihe von einfallsreichen Verfahren zur Untersuchung der Wahrnehmung bei Säuglingen zu entwickeln. So erfährt die Öffentlichkeit jedes Jahr von neuen, erstaunlichen Dingen über die Fähigkeit, Objekte mit den Augen zu folgen, und über die visuelle und auditive Diskrimination bei Säuglingen im Alter zwischen einer Woche und zwei Monaten. Ein Forscher auf dem Gebiet der Säuglingsentwicklung, T.G.R. Bower aus Schottland, hat in seinem Labor sogar nachgewiesen, daß Säuglinge bereits wenige Wochen nach der Geburt zur Nachahmung von Gesichtsausdruck und zur Unterscheidung zwischen zwei- und dreidimensionalen Objekten fähig sind. Ein unlängst durchgeführtes Experiment von Andrew N. Meltzoff und N. Keith Moore – »Imitation of Facial and Manual Gestures by Human Neonates« (*Science*, 7. Oktober 1977) – scheint Bowers Behauptungen über die Nachahmungsfähigkeit von Neugeborenen zu bestätigen. Das rechtfertigt jedoch nicht, diese Befunde als Beleg für eine »differenzierte Wahrnehmungsfähigkeit« oder für ein »abstraktes Vorstellungssystem« beim Säugling anzusehen. Vernünftiger ist die Annahme, daß diese Nachahmungen bei Neugeborenen durch reflektorische oder angeborene Auslösemechanismen bewirkte Verhaltensweisen sind.

Im Anschluß an diese brandneuen Forschungsarbeiten über die Entwicklung im frühesten Kindesalter haben einige Wissenschaftler die psychoanalytische Beschreibung der normalen autistischen und symbiotischen Phase in Zweifel gezogen. Nun gibt es jedoch, wie Mahler und ihre Mitarbeiter deutlich gemacht haben, in der normalen autistischen Phase Evidenz für Symbiose und entsprechend in der normalen symbiotischen Phase Evidenz für Ausschlüpfen und Differenzierung. Wenn Psychoanalytiker von normalem Autismus und normaler Symbiose sprechen, so meinen sie die Hauptrichtung, der die Aufmerksamkeit des Säuglings folgt. Diese geht während der autistischen Phase nach innen und beschränkt sich während der symbiotischen Phase auf die Sphäre von Mutter und Säugling. In keiner der beiden Phasen handelt es sich um eine absolute Aufmerksamkeitsverfassung. Noch einmal sei festgestellt, daß sich durchaus Variationen unter Neugeborenen beobachten lassen. Einige sind von Anbeginn wacher und explorationsorientierter. Trotzdem wird jedes normale Neugeborene zumindest relative Phasen von normalem Autismus und normaler Symbiose durchlaufen. Wie in allen Phasen, welche in diesem Buch beschrieben werden, gibt es erhebliche Überschneidungen zwischen einer Phase und der nächsten und erhebliche Variationen zwischen einem Säugling und dem anderen, einem Mutter-Säuglings-Paar und dem anderen.

Als die jüngsten Laborbefunde von den erstaunlichen Leistungen, zu denen Wahrnehmung und Bewußtsein von Säuglingen fähig sind, über Fernsehen und Publikumszeitschriften die Öffentlichkeit erreichten, fühlten viele Eltern sich bemüßigt, ihre Babys mit Anregung zu füttern. Möglichst früh sollten sie ausgreifen, Objekte mit den Augen folgen, sie ins Auge fassen und unterscheiden. So wird der Säugling seines biologischen Rechts beraubt, seine Aufmerksamkeit eine Zeitlang nach innen zu kehren, um dann in der Seligkeit des Einsseins mit der Mutter aufzugehen. Diese Situation scheint besonders häufig in Mittelschichtsfamilien mit Mobilität nach oben vorzuliegen. Die Folgen einer so unnatürlich frühen Stimulation sind noch unbekannt.

Die Rolle der Mutter. Wenngleich ich hier von den Phantasien des »ersten Zusammenseins« spreche, werden der Mutter oft erst ein paar Wochen oder Monate nach der Geburt ihre Phantasien zu Bewußtsein kommen. Vielen Müttern machen die physischen Nachwirkungen der Entbindung zu sehr zu schaffen, als daß sie sich mit ihrer Phantasie beschäftigen könnten. Sobald diese Mütter sich vergewissert haben, daß das Neugeborene »intakt« ist, wenden sie sich ihrer eigenen körperlichen Verfassung zu, besonders wenn die Geburt nicht gerade leicht verlaufen ist.

Die werdende Mutter. Die Vorstellung, daß die Mutter durch ihre Phantasien aus ihrer herkömmlichen Funktionsweise herausgelöst wird, ist entnommen dem Aufsatz »Does the Neonate Shape his Environment?« von T. Berry Brazelton; in: *The Infant at Risk* (New York: Intercontinental Medical Book Corporation, 1974).

Die hormonalen Einflüsse, die die kindlichen Haltungen von Empfangen und Festhalten wiederbeleben, die Vorstellung von einem normalen vegetativen Zustand, die Anregung hoffnungsfreudiger Phantasien, die Sequenz von Deprivation, Selbsthaß und extrem negativem Selbstbild, die Vertiefung der Beziehung zwischen Mann und Frau durch gemeinsames Träumen und die Phantasien, die das noch ungeborene Kind in das Dreieck Mutter-Vater-Kind einbeziehen – all das stammt aus dem Aufsatz »The Psychobiology of Pregnancy« von Therese Benedek (in: *Parenthood*).

Benedek gibt die Beziehung zwischen Hormonen und Schwangerschaftseinstellungen zwar grundsätzlich richtig, aber doch etwas vereinfacht wieder. Auch Androgene, die viele Menschen ausschließlich mit Männlichkeit assoziieren, spielen in der Schwangerschaft eine Rolle. Östrogene und Androgene sind in Männern wie

Frauen vorhanden. Der Unterschied liegt nur in ihrem Verhältnis zueinander. Das Hormon Oxytocin ist ebenfalls von beträchtlicher Bedeutung für die Schwangerschaft, desgleichen für Koitus, Empfängnis und Geburt. Oxytocin regt die Uteruskontraktionen an, welche die Spermien zum Ei befördern, und es regt die Kontraktion während der Geburt an. Eine exzellente Zusammenfassung der jüngeren Forschung über die Zusammenhänge zwischen Hormonen und Verhalten gibt Alice Rossis Artikel »Biosocial Perspective on Parenting« in: *The Family*, Frühjahrsheft 1977 von *Daedalus*, der Zeitschrift der American Academy of Arts and Sciences. Hören wir Rossi:

»Bis zu den fünfziger Jahren galten also Fälle, welche bewiesen, daß das Nervensystem an Reproduktionsereignissen beteiligt ist, als kuriose Ausnahmen, während Mitte der fünfziger Jahre das endokrine System seinen Sonderstatus einbüßte und bei der Kontrolle von hormonalen Ereignissen im Körper zum gleichrangigen Partner des Nervensystems wurde. Im weiteren Sinne bedeutet diese Veränderung, daß wir immer weniger Grund zu der Annahme haben, die Ursachenbeziehung zwischen Hormonen und Verhalten verlaufe nur in eine Richtung; nur ein Wechselwirkungs-Modell wird der Sachlage gerecht.« (S. 10)

Die Reizbarriere. Als erster hat Sigmund Freud in »*Formulierungen über die zwei Prinzipien des psychischen Geschehens*« (G.W., Bd. 8, S. 229) von einer Reizbarriere gesprochen. Wie John Benjamin dieses Konzept in jüngerer Zeit formuliert hat, ist nachzulesen in »Developmental Biology and Psychoanalysis«, in: *Psychoanalysis and Current Biological Thought*, herausgegeben von Norman S. Greenfield und William C. Lewis (Madison: The University of Wisconsin Press, 1965). Modifikationen und Erweiterungen von Benjamins Arbeit sind zu finden in »The Stimulus Barrier in Early Infancy: An Exploration of Some Formulations of John Benjamin« von Katherine Tennes, Robert Emde, Anthony Kisley und David Metcalf, *Psychoanalysis and Contemporary Science*, Bd. I, herausgegeben von Robert R. Holt und Emanuel Peterfreund (New York: The Macmillan Company, 1972).

Der Appell der Hilflosigkeit. Daß das Äußere von Neugeborenen, besonders deren Pausbäckigkeit, als Auslöser für den mütterlichen Pflegetrieb wirkt, wurde erstmals erörtert von Konrad Lorenz in »Die angeborenen Formen möglicher Erfahrungen« *(Z. Tierpsycho-*

logie, Bd. 5, 1943). Zusätzliche Merkmale von Neugeborenen werden aufgeführt bei Irenäus Eibl-Eibesfeldt, *Grundriß der vergleichenden Verhaltensforschung* – Ethologie (München: Piper, ⁴1974).

Das Lächeln des Säuglings. An einer Stichprobe von acht Säuglingen ging Peter H. Wolff der Frage nach der Geschichte des Säuglingslächelns nach. Diese Arbeit wird beschrieben in »The Early Development of Smiling«, in: *Determinants of Infant Behavior*, Bd. II, herausgegeben von B. M. Foss (London, Methuen, 1963). Obgleich zahlreiche Studien zum Säuglingslächeln folgten, sind Wolffs Formulierungen im wesentlichen unwidersprochen geblieben. Mehr noch, seine Beobachtungen decken sich mit den meinen. Fast jede Einzelheit der Darstellungen in diesem Abschnitt ist Wolffs Aufsatz aus dem Jahre 1963 entlehnt.

Variationsbreite und Einzigartigkeit. Die Unterschiede von Neugeborenen in traditionellen und nicht-traditionellen Gesellschaften und die Beschreibung des Zinacanteco-Neugeborenen und seiner Mutter stammen aus »Does the Neonate Shape His Environment?« von T. Berry Brazelton, in: *Infant at Risk*.

Die Auswirkungen von Variationen unter Neugeborenen auf die Einstellungen ihrer Mütter und die Abschnitte über Schreien, Trösten, Schlafen, Wachen und andere Unterschiede stammen aus »Individual Differences at Birth: Implications for Child-Care Practices« von Anneliese F. Korner, in: *Infant at Risk,* und dem ebenfalls von Korner verfaßten Artikel »The Effect of the Infant's State, Level of Arousal, Sex and Ontogenetic Stage on the Caregiver«, in: *The Effect of the Infant on its Caregiver,* herausgegeben von Michael Lewis und Leonard A. Rosenblum (New York: John Wiley and Sons, Inc., 1974).

Viele Autoren, die die Mutter-Säugling-Interaktion vom Standpunkt der Entwicklungsgeschichte und Verhaltensforschung aus betrachten, sind auf den Zusammenhang zwischen Säuglingsgeschrei und Angst vor wilden Tieren eingegangen. Unlängst hat diese Auffassung eine Ausweitung erfahren durch *Human Infancy: An Evolutionary Perspective* von Daniel G. Freedman (New Jersey: Lawrence Erlbaum Associates, vertrieben über John Wiley and Sons, Inc., 1966). Die Reaktion auf Säuglingsgeschrei wird auf Seite 29 beschrieben. Das Buch enthält auch zahlreiche Kapitel, in denen die Verhaltensmuster von Neugeborenen in traditionellen Bevölkerungsgruppen geschildert werden, etwa bei den nordamerikanischen Indianern sowie bei Negern und Chinesen, die in den Vereinigten Staaten leben.

Die Zustände von Erregung, Schlafen und Wachen werden beschrieben bei Peter H. Wolff *The Causes, Controls and Organization of Behavior in the Neonate* (Psychological Issues, Monographie 17, New York: International Universities Press, Inc., 1966).

Wolffs Beobachtungen von Erregungszuständen bei Säuglingen sind von anderen Forschern bestätigt worden, unter anderem von Janet L. Brown in »States in Newborn Infants« (*Merrill Palmer Quarterly*, Bd. 10, 1964).

Brown sah sich durch ihre Beobachtungen zu dem Schluß veranlaßt, daß Variationen im Erregungszustand bereits im Alter von einer Woche auftreten. Nach Brown dauert bei manchen Säuglingen der Zustand wacher Inaktivität länger an. Sie sind zu selektiver Aufmerksamkeit bereits mit einer Woche fähig. Ihre Ergebnisse scheinen dem Konzept der Reizbarriere zu widersprechen. Abermals fragt man sich, inwieweit diese frühe Reaktionsbereitschaft des Säuglings auf die Stimulation durch Laborverfahren zurückgeht und in der natürlichen Interaktion von Mutter und Säugling nicht vorkommen würde.

Die erste Zwiesprache. Die Vorstellung von der frühen Mutter-Kind-Zwiesprache oder »Grunddialog« ist erstmals beschrieben worden von René Spitz in seinem Aufsatz »Life and the Dialogue«, in: *Counterpoint: Libidinal Object and Subject,* herausgegeben von H.S. Gaskill (New York: International Universities Press, 1963).

Welche Konsequenzen eine Unterbrechung des Grunddialogs hat, ist nachzulesen in Spitz' Aufsatz »The Derailment of Dialogue: Stimulus Overload, Action Cycles, and the Completion Gradient« (*Journal of the American Psychoanalytic Association*, Bd. 12, 1964).

Wenn ich den ersten Dialog beschreibe, so verbinde ich die Spitzsche Auffassung vom Dialog mit einigen Gedanken von D.W. Winnicott. Die Vorstellung, daß die Mutter als Dolmetscherin fungiert, stammt von Winnicott.

Einige der Befunde, die wir Spitz zu verdanken haben – etwa die Tatsache, daß der Säugling der Mutter beim Stillen ins Gesicht sieht, der Marasmus von Säuglingen in institutionellen Umwelten und die Bedeutung der hier beschriebenen autistischen Phase –, ist von Entwicklungspsychologen in Frage gestellt worden. Dennoch meine ich, daß die emotionale Bedeutung, die Spitz den Anfängen des menschlichen Dialogs zuschreibt, ungeachtet der Zweifel, die an einigen seiner Beobachtungen angemeldet worden sind, Geltung beanspruchen darf. Darüber hinaus sind einige seiner frühen Theorien über die Entwicklung des Säuglings unlängst durch jene physiologischen Studien bestätigt worden, in denen man EEG-Befunde und REM-Zyklen (Phasen schneller Augenbewegungen) mit seinen Beobachtungen korreliert hat. Diese Studien sind erschienen in »Further Prototypes of Ego Formation«, in: *The Psychoanalytic Study of the Child,* Bd. XXV (New York: International Universities Press, 1970).

Einssein: Das Schoßkind
Mahler beschreibt die normale symbiotische Phase wie folgt:
»Die normale Symbiose wird eingeleitet durch Aufhebung der nachhaltig wirkenden, angeborenen Reizbarriere, die den Säugling bis zur dritten und vierten Woche seines Lebens gegen innere und äußere Reize abschirmt.

Symbiose bezeichnet ein Stadium soziobiologischer Interdependenz zwischen dem ein bis fünf Monate alten Säugling und seiner Mutter ... Vom zweiten Monat ab verhält sich und funktioniert der Säugling, als seien er und die Mutter eine omnipotente duale Einheit innerhalb einer gemeinsamen Grenze (»der symbiotischen Membrane«).

Die Verfügbarkeit der Mutter und die angeborene Fähigkeit des Säuglings, die symbiotische Beziehung einzugehen, sind zu diesem Zeitpunkt entscheidend. Die Beziehung markiert den Anfang der Ich-Organisation. Der Säugling stellt intrapsychische Verbindungen zwischen Gedächtnisspuren von Befriedigung und der Gestalt des menschlichen Gesichtes her. Es kommt zu einer Verlagerung von der Besetzung des Körperinneren, von der vorwiegend viszeralen Situation der autistischen Phase, auf die Peripherie, die sensorisch-perzeptiven Organe.« (S. 290 f.)
Halten. D.W. Winnicotts Artikel »The Mother-Infant Experience of Mutuality« (in: *Parenthood)* liegt vielen Darstellungen dieses Abschnitts zugrunde, besonders den Passagen, in denen vom Halten, Im-Stich-Gelassen-Werden und In-Stücke-Zerspringen die Rede ist. In diesem Artikel hält Winnicott ausdrücklich fest, daß Gegenseitigkeit einerseits »abhängt von den angeborenen Prozessen des Babys, welche zu emotionalem Wachstum führen, und andererseits

abhängt von der Mutter, ihrer Einstellung und ihrer Fähigkeit, Dinge Wirklichkeit werden zu lassen, die zu greifen, zu entdecken und zu erschaffen das Baby bereit ist.« (S. 250)

Beeinflußt wurde dieser Abschnitt auch von einem anderen Artikel Winnicotts: »The Theory of the Parent-Infant-Relationship« (*International Journal of Psychoanalysis*, 41, 1960).

Die zeitweilige Allmachtsillusion des Säuglings – sein Wahn, die Welt zu erschaffen – wird dargelegt in »Ego Integration in Child Development« (1962), in: D.W. Winnicott, *The Maturational Processes and the Facilitating Environment* (New York: International Universities Press, 1965; deutsch: Reifungsprozesse und fördernde Umwelt, München: Kindler, 1974).

Die Gegenwart der Mutter. Dieser Abschnitt geht zurück auf eigene Beobachtungen sowie auf die Veröffentlichungen von Mahler, Spitz und Winnicott. Der Ausdruck »Gegenwart der Mutter« stammt von D.W. Winnicott, und zwar aus »The Capacity to Be Alone« (in: *The Maturational Processes ...*).

Wechselseitige Signalgebung und Einfühlung. Wechselseitige Signalgebung wird von Mahler beschrieben als »ein sehr frühzeitig entstehender, zirkulärer Interaktionsprozeß zwischen Mutter und Kind, der beiden erlaubt, ihre wechselseitigen Zeichen und Signale ʻempathischʻ zu lesen und aufeinander zu reagieren«. Im wesentlichen deckt sich meine Beschreibung der wechselseitigen Signalgebung mit der von Mahler. Allerdings betone ich die Unterscheidung zwischen Gleichgestimmtheit und Einfühlung; die Mutter reagiert mit Gleichgestimmtheit und Einfühlung, der Säugling nur mit Gleichgestimmtheit.

Wie wichtig es ist, zwischen gleichgestimmten und einfühlenden Reaktionen zu unterscheiden, wird von Norman L. Paul in »Parental Empathy« (*Parenthood*) bekräftigt.

Choreographie des Anschmiegens und Versteifens. Die anschmiegsamen und sich versteifenden Körperhaltungen werden beschrieben in Band II von *The Psychological Birth of the Human Infant*. Wo ich ausführe, wie diese Haltungen zur Bildung eines Körpervorstellungsbildes beitragen, interpretiere ich die Mahlerschen Darlegungen. Die Vorstellung, daß innere Spannungs-/Entspannungs-Rhythmen den Kern des Körperbewußtseins bilden, verdanke ich Phyllis Greenacres Aufsatz »Considerations Regarding the Parent-Infant-Relationship«, *Emotional Growth*, Bd. 1 (New York: International

Universities Press, 1960). Auch Mahler nennt diese Quelle.

Der Geist des Babys: Saugen, Greifen und Schauen. Die in diesem zweiten Abschnitt beschriebenen Körperintegrationen stammen aus dem zweiten Kapitel – »Das zweite Stadium: Die ersten erworbenen Anpassungsverhalten und die primäre Zirkulärreaktion« – in: Jean Piaget, *Das Erwachen der Intelligenz beim Kinde* (Stuttgart: Ernst Klett Verlag, 1975). Zu Dank verpflichtet bin ich auch John H. Flavell für die Klarheit, mit der er Jean Piagets Schriften darlegt in *The Developmental Psychology of Jean Piaget* (Princeton, New Jersey: D. Van Nostrand Company, Inc., 1963).

Auch der Psychoanalytiker Willie Hoffer hat diese zentralen Ereignisse für die geistige Organisation des Säuglings beschrieben, und zwar in »Mouth, Hand, and Ego Integration« *(The Psychoanalytic Study of the Child,* Bd. III/IV, New York: International Universities Press, 1950).

Mit Nachdruck habe ich darauf hingewiesen, daß der Säuglingsgeist bis zum fünfzehnten oder achtzehnten Monat ein Körpergeist ist. Alle folgenden Verweise auf Denkprozesse wie Annehmen, Erkennen, Mutmaßen, Vorstellen, Nachdenken, Generalisieren, Hegelsche Lösungen sind deshalb als Hervorbringungen eines Körpergeistes zu verstehen. Mit dem Auftreten einer Intelligenz, welche der symbolischen Repräsentation fähig ist (sie wird beschrieben im Schluß von Kapitel 4 und in Kapitel 5), gesellt sich zum Körpergeist ein denkender Geist, der ein Ich-Bewußtsein und Denkprozesse ganz neuer Ordnung schafft.

Gespräch. Zwei Aufsätze von Daniel N. Stern liegen diesem Abschnitt zugrunde. Die meisten der hier beschriebenen Details finden sich in: Daniel N. Stern, Joseph Jaffee, Beatrice Beebe und Stephen L. Bennett, »Vocalizing in Unison and in Alternation: Two Modes of Communication within the Mother-Infant Dyad«, in: *Developmental Psycholinguistics and Communication Disorders,* herausgegeben von Doris Aaronson und Robert W. Reiber (New York: The New York Academy of Sciences, 1975). Der andere Sternsche Artikel, der für diesen Abschnitt herangezogen wurde, ist »Mother and Infant at Play: The Dyadic Interaction Involving Facial, Vocal and Gaze Behaviors«, in: *The Effect of the Infant on Its Caregiver,* herausgegeben von Michael Lewis und Leonard A. Rosenblum (New York: John Wiley and Sons, Inc., 1974).

Die wirkliche Madonna. Das Konzept von der Mutter, die ihren

Haß überlebt, und die Begegnung mit dem Fremden im Park sind ent-
nommen: D.W. Winnicott, »The Ordinary Devoted Mother and
Her Baby: Nine Broadcast Talks«, abgedruckt in *Mother and Child:
A Primer of First Relationships* (New York: Basic Books, 1957).

Die Mutter, die das Gefühl hat, in doppelter Hinsicht versagt zu
haben, wird beschrieben in Therese Benedeks Aufsatz »Parenthood
as a Developmental Phase«, in: *Journal of the American Psychoanalytic Association*, Bd. 7, Juli 1959.

Die Loslösung beginnt. Den Unterschied zwischen dem Erken-
nungslächeln mit zwei Monaten und dem besonderen Lächeln mit
fünf Monaten entdeckte ich in eigenen Untersuchungen, in denen
die Reaktionen des Säuglings auf die Mutter beobachtet wurden. Das
besondere Lächeln und die aktive Sehnsucht des Säuglings nach der
Mutter als Vorboten beginnender Loslösung werden beschrieben in
The Psychological Birth of the Human Infant.

Die besondere Bindung an die Mutter ist selbst an Kindern nachgewiesen worden, die im Alter von dreieinhalb bis dreißig Monaten
an fünf Tagen in der Woche eine Kinderkrippe besuchten. Einen
Vergleich zwischen Säuglingen, die eine Kinderkrippe besucht haben, und Säuglingen, die zu Hause aufgewachsen sind, hat Jerome
Kagan in der Studie vorgenommen, die er beschreibt in »The Child
and the Family«, in: *The Family, Daedalus,* Frühling 1977. Kagan
zitiert aus einer Doktorarbeit von N.A. Fox, in welcher berichtet
wird, daß israelische Kibbuzsäuglinge, die nur wenige Stunden am
Tag bei den Eltern waren, sich in Gegenwart der Mutter und eines
Fremden sicherer fühlten als in Gegenwart der *Metapelet* und eines
Fremden. Kinder können eine Bindung an eine bestimmte Ersatz-
pflegefigur entwickeln und im Zustand der Besorgnis doch den Trost
der Mutter bevorzugen. Kagan sagt: »Beide Studien legen den
Schluß nahe, daß in der Zahl der Stunden, während deren ein Kind
Pflege von einem Erwachsenen erfährt, nicht die entscheidende Dimension zu erblicken ist, welche eine enge Bindung schafft. Es ist etwas Besonderes an der Beziehung zwischen Mutter und Säugling. Sie
scheint sich dem Bewußtsein des Kindes stärker einzuprägen als Er-
satzpflegefiguren. Warum das so ist, bleibt offen.« (S. 36)

*Beginnende Loslösung und erste Eroberungen: Ausgreifen
und Fortkrabbeln*
Der Terminus, den Mahler für beginnende Loslösung verwendet,

heißt »Differenzierung«. Differenzierung ist die erste Phase von Loslösung: »Die totale Körperabhängigkeit von der Mutter nimmt allmählich ab, wenn die Reifung der lokomotorischen Teilfunktionen zu den ersten Versuchen des Säuglings führt, sich von der Mutter zu entfernen. In der Regel erfolgt die Abgrenzung von Selbst und Nicht-Selbst dadurch, daß das Kind Gesicht und Körper der Mutter visuell und taktil erkundet, daß es fortstrebt, um die weitere Umwelt zu untersuchen und um die Mutter von dort aus zu betrachten, daß es von der Mutter aus zu anderen zurückblickt. Die Lust an den entstehenden Ich-Funktionen und an der Außenwelt drückt sich in enger Nähe zur Mutter aus. Gleichzeitig scheint sich ein primitives, aber klar umrissenes Körpervorstellungsbild herauszudifferenzieren.« (S. 289).

Mahler beschreibt die ersten Anzeichen von Differenzierung als *Ausschlüpfen:*

»Der ausgeschlüpfte Säugling hat das vage Zwielicht des symbiotischen Zustandes verlassen und bringt den Reizen in seiner Umwelt mehr Wachheit und Aufmerksamkeit entgegen als den eigenen Körperempfindungen oder den Empfindungen, die nur in der symbiotischen Sphäre entstehen.« (S. 190)

Spätere Differenzierung überschneidet sich mit dem Abschnitt, den Mahler *frühes Üben* (»Frühe Eroberungen«) genannt hat.

»Die Phase der Differenzierung überschneidet sich mit dem Stadium des Übens. Bei der Verwertung der Daten, die wir zusammengetragen haben, hielten wir es für nützlich, das Übungsstadium in zwei Abschnitte zu untergliedern: (1) die frühe Übungsphase, die eingeleitet wird durch die allererste Fähigkeit des Kindes, sich durch Krabbeln, Watscheln und Aufrichten physisch von der Mutter zu entfernen – ohne allerdings loszulassen; und (2) die eigentliche Übungsphase, phänomenologisch gekennzeichnet durch die freie, aufrechte Fortbewegung.« (S. 65)

In diesem Buch wird nachdrücklich auf die Überschneidungen zwischen früher Differenzierung und frühem Üben hingewiesen. Deshalb werden im Kapitel »Einssein« einige Anzeichen des Ausschlüpfens behandelt. In diesem vierten Kapitel werden die beginnende Loslösung und frühes Üben beschrieben. Eigentliches Üben scheint sich, obwohl es noch zur zweiten Phase gerechnet wird, so deutlich vom frühen Üben abzuheben, daß seine Merkmale gesondert im nächsten Kapitel – »Die Liebesaffäre mit der Welt« – dargelegt werden.

Das unsichtbare Band. »Babys wissen, wann sie mit der Loslösung zu beginnen haben.« Mahler hat die Ereignisse in den Früh- und Spätstadien des Ausschlüpfens beschrieben. »In Fällen, wo der symbiotische Prozeß – die Schaffung der der dualen Einheit gemeinsamen ‚Schutzmembrane‘ – aufgeschoben oder gestört wurde, scheint der Differenzierungsprozeß verspätet oder verfrüht aufzutreten.« (S. 58)

Die Mutter der Loslösung. Die beiden Pfade oder Themen von Loslösung und Individuation stammen aus Band II: »Ein Pfad ist Individuation, die intrapsychische Evolution von Autonomie, Wahrnehmung, Gedächtnis, Kognition, Realitätsüberprüfung.« Diesen Pfad – dieses Thema – habe ich als Entfaltungsdrang im Kind beschrieben. Dazu gibt es »den intrapsychischen Entwicklungspfad der Loslösung, welcher Differenzierung, Distanzsuche, Aufbau von Grenzen und Entfernung von der Mutter begleitet« (S. 63). Dieser Pfad wird bei mir zum beherrschenden Thema, nähmlich zur allmählichen Erkenntnis des Getrenntseins.

Die Wendungen »Orientierungszeichen« und »Sicherheitsanker« sind aus Band I – *Psychosen im frühen Kindesalter* – übernommen.

Choreographie. Die Fortbewegungsart, bei der Hände und Knie, nicht aber der Rumpf den Boden berühren, wird üblicherweise als »Krabbeln« bezeichnet und nicht mit dem Terminus technicus »Kriechen« belegt.

Die verschiedenen Zwischenformen, welche die Zeit zwischen Ausgreifen und Krabbeln überbrücken, lassen sich in fast jedem Lehrbuch über kindliche Entwicklung nachlesen. Meine wichtigste Quelle war: L. Joseph Stone und Joseph Church, *Childhood and Adolescence* (New York: Random House, [3]1973; deutsch: Kindheit und Jugend, München: dtv, 1978).

In seinem Vortrag beim Treffen der American Psychoanalytic Association im Winter 1970 berichtete Piaget von Erwachsenen, die die Kriechbewegung nicht beschreiben konnten.

Das Muster von Rückversicherung und Auftanken wird bei Mahler beschrieben. Die Wendung »emotionales Auftanken« wurde Mahler von ihrem Kollegen Manuel Furer in einem persönlichen Gespräch vorgeschlagen. Auch die Vorstellung, daß die Mutter als »Heimatstützpunkt« benutzt wird, stammt von Mahler. Das Verhalten wurde von zahlreichen Kinderpsychologen und Verhaltensforschern beobachtet, welche diesen Ausdruck ebenfalls verwenden.

»Nein!« und *»Laß das!«* – *Selbertun und Mit-sich-Geschehenlas-sen.* Wenn das Baby das Gesicht der Mutter untersucht, ihren Körper erkundet, ihr Essen in den Mund stopft und sich von ihrer Kleidung fasziniert zeigt, so sind das Verhaltensweisen, die Mahler als »versuchsweises Experimentieren mit Loslösung und Individuation« versteht – als Verhaltenszeichen beginnender Loslösung.

Obgleich Mahler es nicht direkt ausspricht, bin ich zu der Überzeugung gelangt, daß die Individuationstendenz im Prozeß von Loslösung und Individuation aus der aggressiven Triebkraft der *Wachstumsenergien* im Kind gespeist wird. Diese Energien sind – so meine ich – weitgehend dafür verantwortlich, daß sich das Schoßkind, welches ohnmächtig geschehen läßt, in einen aktiven Eroberer verwandelt. Eine ähnliche Vorstellung äußert Phyllis Greenacre in »The Childhood of the Artist...« :»... wenn das Baby mit fünf oder sechs Monaten die Beine streckt und die Füße gegen den Schoß der Mutter stemmt, so handelt es unter der Aggression seiner Entwicklungskräfte, nicht unter der Aggression von Feindseligkeit« (S. 63). Bei Heinz Hartmann, Ernst Kris und Rudolph M. Loewenstein heißt es in »Notes on the Theory of Aggression« *(Psychoanalytic Study of the Child,* Bd. III/IV; New York: International Universities Press, 1949): »Der Teil der Muskulatur und des Bewegungsapparates, der für die Abfuhr von Aggression zuständig ist, trägt entscheidend zur Differenzierung zwischen Selbst und Umwelt und durch das Handeln zur Differenzierung der Umwelt selbst bei« (S. 22). Allerdings führen sie die Aggression nicht auf Wachstumsenergie zurück. Und wenngleich auch Gertrude und Rubin Blanck die Aggression nicht der Entwicklungskraft oder Wachstumsenergie zuschreiben, so lauten doch zwei zentrale Ideen in einem unlängst von ihnen veröffentlichten Artikel, daß der Aggressionstrieb dem Prozeß von Loslösung und Individuation Vorschub leiste und daß man unbedingt Affekte wie Liebe und Haß vom Libido- und Aggressionstrieb unterscheiden müsse. (»Transference Object and Real Object«, *International Journal of Psychoanalysis,* Bd. 58, Teil I, 1977).

Wut. Die Beschreibung der Wut und ihrer Bedeutung für den Säugling stammen aus »Why Do Babies Cry?« von D. W. Winnicott, in: *Mother and Child.*

Alternative Dialoge. Wie das Kind mit acht Monaten auf Fremde reagiert, haben viele Kinderpsychologen als entscheidendes Entwicklungsereignis beschrieben. René Spitz begann sich Ende der vierziger Jahre mit dieser Angst des acht Monate alten Kindes zu beschäftigen. Seine Ansichten faßt er zusammen in *The First Year of Life* (New York: International Universities Press, 1965; deutsch: Vom Säugling zum Kleinkind, Stuttgart: Klett-Cotta,[4] 1974). Spitz meinte, die Reaktion bedeute, daß die Bindung an eine bestimmte Mutter vollständig ausgebildet sei. Und obgleich Spitz' Äußerungen unzweifelhaft anders zu lesen sind, hat man sie irrigerweise so verstanden, daß ein Kind, wenn es in Gegenwart eines Fremden keine Angst zeige, noch keine besondere Bindung hergestellt habe. Mahler hat beschrieben, wie sich die sogenannte »Angst«-Reaktion als unmerklicher, rückversichernder Blick auf das Gesicht der Mutter äußern kann, während das Baby vertrauensvoll mit dem Fremden spielt. In jüngerer Zeit hat man den Terminus »Fremdenangst« durch »Fremdenreaktion« oder »Fremdenvorsicht« ersetzt.

Wenn ich das Gleichgewicht zwischen Besorgnis und Erkundungsdrang, zwischen Besorgnis und Anschlußbedürfnis beschreibe, so entsprechen meine Darlegungen im großen und ganzen dem Aufsatz »Responses of One-Year-Olds to a Stranger in a Strange Situation« von Inge Bretherton und Mary D. Salter Ainsworth, in: *The Origins of Fear*, herausgegeben von Michael Lewis und Leonard A. Rosenblum (New York: John Wiley and Sons, Inc., 1974).

»Fremdartige Dialoge beschwören die Möglichkeit herauf, daß das Baby die Kontrolle über sich verliert.« Damit wird eine Vorstellung von Spitz umschrieben, welche besagt, daß die Fremdenreaktion im Grunde die Angst des Kindes ist, in Abwesenheit der Mutter von seinen Impulsen überwältigt zu werden. Die Konfrontation mit dem Fremden bedeutet Konfrontation mit fremdartigem Dialog. Spitz erklärt dies in »A Note on the Extrapolation of Ethological Findings« (*International Journal of Psychoanalysis*, Bd. 36, 1955): »... Manifestationen von Furcht in Gegenwart des Fremden sind Reaktionen auf eine innere Gefahr...«. »Es ist die Apperzeption, die innere Wahrnehmung der Gefahr, das Ich könnte von Gefühlen überschwemmt werden, mit denen es nicht fertig wird« (S. 164).

Die Inspektion des Fremden wird bei Mahler beschrieben; auch bei Sylvia Brody und Sidney Axelrad in *Anxiety and Ego Formation in Infancy* (New York: International Universities Press, 1970; deutsch: Angst und Ich-Bildung in der Kindheit, Stuttgart: Klett-Cotta, 1974). Der Ausdruck »Zollinspektion« stammt von Brody und Axelrad. Ainsworth weist ausdrücklich darauf hin, daß sie in ihrer Studie eine solche Untersuchung vom Gesicht und Körper des Fremden nicht beobachtet habe. Das liegt vermutlich daran, daß sie Einjährige beobachtet hat, nicht acht Monate alte Kinder, die mit dem Problem, Mutter vom Anderen zu unterscheiden, befaßt sind.

Der Ansatz, Fremdenreaktionen unter verhaltenswissenschaftlich-evolutionärem Blickwinkel zu betrachten, stammt von mir, nicht von Mahler. Diese Auffassung wird von vielen Autoren auf diesem Gebiet geteilt. Ich glaube nicht, daß sie in irgendeinem Widerspruch zu Mahlers Überzeugung von der artspezifischen Natur des Loslösungs-Individuations-Prozesses steht.

Die Datierung des Diluviums auf eine Million Jahre vor unserer Zeit ist eine ungefähre Angabe. Dieses Erdzeitalter war tatsächlich irgendwann vor 500 000 bis zwei Millionen Jahren. In *Man the Hunter* (Symposium über »Man the Hunter«, University of Chicago, 1966, herausgegeben von Richard B. Lee und Irven De Vore; Chicago: Aldine Publishing Company, 1968) weisen etliche der beteiligten Autoren warnend darauf hin, daß sich die Lebensbedingungen der frühen Menschheit möglicherweise nicht aus der Lebensweise heutiger Gesellschaften von Jägern und Sammlern rekonstruieren ließen. Dennoch gilt, was Sherwood L. Washburn und C. S. Lancaster feststellen:

»In einem sehr konkreten Sinne sind Intellekt, Interessen, Emotionen und die Grundelemente des sozialen Lebens des Menschen ausnahmslos evolutionäre Ergebnisse erfolgreicher Anpassung an die Lebensbedingungen des Jägers. Wenn Anthropologen von der Einheit der Menschheit sprechen, so stellen sie damit fest, daß die Selektionszwänge der jagenden und sammelnden Lebensweise so gleichförmig und erfolgreich waren, daß sich die Populationen des *Homo sapiens* noch überall im wesentlichen gleichen.«

»*Guckuck-da*«. Die passiven und aktiven Formen des »Guckuckda«-Spiels werden beschrieben bei James A. Kleeman, »The Peek-a-Boo Game: Part I. Its Origins, Meanings and Related Phenomena in the First Year« (*The Psychoanalytic Study of the Child*, Bd. XXII, New York, International Universities Press, 1967). Auch die verwandten Phänomene Fang-mich und Wegwerfen sind Kleemans Aufsatz entnommen. Er bringt diese Spiele in Verbindung mit Loslösung und Individuation, auch mit Fremdenangst, Neinsagen, Bildung eines Körpervorstellungsbildes, Jetzt-hier/jetzt-nicht-hier-Rhythmen und dem »Ich«, das in Einklang mit einem »Nicht-Ich«-

Partner handelt.

Das Zhun/twasi Fang-mich-Spiel wird beschrieben bei M.J. Konner »Aspects of the Developmental Ethology of a Foraging People«; in: N. Blurton-Jones, *Ethological Studies of Child Behaviour* (London: Cambridge Universities Press, 1972).

Illusion – Die Schmusedecke. Die Schaffung einer Schmusedecke, deren verschiedenen Aspekte und deren Beziehung zur Illusion im menschlichen Leben sind übernommen aus: D.W. Winnicott, »Transitional Objects and Transitional Phenomena« (1951), in: *Through Paediatrics to Psychoanalysis* (New York: Basic Books, Inc., 1975; deutsch: Von der Kinderheilkunde zur Psychoanalyse, München: Kindler, 1976). Nicht alle Kinder haben eine Schmusedecke, doch irgendeine Art von Übergangs(Ich/Nicht-Ich)-Objekt legen sie sich gewöhnlich zu. Das kann eine wiegende Bewegung sein, eine Flasche, ein Laut. Unter bestimmten Bedingungen kann auch die Mutter selbst kurzzeitig in ein Übergangsobjekt oder eine Schmusedecke verwandelt werden. Vermutlich gilt diese Beobachtung für viele Orte der Erde. Im letztgenannten Fall geht aus der Haltung des Kindes – wie es auf dem Schoß der Mutter sitzt – aus seinem nach innen gewandten Blick und aus der Art, wie es Haar oder Kleidung der Mutter befingert, deutlich hervor, daß es die Illusion des Einsseins wieder herbeiruft. Nach wenigen Minuten wird die Mutter dann abermals in die alltägliche, leibhaftige Mutter zurückverwandelt.

Des Babys Geist – Visionärer Glanz. Die Regeln, die den Geist des Kindes bestimmen, und die spezifischen Aktivitäten, die beschrieben werden, sind entlehnt aus Jean Piaget, *Das Erwachen der Intelligenz beim Kinde,* besonders seinen Beispielen für Verhaltensweisen von Stadium 4 und 5. Grundsätzlich orientiert sich die Darstellung an seinem Konzept der sensomotorischen Intelligenz und dem Intelligenzmodell von Assimilation und Akkomodation. Einige Aktivitäten habe ich gefunden bei Stone und Church, *Childhood and Adolescence.*

Die Vorstellung, daß das Baby von der Senkrechten besessen ist, im Schlaf steht und Stehen sogar in seinen Träumen übt, ist entwickelt worden in: Selma Fraiberg, *The Magic Years* (New York: Charles Scribner's Sons, 1959; deutsch: Die magischen Jahre in der Persönlichkeitsentwicklung des Vorschulkindes, Reinbek: Rowohlt, 1972).

Die Liebesaffäre mit der Welt: Das aufrecht stehende Kind
Die Wendung »Liebesaffäre mit der Welt« hat Phyllis Greenacre geprägt in »The Childhood of the Artist: Libidinal Phase Development and Giftedness«, *The Psychoanalytic Study of The Child,* Bd. XII (New York: International Universities Press, 1957). Wie Mahler feststellt, befindet sich das aufrecht stehende Kind auf dem Gipfelpunkt des Narzißmus. In seinem Überschwang und seiner Beherrschung der Welt weist es also große Ähnlichkeit mit dem Künstler auf.

Uneingeschränktes Üben und Einsetzen des Körpers. Die Aktivitäten des aufrecht stehenden Kleinkindes werden beschrieben bei Stone und Church, *Childhood and Adolescence.* Es ist darauf hinzuweisen, daß die Liebesaffäre sich mit den Ereignissen der zweiten anderthalb Lebensjahre überschneidet. Fähigkeit zu aufrechter Körperhaltung bedeutet keineswegs sofort, daß das Kleinkind außerordentliche Höhen erklimmen und auf den Zehenspitzen davontrippeln kann. Diese Leistungen werden bei fortwährender Übung und Meisterung der aufrechten Haltung im Laufe des zweiten Lebensjahres erzielt.

Verwunderung und Staunen des Jungen über die geheimnisvollen Gesetze des Penis sind Mahlers Darstellungen zum *eigentlichen Üben* entnommen.

Die Beschreibung, wie das Mädchen seine »innere« Anatomie entdeckt und wie das Kleinkind exploratorisch »masturbiert«, geht auf verschiedene Quellen zurück: Judith, S. Kestenberg, *Children and Parents* (New York: Aaronson, 1967); James A. Kleeman, »Freud's Views on Early Female Sexuality in the Light of Direct Child Observation« (*Journal of the American Psychoanalytic Association,* Bd. 24, 1976); Eleanor Galenson und Herman Roiphie, »Some Suggested Revisions Concerning Early Female Development« (*Journal of the American Psychoanalytic Association,* Bd. 24, 1976).

Der erste Wortgebrauch des Kleinkindes wird vor allem von Katherine Nelson dargestellt: »Structure and Strategy in Learning to Talk« (*Monographs of the Society for Research in Child Development,* Bd. 38, 1973); »Concept, Word and Sentence: Interrelations in Acquisition and Development« (*Psychological Review,* Bd. 81, 1974); »Individual Differences in Early Semantic and Syntactic Development« (*Developmental Psycholinguistics and Communication Disorders,* 1975).

Wenn ich sage, daß das Kind vor allem Wörter wählt, durch die es seine Macht genießt, sowie Wörter, die zum Ausdruck bringen, wie sein Körper in der Welt agiert, so interpretiere ich Nelson. Doch deckt sich die Interpretation mit dem, was in Nelsons Ausführungen zum frühen Spracherwerb implizit enthalten ist.

Choreographie. Die in diesem Abschnitt dargelegten Ideen stammen von Michael Balint, *Thrills and Regressions* (New York: International Universities Press, 1959; deutsch: Angstlust und Regression, Stuttgart: Klett, 1960). Als ich die Kleinkinder in meinem Kindergarten beobachtete und noch einmal nachlas, wie Mahler die Phase eigentlichen Übens beschreibt, wurde ich an Balints Unterscheidung zwischen *Philobatismus* und *Oknophilie* erinnert. Balint hat das griechische Wort »Akrobat« genommen, welches bedeutet, »der, der auf den Zehen geht«, und das Wort »Philobat« geprägt. Es soll jemanden beschreiben, der Freude an akrobatischer Erregung und der Entfernung vom Erdboden findet. Auch »oknophil« kommt aus dem Griechischen und heißt »sich scheuen, zögern, sich anklammern, zaudern«. Mir schien, daß die »Liebesaffäre« des Kleinkindes, sein sorgloser, rückhaltloser Körpergebrauch durch das Wort »Philobat« treffend charakterisiert sei.

Wenngleich das aufrecht stehende Kleinkind weiterhin »auftankt«, macht sein Überschwang es wagemutig, läßt er es weniger an den Heimatstützpunkt denken – nimmt er ihm Zaudern und Zögern.

Der Partner der freundlichen Weite offener Räume ist mir durch Balints Buch nahegelegt worden. Auch der metaphorische Zusammenhang, in den Tensing und Hillary gestellt werden, sowie das Beispiel der »Mummy«-Schiffe sind von Balint übernommen.

Balint ist sich darüber klar, daß Laufenlernen, die Liebesaffäre mit der Welt und philobatische Phantasie miteinander in Verbindung stehen: »... wie unsere Vorfahren sicher im Meer geborgen waren oder wie wir in unserer ontogenetischen Vergangenheit geborgen waren im Fruchtwasser des mütterlichen Schoßes. Der Philobat regrediert in seiner Phantasie zu dieser Konzeption von der Welt. Er ist der festen Überzeugung, daß die freundlichen Räume ihn so sicher umfangen werden, wie er gehalten wurde, bevor die unzuverlässigen und trügerischen Objekte in Erscheinung traten.

Um jedoch dieser Phantasie nachgeben zu können, muß er ein hohes Maß an persönlicher Fertigkeit erlangen und muß er seine Leistung unablässiger, korrigierender Wirklichkeitsüberprüfung und eingehender Selbstkritik unterwerfen. Die vielleicht erste dieser Fertigkeiten – und gewiß der Prototyp aller späteren – ist der aufrechte Gang im Unterschied zum Krabbeln auf allen Vieren... Dem liegt vermutlich die Phantasie zugrunde, daß die ganze Welt – von ein paar gelegentlichen Unfällen abgesehen – eine Art liebende Mutter ist, die ihr Kind sicher im Arm hält, oder – phylogenetisch – das gestaltlose Meer, das eine gleiche freundliche Umwelt von grenzenlosen Räumen bot.« (S. 84f.)

Hochstimmung. Die wichtigste Quelle für die dargestellten Details jenes als Hochstimmung bezeichneten Affekts ist Bertram Lewin, »The Psychoanalysis of Elation« (New York: *The Psychoanalytic Quarterly*, 1961 [1950]). Lewin verlegt den Ursprung der Hochstimmung in die frühe orale (oder symbiotische) Phase. Doch wenn er diese Verfassung beschreibt, so entsteht über weite Strecken der Eindruck, daß er das aufrecht stehende Kleinkind in der Phase eigentlichen Übens vermutlich als den Prototyp von Hochstimmung angesehen hätte. Alles in allem ist die Liebesaffäre das Wiederaufleben der Seligkeit des Einsseins, an die sich das Kind erinnert.

Mahler sagt, in der Liebesaffäre werde das Bewußtsein von Getrenntsein in der Schwebe gehalten. Lewin meint, die Funktion von Hochstimmung sei, das Gefühl von Angst abzuwehren.

Die Zitate über die Farbqualitäten sind aus Wassily Kandinsky, *Über das Geistige in der Kunst* (Bern: Benteli Verlag, [10]1973).

Variationen in der für diese Phase spezifischen Hochstimmung werden von Mahler beschrieben in *The Psychological Birth of the Human Infant.* Sie weist auch darauf hin, daß das kleine Mädchen in der nächsten Phase von Loslösung und Individuation – der Wiederannäherung – eher zur Enttäuschung neigt, und verbindet diesen Umstand mit der Dämpfung der Hochstimmung in der Phase eigentlichen Übens.

Die Geschlechtsunterschiede wurden von H. A. Moss vorgeschlagen in »Sex, Age and State: Determinants of Mother-Infant Interaction« (*Merill Palmer Quarterly*, Bd. 13, 1967). Ich berufe mich außerdem auf Mahlers und meine eigenen Beobachtungen.

Gedämpftheit. Wendung und Beschreibung sind von Mahler übernommen. Obgleich Gedämpftheit eher für das zögernde Kind der frühen Eroberungen typisch ist als für das überschwengliche aufrecht stehende Kind, hat Mahler erkannt, daß auch das aufrecht stehende Kind – mag es im großen und ganzen auch guten Mutes sein –

gedämpfte Stimmung zeigt, wenn ihm bewußt wird, daß die Mutter nicht im Zimmer weilt. Ich habe mich dazu entschlossen, den Abschnitt über Gedämpftheit in dieses Kapitel aufzunehmen, um diese niedergeschlagene Stimmung mit der Hochstimmung zu kontrastieren.

Wie das Kind sich einen vollkommenen Ich-Zustand vorstellt, wird beschrieben bei W.G. Joffe und Joseph Sandler »Notes on Pain, Depression and Individuation«, in: *The Psychoanalytic Study of the Child*, Bd. XX (New York: International Universities Press, 1965).

Der Fall. Die Vorstellung, daß die »Gewalt jener Wachstumsprozesse, die ein befruchtetes Ei in ein Neugeborenes verwandeln, [...] das Universum sprengen [würde], wenn sich ihre Triebkraft nicht legte«, wurde von Phyllis Greenacre vorgebracht in »The Childhood of the Artist...«

In *The Psychoanalysis of Elation* bringt Lewin den ursprünglichen Rückgang der Hochstimmung in Verbindung mit dem Übergang von der Welt fließender Wahrnehmung zur Begriffswelt, auch mit dem Verzicht auf Oralität und auf die Lust an Bewegung oder Motilität. Er beruft sich dabei auf William James:

»Inmitten des Flusses der Meinungen und physischen Dinge steht die Welt der Begriffe und gedanklichen Dinge so starr und unbeweglich wie Platons Ideenwelt.« (*The Principles of Psychology*, New York: Henry Holt and Company, 1890, S. 462)

»Das Leben mit Hilfe von Begriffen zu verstehen, heißt, seine Bewegung anzuhalten, es wie mit einer Schere in Stücke zu schneiden und diese in unserem logischen Herbarium zu fixieren, wo wir, indem wir sie mit getrockneten Exemplaren vergleichen, feststellen, welche von ihnen welche anderen statisch einschließen.« (*A Pluralistic Universe*, New York: Longmans, Green and Co., 1916, S. 244.)

Die philosophische Position, die William James um die Jahrhundertwende zum Übergang von der Welt fließender Sinneswahrnehmung zur Begriffswelt bezog, ist in den fünfziger und sechziger Jahren durch Jean Piagets Beobachtungsstudien an Säuglingen bestätigt worden. In Piagets Schriften ist das der Übergang von der sensomotorischen Intelligenz zur Intelligenz symbolischer Vorstellung – zwischen dem sechzehnten und achtzehnten Monat. Die sensomotorische Intelligenz wird illustriert in *Das Erwachen der Intelligenz beim Kinde*. Auch die Anfänge der symbolischen Vorstellung werden in diesem Buch dargestellt, vor allem aber in *Nachahmung, Spiel und Traum* (Stuttgart: Klett, 1975).

Die Beispiele für beginnende Vorstellung stammen von Piaget und aus meinen eigenen Beobachtungsstudien.

Der Neuanfang: Das denkende Kind

Der Terminus für »Neuanfang« heißt *Wiederannäherung*. Hören wir, wie Mahler diese Phase beschreibt:

»Die dritte Phase von Loslösung und Individuation dauert vom vierzehnten oder fünfzehnten Monat bis ungefähr zum vierundzwanzigsten Monat und sogar noch länger. Kennzeichen sind die Wiederentdeckung der Mutter, die jetzt als separates Einzelwesen erfahren wird, und die Rückkehr zu ihr nach den obligaten Beutezügen in der Übungsphase.« (S. 291)

Die Phase der Wiederannäherung zerfällt in drei Abschnitte. Die anfängliche Reaktion:

»Das Kind findet Gefallen daran, seine Erlebnisse und Besitztümer mit der Mutter zu teilen, die jetzt deutlicher als separat und in der Außenwelt befindlich wahrgenommen wird. Die narzißtische Aufblähung wird langsam abgelöst durch die wachsende Erkenntnis von Getrenntsein und damit von Verletzlichkeit. Feindselige Reaktionen auf kurze Trennungen sind üblich, und die Mutter ist nicht mehr so leicht ersetzbar, auch nicht durch vertraute Erwachsene.« (S. 291f.)

Der zweite Abschnitt ist die Krise der Wiederannäherung, »... zu der es bei allen Kindern kommt, bei einigen aber besonders heftig. In dieser Krise wird die Erkenntnis vom Getrenntsein akut. Die Überzeugung des Kindes von seiner Allmacht ist in ernster Gefahr. Es setzt seine Umwelt unter Druck, indem es das Unmögliche versucht, nämlich den Status quo wiederherzustellen. Dabei kommt es häufig zu heftiger Ambitendenz, welche sich zu Ambivalenz weiterentwikkelt. Das Kind möchte gleichzeitig mit der Mutter vereinigt und von ihr getrennt sein. Wutanfälle, Weinen, Traurigkeit und intensive Trennungsreaktionen erreichen ihren Höhepunkt.« (S. 292)

Der dritte Abschnitt ist die Lösung der Krise. Dieser Abschnitt überschneidet sich mit der vierten Phase, der emotionalen Objektkonstanz. In diesem Kapitel habe ich die Überschneidung zwischen der Lösung der Krise und dem Erreichen von Konstanz hervorgehoben. Ich glaube, daß Konstanz erst allmählich im Laufe von Kindheit und Adoleszenz – und sogar noch später – erreicht wird. (Vgl. Anmerkungen zu Kapitel 1.) Mahler sagt:

»Die vierte Phase von Loslösung und Individuation, die gegen Ende des zweiten Lebensjahres beginnt, ist zeitlich unbegrenzt. Während dieser Zeit wird ein gewisses Maß an Objektkonstanz erreicht, und die Trennung von Selbst- und Objektvorstellung ist hinreichend gewährleistet. Die Mutter wird deutlich als separate Person in der Außenwelt wahrgenommen und führt gleichzeitig ein Dasein in der inneren Vorstellungswelt des Kindes.« (S. 289)

Die Choreographie von Beschatten und Davonlaufen wurde erstmals von Mahler beschrieben, ihre Beobachtungen ließen sich, besonders während der Höhepunkte der Krise, im Beobachtungskindergarten der Universität New York bestätigen:

»Während der Subphase der Wiederannäherung folgt das Kind der Mutter gelegentlich auf dem Fuße (es ›beschattet sie‹); es vermag sie weder aus den Augen noch aus seiner unmittelbaren Nähe zu lassen. Manchmal beobachten wir das entgegengesetzte Verhalten: das Kind läuft davon und erwartet, daß die Mutter es einfängt, auf den Arm nimmt und so für kurze Zeit das ›Getrenntsein‹ ungeschehen macht.« (S. 292)

Bei Mahler findet sich auch die Vorstellung von der beschattenden Mutter. Von mir ist die Bedeutung, die den beschattenden und davonlaufenden Müttern zugeschrieben wird. Gleichfalls von mir stammen die Ausführungen, in denen die Bedeutung solcher Mütter für das spätere Leben der betreffenden Kinder interpretiert wird. Sie basieren allein auf meinen Beobachtungen und dem Eindruck, den ich aus den ersten Ergebnissen der Nachfolgeuntersuchung zur Loslösung-Individuations-Studie gewonnen habe. Allerdings gibt es, wie ich in den Anmerkungen zu Kapitel 1 gesagt habe, kaum jemals den reinen Typus, das heißt, ein Kind oder eine Mutter, die nur beschatten oder nur davonlaufen.

Eigensinnigkeit und Neinsagen. Die Beschreibung des sechzehn Monate alten Kindes, welches seine Mutter dazu bekommt, es aus dem Laufgitter zu nehmen, stammt von Jean Piaget: »*Der Aufbau der Wirklichkeit beim Kinde*« (Stuttgart: Klett, 1975).

René Spitz war es, der das »Nein« des Kleinkindes als Zeichen für das Bemühen gewertet hat, das »Nein« der Eltern zu verarbeiten und diese Negation schließlich in den Versuch umzukehren, den Eltern zu gefallen und zu sein wie die Eltern. Spitz meint, daß die »Nein«-

Gesten und -Wörter Anzeichen für den dritten Organisator der frühen Kindheit sind. Die ersten beiden sind Lächel- und Fremdenreaktion. Die Hauptquellen dazu sind: *No and Yes: On the Beginnings of Human Communication* (New York: International Universities Press, 1957; deutsch: Nein und Ja. Die Ursprünge der menschlichen Kommunikation, Stuttgart: Klett, 1970) und *A Genetic Field Theory of Ego Formation* (New York: International Universities Press, 1959; deutsch: Eine genetische Feldtheorie der Ichbildung, Frankfurt: Fischer, 1972).

Der Verzicht auf persönliche Wünsche durch deren Projektion auf andere und die stellvertretende Identifikation mit den Befriedigungen der anderen ist entnommen dem Kapitel »Eine Form von Altruismus« in: Anna Freud, *Das Ich und die Abwehrmechanismen* (München: Kindler, [11]1978).

Zorn, Traurigkeit und Wutanfälle. In diesem Abschnitt erweitere und interpretiere ich die Beschreibung, die Mahler von den stürmischen Affekten der Phase der Wiederannäherung liefert. Sie sind typisch für die Krisenzeit, dauern jedoch oft bis zum dritten Lebensjahr. Ich möchte Mahler auch für die persönliche Mitteilung danken, in der sie mir die Bedeutung von Wutanfällen in der Phase der Wiederannäherung erläuterte. Viele Kinderpsychologen schildern Wutanfälle als den totalen Verlust von emotionalen Beziehungen, als Zeichen für extreme Hoffnungslosigkeit und Desintegration des Kindes. Das mag bei psychotischen und anderen schwer gestörten Kindern der Fall sein, nicht aber beim normalen Kleinkind. Für dieses bleibt der Wutanfall immer noch ein Element persönlicher Beziehungen. So erschreckend sie erscheinen mögen, sind Wutanfälle doch keine Gefahrensignale, sondern erlauben dem Kind, seine Spannung abzuführen und den Frieden wiederherzustellen.

Mädchen und Jungen, Mütter und Väter. Die Prägung des Nervensystems durch Geschlechtshormone während des intrauterinen Lebens ist dargestellt nach Judith N. Bardwick, *Psychology of Women: A Study of Bio-Cultural Conflicts* (New York: Harper & Row, 1971).

Wenn auch Bardwick in ihrem Buch die psychoanalytische Position im allgemeinen angreift, zeigt ein unlängst erschienener Artikel von Peter Barglow und Margret Schaefer – »A New Female Psychology?« –, daß sich eine große Zahl von Bardwicks Feststellungen nicht im Widerspruch zum psychoanalytischen Standpunkt befinden. Außerdem bringt dieser Artikel einen ausgezeichneten Überblick über jüngere Studien zu Geschlechtsunterschieden von Jungen und Mädchen. Der Artikel ist erschienen im *Journal of the American Psychoanalytic Association*, Bd. 24, 1976, Nr. 5 (New York: International Universities Press).

Von der motorischen Passivität des Mädchens berichtet R. Q. Bell in »Relations Between Behavior Manifestations in the Human Neonate« (*Child Development*, Bd. 31, 1960). Die Berührungssensibilität des Mädchens wird beschrieben bei L.P. Lippsitt und N.C. Levy, »Electroactual Threshold in the Human Neonate« (*Child Development*, Bd. 30, 1959). Den Hang zu aggressivem Spiel bei Jungen erörtern J. Kagan und M. Lewis in *Change and Continuity in Infancy* (New York: John Wiley and Sons, 1971). Die Ausführungen über geschlechtsspezifische Verknüpfung von männlicher Aggression mit räumlicher Fähigkeit habe ich übernommen von E.E. Maccoby und C.N. Jacklin, *Psychology of Sex Differences* (Stanford, California: Stanford University Press, 1975).

Eine schlüssige Darstellung der Beziehung zwischen genetischen Faktoren, Geschlechtsrollenzuweisung, Wahrnehmung und Einstellungen der Eltern und Bestimmung der Geschlechtsidentität findet sich in dem Aufsatz »Primary Feminity« von Robert Stoller, erschienen im oben zitierten Heft des *Journal of the American Psychoanalytic Association*, 1976.

Die Reaktion des Mädchens auf die Entdeckung des anatomischen Unterschieds ist aus *The Psychological Birth of the Human Infant*, außerdem aus: Eleanor Galenson und Herman Roiphie, »Some Suggested Revision Concerning Early Female Development«; auch er ist erschienen in diesem Heft des *Journal of the American Psychoanalytic Association* aus dem Jahre 1976. Obgleich Galenson und Roiphie eine theoretische Position zum Ursprung des Geschlechtsbewußtseins beziehen, welche nicht identisch ist mit der von Mahler, Pine und Bergman, kommen sie im großen und ganzen zu ähnlichen Beobachtungen über die Reaktionen des Mädchens.

Die Veränderung in den Masturbationspräferenzen des Mädchens habe ich von Galenson und Roiphie. Weitere Erörterungen weiblicher Masturbation und weiblichen Geschlechtsbewußtseins finden sich bei James A. Kleeman, »Freuds Views on Early Female Sexuality...«, wiederum in diesem Heft des *Journal of the American Psychoanalytic Association*. Kleeman berichtet von seinen Studien auch in dem Aufsatz »Genital Self-stimulation in Infant and Toddler Girls«, in: *Masturbation: from Infancy to Senescence,* herausgegeben von I. Marcus und J. Francis (New York: International Universities Press, 1975).

Die Beziehung zwischen der kognitiven Bewußtheit des Kindes, seinen erotischen Strebungen und seiner Fähigkeit zur Geschlechtsrollenzuweisung wird behandelt in: William I. Grossman und Donald M. Kaplan, *Female Sexuality, Problems and Paradigms in Psychoanalytic Theory* (in Vorbereitung).

Meine Überlegungen zur Rolle des Vaters im Prozeß von Loslösung und Individuation wurden wesentlich beeinflußt durch meine Gespräche mit Ernest Abelin und seine Veröffentlichungen zu diesem Gegenstand. Dr. Abelin ist Mitarbeiter von Mahler gewesen. Zu seinen Aufsätzen zählen: *The Role of the Father in the Separation-Individuation Process«,* in: *Separation-Individuation,* herausgegeben von John B. McDevitt und Calvin F. Settlage (New York: International Universities Press, 1971) und »The Role of the Father in Core Gender Identity and in Psychological Differentiation«, ein unveröffentlichter Vortrag anläßlich des Treffens der American Psychoanalytic Association am 29. April 1977 in Quebec, Kanada.

In dem Vortrag aus dem Jahre 1977 führt Abelin eine lange Liste von Literaturhinweisen an, die belegt, wie schädlich sich Familien ohne Vater, mit passivem Vater oder zurückgezogenem Vater auf Jungen auswirken. Dazu gehören: H.B. Biller, *Paternal Deprivation* (Lexington, Mass.: D.C. Heath and Co., 1974); R.V. Burton, »Cross-sex Identity, and Field Dependent Behavior in Male Adolescents« (*Child Development,* Bd. 38, 1967); E.A. Nelson und E.E. Maccoby, »The Relationship Between Social Development and Differential Abilities on the Scholastic Aptitude Test« (*Merril-Palmer Quartely,* Bd. 12, 1966).

Anspruch auf den Körper. Die Beobachtungen in diesem Abschnitt stammen von Mahler, S. 222–224, und aus Studien an der Mutter-Säugling-Tagesstätte der Universität New York.

Lösung: Angst vor Liebesverlust ersetzt Angst vor Mutterverlust. In dieser Form wird die Lösung bei Mahler beschrieben. Meine eigenen Beobachtungen bestätigen diese Darstellung. Die Vorstellung, daß das Kind sich mit dem Unterdrücker identifiziert, habe ich übernommen von Anna Freud.

Schluß: Die Lebensform

In letzter Zeit haben sich viele Autoren mit der Häuslichkeit der Frau und der Trennung von Familie und technologischer Arbeitswelt beschäftigt – beispielsweise Nancy F. Cott in *The Bonds of Womenhood: Women's Sphere in New England, 1780–1835* (New Haven: Yale University Press, 1977). Cott beschreibt die Trennung von »Arbeit« und »Familie« und die Beziehung zwischen dieser Trennung und der Profanierung des menschlichen Geistes durch die moderne Arbeit. Ich meine allerdings, daß diese Gedanken sowie ihre politische und psychische Bedeutung erstmals dargestellt wurden in *Capitalism, The Family and Personal Life* (New York: Harper & Row, Colaphon Books, 1976). Der Autor des Buches ist Eli Zaretsky. Er hat seine Konzepte mit mir erörtert, und auf sein Buch habe ich micht gestützt. Die Wendung vom »in einer unzulänglichen Welt aufgeschlagenen Zelt« zitiert Zaretsky aus »The Angel in the Household« von Coventry Patmore.

Zhun/twasi und !Kung. In diesem Abschnitt habe ich mich gehalten an: »!Kung Hunter-gatheres: Feminism, Diet, and Birth Control«, von Gina Bari Kolata (Science, Bd. 185, 13. September 1974) und »!Kung Women: Contrasts in Sexual Egalitarism in Foraging and Sedentary Contexts«, von Patricia Draper, in: *Toward an Anthropology of Women,* herausgegeben von Rayna R. Reiter (New York: Monthly Review Press, 1975).

Die Ik. Hier habe ich mich bezogen auf *The Mountain People* von Colin M. Turnbull (New York: Simon and Schuster, Touchstone, 1972; deutsch: Das Volk ohne Liebe, Reinbek: Rowohlt, 1973). Weder Turnbull noch ich sind uns sicher, daß die Ik wirklich einmal Teuso hießen. Turnbull vermutet es nur. Mir ist auch bekannt, daß manche Anthropologen Turnbulls Beschreibung der Ik für übertrieben halten. Doch angesichts dessen, was mir von der Anfälligkeit menschlicher Moral bekannt ist, erscheinen mir Turnbulls Darlegungen völlig plausibel.

Die Balinesen. Hier habe ich mich gestützt auf *Trance in Bali* von Jane Belo (New York: Columbia University Press, 1960) und auf den Klassiker von Gregory Bateson und Margaret Mead *Balinese Character: A Photographic Analysis* (New York: New York Academy of Sciences, 1942).

Die Lebensform von Radschput, Brahmanen, Japanern und Christen. Als ich zum Ende meines Buches kam, erinnerte ich mich, daß ich mir vorgenommen hatte, noch einmal das Frühjahrsheft 1976 von *Daedalus* zu lesen, das den Titel *Adulthood* trägt. Die Lebensform von Radschput und Brahmanen ist dargestellt nach »Radjput Adulthood: Reflections on the Amar Singh Diary«, von Susanne Hoeber Rudolph und Lloyd I. Rudolph; die japanische Lebensform nach »The Promise of Adulthood in Japanese Spiritualism« von Thomas P. Rohlen; die christliche Lebensform nach »Christian Adulthood« von William J. Bouwsma.

Die Schicksalsuhr. Es hat wirklich eine Schicksalsuhr gegeben. Sie erschien monatlich auf der Titelseite des *Bulletin of the Atomic Scientists*. Erstmals gestellt wurde die Uhr im Jahr 1947. Acht Minuten vor zwölf zeigte sie. Im Jahre 1953, als beide Atommächte erfolgreiche Atomversuche zu verzeichnen hatten, wurde die Uhr auf zwei Minuten vor zwölf gestellt. »Im Januar 1960 wurde die Schicksalsuhr zur Erleichterung der Abonnenten des *Bulletin* um fünf Minuten zurückgestellt. Es war das Jahr, in dem Nikita Chrustschow als Tourist in Amerika, als Besucher bei den Dreharbeiten zu *Can-Can*, die Seiten von *Life* beherrschte… Dann blieb die Uhr unter dem Eindruck der amerikanischen und russischen Atomversuche der Jahre 1961 und 1962 auf sieben Minuten vor zwölf stehen. Allerdings machen sich Atomwissenschaftler nicht anheischig, Fachleute für den Gang von Uhrzeigern zu sein.« Aus *The Domesday Dictionary* von Donald M. Kaplan, Armand Schwerner und Louise J. Kaplan (New York: Simon and Schuster, 1963).

Die dritte Reise von Kolumbus. Hier habe ich mich gestützt auf die Seiten 117–119 aus »Sketch for a Natural History of Paradise«, von Frank E. Manuel und Fritzi P. Manuel, *Daedalus*, Winter 1972. In ihrem Schlußwort stellen die Manuels fest:

»Aber wenn das Paradies aus jener mystischen Vereinigung von Mutter und Kind geboren wurde, ist es dann nicht das Schicksal des Menschen, auf ewige Zeiten hin- und herzuschwanken zwischen der Sehnsucht nach Rückkehr in diesen Zustand und der Ernüchterung, die sich einstellt, wenn er schließlich eintritt? Ebbe und Flut im Glauben an das Paradies werden dann zum Teil der Ordung selbst. Da mag man es anstellen, wie man will – die überlieferten religiösen Fundamente des Paradieses zerstören, den Garten Eden und die Welt, die da kommen soll, abschaffen –, das Paradies wird an anderer Stelle wieder auferstehen, wird seine Kinder wie stets anlocken mit Joachims Herrschaft des Heiligen Geistes auf Erden, mit dem Dritten Stand des Auguste Comte, mit der höchsten Stufe des Marxschen Kommunismus und sogar, zur lächerlichen Karikatur herabgekommen, mit Bewußtsein III.« (S. 123)

Nachwort

von Margaret S. Mahler

Ich begrüße diese Arbeit mit besonderer Freude, Befriedigung und Begeisterung, da ich, seit ich den Prozeß der psychischen Geburt entdeckt und beschrieben habe, den Wunsch habe, diese Befunde einem möglichst großen Leserkreis zugänglich zu machen. Es bedurfte der außergewöhnlichen Begabung von Louise Kaplan mit ihrer unmittelbaren Erfahrung mit Müttern und Babys, um jene Konzepte, deren Begriffe ich geprägt habe und die Allerweltsworte geworden sind, in eine allgemeinverständliche Sprache zu übersetzen. Hier ist ein Text, der sich an ein allgemein gebildetes Publikum wendet und nicht durch einen fachterminologischen und schwerfälligen wissenschaftlichen Stil belastet wird.

Louise Kaplans Buch ist jedoch mehr als nur eine Übersetzung meiner Konzepte in eine lesbare Sprache. Es macht den Leser mit den Grundbegriffen von René Spitz und D.W. Winnicott vertraut, um nur einige große Namen aus der Entwicklungspsychologie zu nennen. Mit Kaplans gründlicher Kenntnis der Arbeiten Jean Piagets zur Kognition bezieht das Buch auch die Erkenntnisse der anderen Autoren ein, die die großen Entwürfe der psychoanalytischen, existentiellen und der Verhaltenswissenschaft konzipiert haben.

Einer der größten Vorzüge des Buches liegt darin, daß es *Müttern* und *Vätern* sehr viel zu sagen hat. Es vermittelt die eigene Dynamik, die Besonderheit und das anrührend Wunderbare der Entwicklung des Säuglings vom Zwischenreich zur Bindung an das »bemutternde Wesen«. Es beschreibt, wie untrennbar die Gegenwart der Mutter mit der höchsten Lust des Babys verbunden ist und wie sie in ihm den Eindruck von vollkommener Zufriedenheit und grenzenlosem Wohlgefühl erweckt. Die Mutter, die den Säugling hält, wird für dessen angeborene Energien zu dem Maß, das bestimmt, inwieweit sie ihn veranlassen, in die »nicht-mütterliche« Welt auszugreifen. Es ist die Zeit, da die Reifungskräfte ihn motivieren, das »Reich des

Schoßes« zu verlassen, bis er allmählich auf dem Höhepunkt der Illusion anlangt, der aufrecht stehende, fortstrebende Eroberer der immer größer werdenden Räume seiner Welt zu sein. Soll dies unter optimalen Umständen geschehen, muß die Mutter der verläßliche Stützpunkt bleiben, zu dem das Kleinkind zurückkehren kann, um sich emotional aufzutanken.

Wenn Kaplan diese Prozesse in aller Sorgfalt nachzeichnet, überzeugt sie den Leser davon, wie wichtig es ist, daß die Mutter – aber auch der Vater – sich von der Stichhaltigkeit und Berechtigung ihrer eigenen, ebenso häufig stürmischen Gefühlsreaktionen überzeugt und diese Überzeugung bewahrt – jener Gefühlsreaktionen auf die rasch wechselnde Entwicklungschoreographie ihres Kindes auf dem Weg vom Zwischenreich zu subjektiver Größe (von elf bis zu fünfzehn oder sechzehn Monaten), zum Eroberer, der in der Illusion lebt, die Welt sei seine Muschel. Das Selbstvertrauen der Eltern ist besonders notwendig in der zweiten Hälfte des zweiten Lebensjahrs, die ich »Wiederannäherungsphase« genannt habe und die vom dritten Jahr an in die unbefristete Phase der »Konstanz« übergeht.

Ich habe stets festgestellt, daß es für den Chronisten der psychischen Geburt am schwierigsten ist, unter Verzicht auf schwerfällige Terminologie die wesentlichen Züge des Prozesses zu vermitteln, wie die »Liebesaffäre des Babys mit der Welt« endet, wenn es – sozusagen schicksalhaft – bestimmt ist, in die *denkende* Welt des fünfzehn bis sechzehn Monate alten Kindes einzutreten. Das Kleinkind entwickelt – für den Nichteingeweihten unmerklich – einen Geist, der Worte (Symbole), Vorstellungen und schließlich Begriffe schaffen kann. Allmählich übernimmt ein inneres (intrapsychisches) Leben den bislang bestimmenden Handlungs-Körper-Geist.

Sobald dieser schicksalsschwere Schritt getan ist, braucht das Kleinkind keine wirkliche »Mutter in Fleisch und Blut« mehr stets vor Augen zu haben. Es kann handeln, als wäre es »Mami«. Es ist in der Lage, im Spiel zu tun, als ob es Mami wäre. Indem das Kleinkind so handelt, beweist es sein wachsendes Bewußtsein dafür, daß es selbst und Mami durchaus verschiedene und getrennte Wesen sind. Der großartige Eroberer, der sich eins mit der Welt fühlte, wird mehr oder minder plötzlich von dem Gefühl des Alleinseins, der Kleinheit und des Getrenntseins überwältigt.

Louise Kaplan beschreibt detailliert den Kampf, der die zweite Hälfte des zweiten Lebensjahrs beherrscht. Das ältere Kleinkind sucht den schwindenden Glauben an seine Allmacht wiederherzustellen, indem es sein Leben mit Vater und Mutter teilt und gleichzeitig sein autonomes und individuelles Selbst aufbaut. Die tröstliche Gegenwart von Vater und Mutter holt sich das Kleinkind im *Als-ob* zurück – durch das es sich selbst einredet, Alleinsein lasse sich bewältigen. Die »innere« Mutter wird mehr und mehr ein Teil von ihm. Nach einem oder zwei Monaten dieses dämmernden Bewußtseins von Getrenntsein tritt eine mehr oder minder dramatische, kürzer oder länger dauernde Krise selbst beim normalsten Kinde mit der gewöhnlichsten und hingebungsvollsten Mutter ein. Die Entdeckung dieser normativen, unvermeidlichen Krise etwa um den achten Monat herum ist meiner Meinung nach der wichtigste Befund, den wir der psychoanalytischen Kinderbeobachtung verdanken. Anschaulich beschreibt Louise Kaplan diese Krise im 6. Kapitel, im Abschnitt mit dem Titel »Anklammern und Fortstoßen, Beschatten und Davonlaufen, Festhalten und Loslassen«. Die Einsicht, die dieses Buch dem Leser über die Geschehnisse in der kindlichen Psyche und über die unterschiedlichen und abwechslungsreichen Reaktionen individuell verschiedener Mütter vermittelt, macht es zu einer höchst faszinierenden Interpretation dieses entscheidenden Knotenpunktes der Entwicklung.

Kaplan beschreibt, wie sich in den meisten Fällen die »turbulente Choreographie der Krise« beruhigt und in ihrem Kielwasser mehr Raum für Wachstum und Entwicklung zur Individualität läßt. Das achtzehn bis vierundzwanzig Monate alte Kind ist auf das intensivste damit beschäftigt, Erfahrung auf neue Weise zu organisieren.

Daß Louise Kaplan außerdem die anthropologischen und historischen Daten beizubringen weiß, die die Universalität menschlicher Symbiose und menschlichen Strebens nach eigenständiger individueller Existenz und Identität betonen, bezeugt einmal mehr ihre Fähigkeiten. Nicht zuletzt ist ihr die schwierige Integration von psychologischen und kulturellen Aspekten gelungen, ohne daß sie in den Fehler des Reduktionismus verfallen ist.

Bei jedem Schritt werden wir daran erinnert, daß wir auf dem Weg von der Psychologie der Mutter-Säugling-Interaktion zu den kulturellen Erscheinungsformen des Erwachsenen unzählige, komplexe Transformationen zu berücksichtigen haben – Transformationen, deren Bedeutung Künstlern und Wissenschaftlern erst klarzuwerden beginnt.